IS DIVI PAVLI
GRAPHICVS.
is autem apostolorum historiae,
omnia ferè loca geogra=
nda, exhibentur.
PONTVS EVXINVS.
CAVCASEVM MARE.
COLCHIS
PAPHLAGONIA.
PONTVS.
ARMENIA
MAIOR.
PHRYGIA MINOR
GALATIA.
PHRYGIA MAIOR
CAPPADOCIA.
LICAONIA.
PISIDIA.
PAMPHILIA.
CILICIA.
ARMENIA MINOR.
CARIA
LYCIA
PAMPHYLIVM MARE.
LYCIVM Mare.
CYPRVS.
SYRIACVM Mare.
SYRIA.
PHOENICIA.
PALESTINA.
MESOPOTAMIA.
ORIENS.
BABYLONIAE pars.
ARABIA DESERTA.
ARABIA PETRAEA.
AEGYPTVS.
RVBRI MARIS PARS.
ARABIAE FELICIS pars.
PARS
Cum privilegio Imp. et Regiæ Maiestatis
DIV IN CORPORE HABITAMVS, PEREGRINAMVR A DOMINO; PER
FIDIMVS ET PEROPTAMVS PEREGRINARI A CORPORE, ET ES=
EREGRINI SVMVS, SIVE INCOLAE, VT ILLI PLACEAMVS. 2. Corinth. 5.
W0321726

MICHAEL
HESEMANN

PAULUS
VON TARSUS

Archäologen
auf den Spuren
des Völkerapostels

SANKT
ULRICH
VERLAG
GmbH

Meinen Reisebegleitern,
Yuliya und P. Louis Thevalakara,
gewidmet

Bibliographische Information der Deutschen Bibliothek

Die Deutsche Bibliothek verzeichnet diese Publikation in der Deutschen Nationalbibliographie; detaillierte bibliographische Daten sind im Internet über http://dnb.ddb.de abrufbar.

© 2008 by Sankt Ulrich Verlag GmbH, Augsburg
© Libreria Editrice Vaticana, Rom, für die Predigt Papst Benedikts XVI.
Alle Rechte vorbehalten
Umschlaggestaltung: uv media werbeagentur
Mediengruppe Sankt Ulrich Verlag, Augsburg
Vorsatz: Reisen des hl. Paulus, Karte von Abraham Ortelius, 1579
Auf dem Umschlagbild erscheinen das Paulusfresko im Oratorium St. Andrea, Ravenna (5. Jh.), sowie der Grundriß der Paulusbasilika in Rom
Druck und Bindung: CPI – Ebner & Spiegel, Ulm
Printed in Germany
ISBN: 978-3-86744-024-0
www.sankt-ulrich-verlag.de

INHALT

Papst Benedikt XVI. Predigt zum Paulus-Jahr 2008/2009 in der Basilika St. Paul vor den Mauern, Rom, 28. Juni 2007

Meine Herren Kardinäle, verehrte Brüder im Bischofs- und im Priesteramt, liebe Brüder und Schwestern!

Bei dieser Ersten Vesper am Vorabend des Hochfestes der hll. Petrus und Paulus gedenken wir dankbar dieser beiden Apostel, deren Blut zusammen mit dem vieler anderer Zeugen des Evangeliums die Kirche von Rom befruchtet hat. (…) Diese Basilika, die Ereignisse von tiefgreifender ökumenischer Bedeutung gesehen hat, erinnert uns daran, wie wichtig es ist, miteinander um das Geschenk der Einheit zu beten, jener Einheit, für die der hl. Petrus und der hl. Paulus ihr Leben eingesetzt haben bis hin zum blutigen Opfertod.

Eine sehr alte Überlieferung, die in die apostolische Zeit zurückreicht, berichtet, daß nicht weit von diesem Ort ihre letzte Begegnung vor dem Martyrium stattgefunden habe: Die beiden hätten sich umarmt und gegenseitig gesegnet. Auf dem Hauptportal dieser Basilika sind sie beide mit Szenen ihrer Martyrien dargestellt. Die christliche Tradition hat also von Anfang an Petrus und Paulus als voneinander untrennbar angesehen, auch wenn jeder von ihnen eine andere Sendung zu erfüllen hatte: Petrus bekannte als erster den Glauben an Christus, Paulus erhielt die Gabe, den Reichtum dieses Glaubens vertiefen zu können. Petrus gründete die erste Gemeinde der Christen, die aus dem auserwählten Volk stammten, Paulus wurde der Apostel der Heiden. Mit verschiedenen Charismen arbeiteten sie für ein und dieselbe Sache: den Aufbau der Kirche Christi. Im Stundengebet bietet uns die Liturgie einen bekannten Text des hl. Augustinus zur Betrachtung an: „Ein und derselbe Tag ist dem Fest der beiden Apostel geweiht. Aber auch diese beiden waren eins. Hätten sie auch an verschiedenen Tagen gelitten, wären sie dennoch eins gewesen. Petrus ging voraus, Paulus folgte … Wir feiern das Fest der Apostel, es ist uns heilig durch ihr Blut“ (Serm. 295,7.8). Und der hl. Leo der Große kommentiert: „In ihren Verdiensten und Tugenden, die sich nicht in Worten ausdrücken lassen, dürfen wir keinerlei Unterschied annehmen; denn sie wurden auf gleiche Weise erwählt, ertrugen dieselben Leiden und fanden zusammen den Tod“ (In natali apostol., 69,6–7).

In Rom hat das Band, das Petrus und Paulus in ihrer Sendung vereint, schon seit den ersten Jahrhunderten eine sehr spezifische Bedeutung angenommen. Wie das legendäre Brüderpaar Romulus und Remus, auf die man die Geburt Roms zurückführte, so wurden Petrus und Paulus als die Gründer der Kirche von Rom angesehen. Darüber sagt der hl. Leo der Große, indem er sich an die Stadt Rom wendet: „Das sind deine heiligen Väter, deine wahren Hirten, die, um dich des Himmelreiches würdig zu machen, viel besser und viel beflügelter gebaut haben als diejenigen, die sich bemühten, die ersten Fundamente deiner Mauern zu legen“ (Hom. 82,7). So sehr sie menschlich voneinander verschieden waren und obwohl das Verhältnis zwischen ihnen nicht frei von Spannungen war, erscheinen also Petrus und Paulus als die Begründer einer neuen Stadt – als Konkretisierung einer neuen und glaubwürdigen Weise des brüderlichen Miteinanders, die vom Evangelium Jesu Christi möglich gemacht wurde. Man könnte deshalb sagen, die Kirche von Rom feiert heute den Tag ihrer Geburt, da die beiden Apostel ihre Fundamente gelegt haben. Und außerdem macht sich Rom heute klarer bewußt, worin seine Sendung und seine Größe besteht. Der hl. Johannes Chrysostomus sagt: „Der Himmel ist, wenn die Sonne ihre Strahlen verteilt, nicht so strahlend wie die Stadt Rom, die den Glanz jener brennenden Fackeln (Petrus und Paulus) über die ganze Welt ausstrahlt … Das ist der Grund, warum wir diese Stadt lieben … wegen dieser beiden Säulen der Kirche“ (Comm. ad Rom. 32).

Des Apostels Petrus werden wir morgen besonders gedenken, wenn wir den Gottesdienst in der vatikanischen Basilika feiern, die über der Stätte erbaut wurde, wo er das Martyrium erlitten hat. Heute Abend richtet sich unser Blick auf den hl. Paulus, dessen sterbliche Überreste in dieser Basilika mit großer Verehrung aufbewahrt werden. Am Beginn des Briefes an die Römer grüßt er, wie wir eben gehört haben, die Gemeinde von Rom und stellt sich vor als „Knecht Christi Jesu, berufen zum Apostel“ (1,1). Er verwendet das Wort Knecht, griechisch *doulos,* das auf eine Beziehung der völligen und bedingungslosen Zugehörigkeit zu Jesus, dem Herrn, hinweist und eine Übersetzung des hebräischen *'ebed* ist, also eine Anspielung auf die großen Knechte, die Gott für eine wichtige und besondere Sendung auserwählt und berufen hat. Paulus ist sich bewußt, „zum Apostel berufen" zu sein, das heißt, er ist Apostel weder aufgrund einer Selbstkandidatur noch eines menschlichen Auftrags, sondern einzig und allein durch göttliche Berufung und Erwählung. In seiner Briefsammlung wiederholt der Völkerapostel mehrmals, daß alles in seinem Leben Frucht der ungeschuldeten und barmherzigen Initiative Gottes ist (vgl. 1 Kor 15,9–10; 2 Kor 4,1; Gal 1,15). Er wurde auserwählt, „das Evangelium Gottes zu verkündigen" (Röm 1,1), die Botschaft von der göttlichen Gnade zu verbreiten, die den Menschen in Christus mit Gott, mit sich selbst und mit den anderen versöhnt.

Wir wissen aus seinen Briefen, daß Paulus alles andere als ein gewandter Redner war; er teilte stattdessen mit Moses und Jeremia den Mangel an rednerischem Talent. „Sein persönliches Auftreten ist matt, und seine Worte sind armselig" (2 Kor 10,10), sagten seine Gegner von ihm. Die außerordentlichen apostolischen Ergebnisse, die er erreichen konnte, sind also nicht einer glänzenden Rhetorik oder raffinierten apologetischen und missionarischen Strategien zuzuschreiben. Der Erfolg seines Apostolats hängt vor allem mit seinem persönlichen Engagement bei der Verkündigung des Evangeliums und mit seiner totalen Hingabe an Christus zusammen; eine Hingabe, die Gefahren, Schwierigkeiten und Verfolgungen nicht fürchtete: „Denn ich bin gewiß: Weder Tod noch Leben" – schrieb er an die Römer –, „weder Engel noch Mächte, weder Gegenwärtiges noch Zukünftiges, weder Gewalten der Höhe oder Tiefe noch irgendeine andere Kreatur können uns scheiden von der Liebe Gottes, die in Christus Jesus ist, unserem Herrn" (8,38–39). Daraus können wir eine sehr wichtige Lehre für jeden Christen ziehen. Das Handeln der Kirche ist nur in dem Maß glaubhaft und wirksam, in dem alle, die ihr angehören, bereit sind, in jeder Situation für ihre Treue zu Christus persönlich einzustehen. Wo diese Bereitschaft fehlt, wird das entscheidende Argument der Wahrheit, von dem die Kirche selbst abhängt, nicht erfüllt.

Liebe Brüder und Schwestern, wie in den Anfangszeiten braucht Christus auch heute Apostel, die bereit sind, sich selber zu opfern. Er braucht Zeugen und Märtyrer wie den hl. Paulus: Einst ein gewalttätiger Christenverfolger, wechselte er, als er auf dem Weg nach Damaskus vom göttlichen Licht geblendet zu Boden stürzte, ohne Zögern auf die Seite des Gekreuzigten und folgte ihm, ohne es zu bereuen. Er lebte und arbeitete für Christus, für ihn litt und starb er. Wie zeitgemäß ist heute sein Vorbild!

Und aus diesem Grund freue ich mich, offiziell anzukündigen, daß wir vom 28. Juni 2008 bis 29. Juni 2009 dem Apostel Paulus ein besonderes Jubiläumsjahr widmen werden, anläßlich der 2000-Jahrfeier seiner Geburt, die von den Historikern zwischen 7 und 10 nach Christus angesetzt wird. Dieses „Paulus-Jahr" wird bevorzugt in Rom stattfinden, wo seit zweitausend Jahren unter dem Papstaltar dieser Basilika der Sarkophag verwahrt wird, der nach übereinstimmender Meinung der Fachleute und nach unbestrittener Tradition die sterblichen Überreste des Apostels Paulus enthält. In der Päpstlichen Basilika und in der angrenzenden gleichnamigen Benediktinerabtei werden daher eine Reihe liturgischer, kultureller und ökumenischer Veranstaltungen sowie auch verschiedene pastorale und soziale Initiativen, die sich an der Spiritualität des Paulus inspirieren, stattfinden können. Besondere Aufmerksamkeit soll außerdem den Pilgerfahrten gelten: die aus verschiedenen Gegenden anreisenden Pilger werden im Geist der Buße zum Grab des Apostels kommen, um spirituelle Erbauung zu finden. Gefördert werden sollen auch Fachkongresse und spezielle Publikationen über die paulinischen Texte, um den unermeßlichen Reichtum der in ihnen enthaltenen Lehre immer besser kennenzulernen: ein echtes Erbe der von Christus erlösten Menschheit. Darüber hinaus sollen weltweit ähnliche Initiativen in den Diözesen, in den Heiligtümern und in den Gotteshäusern seitens religiöser Institutionen durchgeführt werden, die den Namen des hl. Paulus tragen oder sich an seiner Gestalt und seiner Lehre inspirieren. Schließlich gibt es noch einen Aspekt, der während der verschiedenen Veranstaltungen der dem Paulus gewidmeten 2000-Jahrfeier mit ganz besonderer Aufmerksamkeit wahrgenommen werden soll: Ich beziehe mich auf die ökumenische Dimension. Der Völkerapostel, der sich besonders darum bemühte, die Frohe Botschaft allen Völkern zu bringen, hat sich vollkommen für die Einheit und Eintracht aller Christen aufgeopfert. Möge er uns bei dieser 2000-Jahrfeier leiten, schützen und uns helfen, in der demütigen und aufrichtigen Suche nach der vollen Einheit aller Glieder des mystischen Leibes Christi voranzuschreiten. Amen!

Einleitung

An Paulus scheiden sich die Geister. Für die einen ist er der größte aller Apostel, für die anderen ein Verfälscher der Botschaft Christi. Unbestritten ist einzig seine historische Leistung. Man hat von einem „umgekehrten Alexanderzug" gesprochen. Brachte das Heer des Mazedoniers griechische Kultur bis an den Indus, kam durch Paulus das Licht Christi aus dem Osten bis nach Rom, vielleicht sogar nach Spanien. Er begann mit der Heidenmission, durch ihn wurde aus einer jüdischen Sekte die größte aller Weltreligionen. So ist es durchaus legitim, ihn als den zweiten Begründer des Christentums zu bezeichnen. Um dieses Ziel zu erreichen, war er unermüdlich tätig. Er legte über 30.000 Kilometer zurück – teils auf dem gut ausgebauten römischen Straßennetz, teils auf den wankenden Planken antiker Schiffe, was die riskantere Alternative war; viermal, so wissen wir aus seinen Briefen und der Apostelgeschichte, erlitt er Schiffbruch. Doch nichts hielt ihn davon ab, das Evangelium weiter zu verkünden – weder diverse Gefängnisaufenthalte noch Geißelungen, ständige Verfolgungen und sogar eine überlebte Steinigung, ja nicht einmal seine Krankheit, wahrscheinlich Malaria. So ist der Mann aus Tarsus ein Wunder an Willenskraft und Glaubensstärke.

Paulus selbst betitelte sich in seinem Brief an die Römer als „Knecht Jesu Christi, berufen zum Apostel, auserwählt, das Evangelium Gottes zu verkündigen" (Röm 1,1). Doch war das Evangelium vom Tod und der Auferstehung des Gottessohnes Jesus, das er verkündigte, tatsächlich die authentische Lehre des Nazareners? Darüber streitet seit fast 2000 Jahren die Christenheit.

Für die judenchristlichen Ebioniten war er fast schon der Antichrist, weil er das Evangelium zu den Heiden brachte und dann noch darauf verzichtete, sie beschneiden zu lassen. Der Ketzer Marcion (85–160) wiederum lehnte jedes jüdische Element des Glaubens ab und ließ von den vier Evangelien nur das des Lukas, von den Apostelbriefen nur die Paulusbriefe gelten, freilich in einer von ihm „entjudaisierten" Version. Der heilige Augustinus (354–430) wurde bekehrt, als er Paulus las, während Martin Luther (1483–1546) sich bei seiner Revolte gegen die Kirche auf den Römerbrief berief. Heutige Theologen werfen ihm vor, anachronistisch gedacht und den Völkerapostel mißverstanden zu haben. Wenn Paulus schrieb, daß der Glaube allein zum Heil führt, erteilte er den strikten Reinheitsvorschriften des mosaischen Gesetzes eine Absage, nicht aber frommen Werken und dem Bemühen um eine Heiligung des Alltags, wie es die katholische Kirche lehrt. Der Philosoph Friedrich Nietzsche (1844–1900) machte Paulus zur Zielscheibe seiner antisemitischen und antichristlichen Polemik. Er nannte ausgerechnet den Künder der Liebe Gottes ein „Genie des Hasses"; durch ihn habe sich das Judentum an den Römern gerächt, die antike Zivilisation einer „Sklavenmoral" unterworfen. Adolf Hitler, der Jesus für einen „Arier" und das Urchristentum für eine „Protestbewegung gegen das Judentum" hielt, stimmte ihm von ganzem Herzen zu. Heute dagegen ist es modern, Paulus zu unterstellen, er sei ein Agent der Römer gewesen, der den jüdischen Revolutionär Jesus zu einem „Göttersohn nach hellenistischem Vorbild" umdeutete, um eine explosive messianische Bewegung zu entschärfen. So jedenfalls steht es in populistischen Bestsellern wie den Werken der britischen Geschichtsfälscher Michael Baigent und Richard Leigh *(Verschlußsache Jesus)*, des amerikanischen Qumran-Rebellen Robert Eisenman *(Jakobus, der Bruder Jesu)* und seines nicht minder abenteuerlichen Landsmannes James Tabor *(Die Jesus-Dynastie)*, der den Grabstein des Vaters Jesu, eines römischen Legionärs, in Bingen am Rhein gefunden haben will.

In Wirklichkeit war Paulus nichts davon. Wären die ersten Christen politisch aktiv gewesen, sie wären wohl kaum aus Jerusalem geflohen, als dort der jüdische Aufstand ausbrach. Hätte Paulus Jesus umgedeutet, wäre er gewiß nicht von den Jüngern des Nazareners unterstützt worden. Tatsächlich wurde er auf seinen ersten Missionsreisen von Mitgliedern der Jerusalemer Urgemeinde begleitet, die ihn sicher auch bei seiner Verkündigung kontrollieren sollten. Seit Qumran, seit der Entdeckung der Schriftrollen vom Toten Meer, wissen wir, daß die paulinische Christologie durchaus ihre Wurzeln in ur-jüdischen Messiasvorstellungen (die keineswegs einheitlich waren) hatte. Zumindest das vierte Evangelium, das die Gottessohnschaft Jesu am eindrucksvollsten darstellt, entstand zeitlich nach den Paulusbriefen. Als sein Verfasser gilt Johannes, Lieblingsjünger und vertrautester Schüler Jesu, der nach dem Weggang des hl. Paulus die Leitung der Christengemeinde von Ephesus übernahm. Eines der wichtigsten Zentren der frühen Kirche, Alexandria, hat Paulus nie gesehen; trotzdem entstand auch dort keine von ihm unabhängige *mainstream*-Theologie. Hätte Paulus tatsächlich im Dienste Roms gestanden, wäre er wohl kaum vier Jahre lang von römischen Beamten eingekerkert und später auf Befehl des Kaisers hingerichtet worden.

Was bleibt, jenseits aller Vereinnahmungen und Fehldeutungen, ist eine der faszinierendsten Persönlichkeiten der Geschichte. Der Völkerapostel war der beste PR-Experte, den Christus selbst für die Verbreitung des Evangeliums rekrutieren konnte. Ein Mann, der keine „halben Sachen" machte, der noch heute beeindruckt durch seine Konsequenz, seine Kompromißlosigkeit und seine bedingungslose Aufopferung für das, woran er glaubte. Er war kein einfacher Zeitgenosse, er eckte an, bei den Juden wie bei den Römern und sogar bei seinen christlichen Mitbrüdern, die manches harte Wort über sich ergehen lassen mußten. Sein Leben lang stand er im Bann seiner Erscheinung des Auferstandenen auf dem Weg nach Damaskus. Wie vom Blitz getroffen lag damals alles, was zuvor für ihn Gewißheit war, in Scherben, während sich ihm etwas Neues, Großartiges offenbarte: Die Vision von Gottes neuem Bund mit den Menschen.

Dafür mußten alle nationalen und konfessionalen Fesseln gesprengt werden. Offenbarte sich der historische Jesus auch nur den Juden, machte Paulus den nächsten Schritt und zeigte ihn allen Völkern. Jenseits aller ethnischen und sozialen Trennungslinien schmiedete er sie zusammen, ließ er sie „einer in Christus Jesus" (Gal 3,28) werden. Gott nimmt jeden an! „Es gibt nicht mehr Juden und Griechen, nicht Sklaven und Freie, nicht Mann und Frau", allen stehen die gleichen Rechte zu! Die Botschaft des Paulus von Tarsus war die nachhaltigste Sozialrevolution der Geschichte.

Wie das Gottesbild Jesu, so war auch das des Paulus bestimmt von bedingungsloser Liebe. Die Liebe Gottes ist nicht auf ein auserwähltes Volk beschränkt, nicht einmal auf jene, die nach dem Gesetz leben, sondern umfaßt sogar Ungläubige und Sünder. Paulus hat als Erster die Universalität des Evangeliums und die wahre Dimension der Gottesliebe begriffen und zum Maßstab seines Handelns und seiner Predigt gemacht. So konnte Daniel Marguerat sagen: „Die Ethik der Liebe beweist, daß der Geist Jesu in Paulus gedrungen ist. Seine Theologie nährt sich aus dem Feuer, das die Entdeckung Christi in ihm entfacht hat."

Die Universalität der Liebe Gottes verlangte eine universelle Verkündigung des Evangeliums. Paulus war der Globalisierer des Christentums. Er war der Kosmopolit unter den Aposteln, ein *Citoyen par excellence,* urban und eloquent, weltoffen und gebildet, ein intimer Kenner des Judentums ebenso wie der antiken griechisch-römischen Geisteswelt. Seine Botschaft überbrückt die fast 2000 Jahre, die seit seinem Wirken vergangen sind, ist unglaublich modern und führt uns doch gleichzeitig zurück zu den Anfängen des Christentums, zu den Wurzeln unserer Zivilisation.

Wir können sagen: Mit Paulus tritt das Christentum in die Weltgeschichte ein. So kommt es, daß wir über ihn mehr wissen, als über irgendeine andere Persönlichkeit des frühen Christentums, einschließlich Jesus von Nazareth. Von keiner anderen biblischen Gestalt sind so präzise biographische Daten und so zahlreiche Selbstzeugnisse erhalten, kein anderer Apostel hinterließ so viele Spuren an historischen Stätten.

Wer Paulus verstehen will, muß diese seine Spuren verfolgen, eintauchen in seine Welt, auf den Wegen wandeln, die er gegangen ist. Um eine solche Spurensuche geht es in diesem Buch. Seit fast zweihundert Jahren sind Archäologen damit beschäftigt, die Schauplätze des Neuen Testamentes auszugraben. Durch ihre Arbeit offenbart sich uns die Welt der Apostel. Doch sie ermöglicht uns auch, kritisch zu hinterfragen, was in den Evangelien und der Apostelgeschichte steht. Damit setzt sie einer Diskussion ein Ende, die ebenfalls seit dem 19. Jahrhundert andauert; der Frage, ob es sich bei den neutestamentlichen Schriften um reine Glaubenszeugnisse oder auch um authentische historische Quellen handelt. Bei vielen modernen Exegeten überwiegt noch die Skepsis. Sie datieren die Evangelien und die Apostelgeschichte in die Jahrzehnte nach dem Tod der Apostel, billigen ihren Autoren allenfalls zu, auf zeitgenössische Traditionen zurückgegriffen zu haben. Von den dreizehn Paulusbriefen sollen gerade einmal sechs tatsächlich aus der Feder des Apostels stammen.

Erst in den letzten Jahrzehnten wendete sich das Blatt. Spektakuläre Papyrusfunde belegen, daß die Evangelien doch sehr viel älter sind, als zwischenzeitlich angenommen wurde. Immer mehr Experten wagen es sogar, der christlichen Tradition beizupflichten, nach der sie tatsächlich „aus der Zeit der Augenzeugen“ stammen. Und die Apostelgeschichte, die Lukas zugeschrieben wird? Zeugen nicht gerade die äußerst detailreichen „Wir“-Passagen davon, daß ihr Verfasser hautnah dabei war? Daß sie tatsächlich Zeitgeist und Lokalkolorit atmet, daß sie ganz im Denken und Leben des 1. Jahrhunderts entstanden sein muß, möchte ich mit diesem Buch aufzeigen. Vielleicht diente das zweite Lukas-Buch sogar als Dokumentation zur Rehabilitation des hl. Paulus nach seinem Prozeß in Rom. Nur das würde erklären, weshalb es so abrupt endet: Nicht etwa, wie es sich für eine posthume Biographie gehört, mit dem Tod des Märtyrer-Apostels, sondern gut zwei Jahre zuvor. Das ergibt nur dann einen Sinn, wenn die Apostelgeschichte tatsächlich noch zu seinen Lebzeiten entstanden ist. Schon deshalb folge ich in diesem Buch ihrer Chronologie, auch wenn es bei Paulus-Biographen in Mode gekommen ist, ihre Reihenfolge hier und da zu verändern. Nur so ergeben sich interessante Parallelen zu historischen Fixpunkten, die bei den meisten Revisionen fehlen.

Ich behaupte: Nicht die historisch-kritische Methode, sondern die Archäologie beantwortet die Frage nach der Entstehungsgeschichte der neutestamentlichen Schriften. So oft haben Ausgrabungen die Richtigkeit der christlichen Tradition unter Beweis gestellt, daß es durchaus legitim ist, in *dubio pro traditio* zu entscheiden, im Zweifelsfall der Tradition den Vorrang zu lassen.

Acht Jahre lang folgte ich den Spuren des Völkerapostels, reiste nach Griechenland und in die Türkei, nach Israel und Zypern, Spanien, Malta, Süditalien und immer wieder nach Rom, bis jetzt, pünktlich zum Paulusjahr,* dieses Buch entstehen konnte. Während ich diese Zeilen schreibe, plant man in Rom die Öffnung seines Sarkophags, der erst vor ein paar Jahren an der traditionell verehrten Stelle wiederentdeckt wurde. Sollten sich in ihm tatsächlich die Gebeine des Paulus befinden, dann liegen Jahre, vielleicht Jahrzehnte wissenschaftlicher Sensationen vor uns. Nicht selten gelingt es Gerichtsmedizinern, Tote zum Sprechen zu bringen. Wir können nur gespannt sein, was sie entdecken, wenn sie sich der Apostelreliquien annehmen. Bis dahin aber gilt es, zu resümieren, was wir über den Mann aus Tarsus wissen, der dort, vielleicht mit größerer Gewißheit als jeder andere, seiner Auferweckung harrt.

Düsseldorf, 25. Januar 2008 — Michael Hesemann
Fest der Bekehrung des hl. Paulus

* Aktuelle Informationen zum Paulusjahr 2008/2009 finden Sie auf der Website des Verfassers www.paulusjahr.info

1. Rom: Der Sarg des Völkerapostels

Die Geschichte der wichtigsten archäologischen Entdeckung des 21. Jahrhunderts begann mit einer Katastrophe, die sich fast zweihundert Jahre zuvor ereignete.

Die Nacht vom 15. auf den 16. Juli 1823 war eine der tragischsten in der gewiß nicht undramatischen Geschichte der römischen Kirche. *S. Paolo fuori le mura* („St. Paul vor den Mauern"), eine der vier größten und bedeutendsten Basiliken der Ewigen Stadt, brannte. Was über 1400 Jahre dem Ansturm der Barbaren und den Wirren zahlreicher Kriege getrotzt hatte, ein Juwel aus der Zeit der römischen Kaiser, wurde in wenigen Stunden zum Raub der Flammen. Ein unachtsamer Dachdecker hatte das Inferno verursacht, indem er ein Becken mit brennender Holzkohle einem Arbeitskollegen zuwarf, der es ganz knapp verfehlte. Gegen zwei Uhr morgens wurde ein Benediktinermönch aus dem benachbarten Kloster wach, als er hörte, wie ein brennender Balken zu Boden krachte. Beim Blick aus dem Fenster sah er, daß eine mächtige Flamme aus dem Innern der Basilika in den Nachthimmel emporstieg. Sofort holte er die Feuerwehr, doch längst war es zu spät, die Zerstörung noch aufzuhalten. „Wie ein fürchterlicher Vulkan spie das zum Untergang verdammte Gebäude berghohe Flammen über sich hinaus, und mehr als fünfzehn Meilen weit konnte man dieses große Unglück sehen, das in jeder Brust einen heiligen, wie mit Dolchen durchbohrenden Schrecken entzündete", beschrieb der Römer C. Pietrangeli den Feuersturm. Wie Zunder brannte das 1400jährige Zedern- und Pinienholz, die Marmorsäulen zerbröselten in der Glut zu Kalk. Am nächsten Tag strömten Tausende zu der Unglücksstelle. Einer von ihnen, der französische Schriftsteller Stendhal, hielt seine Eindrücke später in den *Römischen Spaziergängen* fest: „Die Ruinen machten auf mich den Eindruck von ernster Schönheit, so traurig wie Mozarts Musik. Die schrecklichen und zugleich im Herzen schmerzerregenden Spuren des Unglücks schienen noch ganz lebendig. Die Kirche lag voller schwarzer, halbverkohlter und noch rauchender Balken; die in ihrer ganzen Länge klaffenden Säulenschäfte drohten jeden Augenblick herabzustürzen. Die deprimierten Einwohner Roms waren in Massen zu der brennenden Kirche gelaufen. Es war eines der größten Schauspiele, die ich je gesehen habe."

Nur der Papst sollte nie etwas davon erfahren. Denn als das Feuer wütete, lag Pius VII. (1800–1823) auf dem Sterbebett. Kardinal Consalvi, sein Staatssekretär, wagte es nicht, ihm die Unglücksnachricht zu überbringen, und untersagte dies strikt allen Mitarbeitern aus seinem engsten Umfeld. Er wußte, daß der Schrecken und die Trauer über diesen tragischen Verlust ihm den Tod bringen würden. Schon so hatte der Grafensohn während seines langen Pontifikats die Höhen und Tiefen einer bewegten Geschichte durchleiden müssen. Um ein Konkordat zu erreichen, hatte er zunächst Napoleon zum Kaiser gekrönt, den Korsen dann aber exkommuniziert, weil er wortbrüchig geworden war, um im Gegenzug von ihm gefangengenommen und nach Frankreich verschleppt zu werden. Erst der Wiener Kongreß von 1815 stellte den Kirchenstaat wieder her und gab dem Papst die weltliche Macht zurück, die der Kaiser der Franzosen ihm geraubt hatte. In die letzte Phase seiner Amtszeit fiel ein ehrgeiziges Programm zur Verschönerung Roms; zum Heiligen Jahr 1825 sollte die Ewige Stadt nach den Wirren der napoleonischen Ära wieder in altem Glanz erscheinen. Da mußte der Brand der Kirche mit dem zweiten römischen Apostelgrab wie ein böses Omen erscheinen. Schließlich betrachtete Pius VII. die Paulusbasilika als seine geistige Heimat; hier hatte seine geistliche Laufbahn begonnen, hier war er 1758, gerade 16jährig, in den Benediktinerorden aufgenommen worden.

So starb der Papst fünf Wochen später als der wohl einzige Römer, der nichts von der Katastrophe mitbekommen hatte.

Seinem Nachfolger Leo XII. (1823–1829) fiel die schwierige Aufgabe zu, den Wiederaufbau der Basilika in Angriff zu nehmen. Er sollte sich ihr mit größter Hingabe widmen. Zunächst einmal galt es, eine grundlegende Entscheidung zu fällen. Sollte die Basilika *in pristinum* wieder aufgebaut werden, ihre alte Struktur und ihr Baustil beibehalten bzw. rekonstruiert werden? Oder wollte man einen völligen Neuanfang wagen, einen zeitgenössischen Entwurf realisieren? Anfangs schien es, als könne sich der Architekt Giuseppe Valadier mit seiner radikalen Neuausrichtung durchsetzen.

Doch schließlich beauftragte die päpstliche Sonderkommission den Architekten Belli damit, die Paulusbasilika möglichst originalgetreu wieder aufzubauen. Bauteile, die die Katastrophe weitgehend überstanden hatten, wie die Apsis mit den prachtvollen Mosaiken und dem *Ziborium* Arnolfo di Cambios aus dem 13. Jahrhundert – dem steinernen Baldachin über dem Papstaltar –, der mosaikgeschmückte Triumphbogen, das rechte Seitenschiff und die Fassade sollten so weit wie möglich erhalten und in den Neubau integriert werden.

Um die enormen Kosten zu decken, die das größte päpstliche Bauvorhaben des 19. Jahrhunderts in Anspruch nahm, rief Leo XII. in seiner Enzyklika *Ad plurimas easque gravissimas* vom 25. Januar 1825 die Bischöfe und Gläubigen in aller Welt zur größten Spendensammlung seit dem Bau des Petersdomes auf. Als sein Nachfolger Gregor XVI. (1834–1846) die Kollekte wiederholte, waren insgesamt über 400.000 Scudi in Rom eingegangen. Zu den Geldsummen kamen Sachspenden nicht nur aus den katholischen Ländern. Der russische Zar etwa stiftete kostbare Malachitblöcke, der muslimische Khedive (Vizekönig) von Ägypten schickte vier herrliche Alabastersäulen.

Trotzdem war Belli nicht in der Lage, die ihm gestellte Aufgabe zufriedenstellend zu lösen; er war verantwortlich für die Zerstörung vieler mittelalterlicher Bauteile, die man durchaus hätte retten können. Schließlich enthob ihn Gregor XVI. seines Amtes und setzte Luigi Poletti sowie seine drei Assistenten Bosio, Camporese und Virginio Vespignani an seiner Stelle ein. Doch erst unter Pius IX. (1846–1878), am 10. Dezember 1854, konnte der Neubau der Paulusbasilika in einer geradezu pompösen Feier eingeweiht werden. Zwei Tage zuvor hatte der Papst im Petersdom das Dogma der Unbefleckten Empfängnis Mariens verkündet. Die Weltkirche erlebte ein dreitägiges Fest, wie es ein solches noch nie zuvor gegeben hatte.

Waren auch einige Entwürfe des Architektenteams umstritten – etwa der gänzlich mißlungene Glockenturm, der jetzt hinter der Kirche steht, wo er zumindest wenig auffällt –, gibt es durchaus einige Glanzlichter. Ein solches ist gewiß die neue Fassade mit dem vorgelagerten *Peristyl,* dem viereckigen Hof, umsäumt von einem Säulengang. In seinem Zentrum steht die marmorne Kolossalstatue des Apostelfürsten, ein Werk von Giuseppe Obici, das in der besten Tradition der römischen Bildhauerkunst steht. Hier treffen sich vier Wege, die einen Garten teilen, dem vier mächtige Palmen südländisches Flair verleihen. Die obere Fassadenhälfte und das Giebeldach der Basilika sind mit Goldmosaiken geschmückt, die im warmen Licht der Abendsonne besonders prachtvoll glänzen. Sie zeigen im unverwechselbaren Nazarenerstil die vier biblischen Propheten Jesaja, Jeremia, Ezechiel und Daniel, darüber das Lamm Gottes vor dem antiken Jerusalem und schließlich den thronenden Christus, flankiert von Petrus und Paulus. Die Marmorwand des *Vestibüls,* der Vorhalle mit den vier Haupttoren – darunter, ganz rechts, der Heiligen Pforte, die gewöhnlich nur alle 25 Jahre, im Heiligen Jahr, geöffnet wird –, erinnert an das Innere des Petersdomes. Vor ihr stehen Statuen des Apostelfürsten und des Völkerapostels.

Im Innern der Basilika wurden entlang der Längs- und Querschiffe die Portraits aller 265 Päpste von Petrus bis Benedikt XVI. angebracht – sie werden zu Beginn jedes neuen Pontifikats ergänzt. Die Wände sind mit Szenen aus dem Leben des hl. Paulus geschmückt. Zudem wurde die *Confessio,* der vertiefte Vorhof des Paulusgrabes unter dem Papstaltar, neu gestaltet. Befand sich ihr tiefer liegender offener Vorraum ursprünglich hinter dem Papstaltar, wurde er jetzt, dem Vorbild des Petersdomes folgend, davor angelegt. Zu diesem Zweck mußte der bisherige Boden der Basilika aufgerissen und ausgeschachtet werden.

Diese Arbeiten, die eben dort stattfanden, wo sich der Überlieferung nach das Apostelgrab befand, führte Virgilio Vespignani im Jahre 1838 durch. Der Architekt wußte, daß die nun mal notwendigen Ausschachtungen eine einmalige Gelegenheit boten, auch das Grab des hl. Paulus zu erforschen. Doch die Erlaubnis, jenseits der Baumaßnahmen auch archäologische Untersuchungen durchzuführen, wurde ihm vom Vatikan verwehrt. Trotzdem machte er sich von allem, worauf er stieß, in seinem kleinen Notizbuch Skizzen. Obwohl meist flüchtig dahingeworfen, liefern sie uns doch Hinweise von unschätzbarem Wert, die uns helfen, die bewegte Geschichte der Paulusbasilika zu rekonstruieren.

Die erste Nachricht von einer Verehrung des Paulusgrabes verdanken wir einem römischen Priester aus dem späten 2. Jahrhundert. Gaius hieß der Mann, der zur Zeit des Papstes Zephyrinus (199–217) mit dem Anführer der Sekte der Montanisten, einem Proklos aus Kleinasien, korrespondierte und dabei versuchte, ihn von der Richtigkeit des *Primats,* dem Vorrang der römischen Kirche, zu überzeugen. Auch in seiner Heimat hätten die Apostel gewirkt, gab es ihre Gräber, wie das Philippusgrab in Hierapolis, dem heutigen Pamukkale in der Westtürkei, das für seine Sinterterrassen bekannt ist, meinte Proklos. Doch wer war Philippus im Vergleich zu Petrus und Paulus, erwiderte Gaius; und diese *Fürsten der Apostel,* wie die Kirche sie später nennen sollte, hatten nun mal in Rom gewirkt:

„Ich kann dir die Grabmäler der (beiden) Apostel zeigen", schrieb er, ohne den geringsten Zweifel an seiner Aussage zuzulassen, „denn wenn du zum Vatikan gehen willst oder auf die Straße nach Ostia, so wirst du dort die Grabmäler derer finden, die die römische Kirche gegründet haben." Gaius schrieb auf griechisch und sprach von den Grabmälern als *Tropaia,* was wörtlich „Siegeszeichen" bedeutet. Das wies darauf hin, daß sie als Märtyrer in Christus und für Christus den letzten Kampf ausgefochten hatten. Noch zu Anfang des 4. Jahrhunderts, also vor der Errichtung der beiden Basiliken über dem Petrus- und dem Paulusgrab, betonte der Kirchengeschichtler Eusebius, daß „Paulus eben in Rom unter Nero enthauptet und Petrus gekreuzigt (wurde). Dieser Bericht wird bestätigt durch die noch heute erhaltenen Namen Petrus und Paulus in den römischen Coemeterien (Friedhöfen)." Beide Gräber mußten also auf einem Friedhof oder Gräberfeld gelegen haben; das eine am Hang des vatikanischen Hügels, das andere an der antiken *Via Ostiense,* der Straße nach Ostia.

Erst in den 1940er Jahren stießen Archäologen auf die Überreste einer antiken *Nekropole* (Totenstadt) unter dem Petersdom und bewiesen damit, daß der Hinweis des Eusebius den Tatsachen entsprach. Direkt unter dem Hochaltar der bis dahin größten Kirche der Christenheit fanden sie ein Grabmonument aus dem 2. Jahrhundert, eine sogenannte *Aedicula* oder Kultnische, die an einen Hochaltar erinnert. Davor erstreckte sich ein kleiner Grabhof, der wohl als Versammlungsstätte diente. Zur Rechten lehnt sich eine Mauer aus dem 3. Jahrhundert an die Rückwand der *Aedicula,* über und über mit Graffiti bedeckt, Anrufungen an Christus, die Gottesmutter und den hl. Petrus. In ihrem Innern befindet sich ein mit Marmorplatten ausgelegtes Fach, in dem man menschliche Überreste aus dem Grab unter der Kultnische geborgen hatte. Eine Inschrift verriet: *Petros eni,* wörtlich: „Hier ist Petrus drin". Die Gebeine waren einst sorgsam in kostbaren, golddurchwirkten Purpur gehüllt worden. Stammten sie tatsächlich vom Apostelfürsten?

Eine Untersuchung durch den Anthropologen Prof. Venerandi Correntis von der Universität Palermo ergab: Der Tote in der *Graffitimauer* war ein Mann von „eindeutig robustem" Körperbau, einst (nach damaligen Maßstäben) leicht überdurchschnittliche 1,66 Meter groß, der einmal körperlich schwer gearbeitet haben mußte, bevor er im Alter von 60 bis 70 Jahren verstarb. Auffallend war, daß man von allen Skelettteilen Fragmente fand, mit Ausnahme der Füße. Das paßte zu der Tradition, nach der der hl. Petrus einst kopfüber gekreuzigt wurde. Dazu müßten die Henker seine Füße mit kräftigen Nägeln an den Kreuzesstamm geschlagen haben. Da die Römer mit ihren Hinrichtungsopfern nicht gerade zimperlich umgingen, ist anzunehmen, daß sie seine Füße mit einem kräftigen Schwerthieb vom Körper trennten, als sie den Leichnam vom Kreuz abnahmen. Es sprach also nichts gegen eine Identifikation der Gebeine mit dem *ersten Papst,* aber genug dafür, um Papst Paul VI. zu überzeugen, der am 26. Juni 1968, nach Abschluß aller Untersuchungen, die Öffentlichkeit über den Fund informierte: „Auch die Reliquien des heiligen Petrus sind identifiziert worden, und zwar in einer Weise, die wir für überzeugend halten." (Die ganze, abenteuerliche Geschichte der Entdeckung des Petrusgrabes schildere ich in meinem Buch *Der erste Papst. Archäologen auf der Spur des historischen Petrus,* 2003.)

Der Tradition nach wurde der hl. Petrus entweder auf dem *Janicolo*-Hügel (wo sich heute das *Tempietto* – „Tempelchen" – des Bramante über dem Loch erhebt, in dem angeblich einst sein Kreuz stand) oder im *Zirkus des Caligula und Nero* am Rande des vatikanischen Hügels (also auf dem Gebiet des heutigen Vatikanstaates) gekreuzigt. Paulus, als römischer Bürger, hatte das Privileg eines schnellen und schmerzlosen Todes. Er wurde geköpft; der Tradition nach an den „Wassern der Salvier" *(Aquae Salviae)* vor den Toren Roms, die heute *Tre Fontane* („Drei Quellen") heißen und in deren Nähe sich einst ein Landgut des Kaisers Nero befand. Der nächste Friedhof lag rund 2,7 Kilometer entfernt an der *Via Ostiense,* der Straße, die Rom mit seinem Hafen Ostia verband und parallel zum Tiber verläuft. Sie beginnt heute an einem römischen Stadttor, der einstigen *Porta Ostiense,* das jetzt *Porta S. Paolo* heißt, obwohl es, wie die gesamte antike Stadtmauer, erst im 3. Jahrhundert von Kaiser Aurelian (270–275) errichtet wurde. Vor ihm steht, wie schon zu Zeiten der Apostel, eine Pyramide. Das Grabmonument des Cestius, zwischen 18 und 12 v. Chr. errichtet, zeugt davon, wie sehr alles Ägyptische nach der Eroberung des Nillandes durch Augustus in Rom in Mode war. Von ihrem Erbauer wissen wir nur, daß er vollständig *Caius Cestius Epulo* hieß, Volkstribun, Prätor des Jahres 43 v. Chr. und Mitglied des Priesterkollegiums der *Septemviri Epulonum* war, denn eben das verzeichnet seine Grabinschrift. Er starb 12 v. Chr. Sein pompöses Grab, mit Travertin- und Marmorplatten verkleidet, erfüllte seinen Zweck; es verlieh ihm, ganz wie den ägyptischen Pharaonen, eine gewisse Unsterblichkeit. Daß man es im Mittelalter sogar für das Grab des Remus, eines der beiden mythischen Stadtgründer Roms, hielt, hätte sich Cestius allerdings zu Lebzeiten nie erträumen lassen. Noch weniger, daß auch Jahrtausende später Menschen an seiner Pyramide vorbeipilgern würden, um das Grab eines anderen römischen Bürgers zu verehren, der die Welt weitaus grundlegender veränderte, als es einem Politiker je möglich gewesen wäre: das von Paulus von Tarsus. Er muß auf seinem letzten Weg an der Cestius-Pyramide vorbeigekommen sein.

Heute ist die Via Ostiense eine unspektakuläre, ja manchmal häßliche Vorstadtstraße. Auf dem gut zwei Kilometer langen Weg zur Paulusbasilika passiere ich eine Bahnunterführung, die rostroten Hallen des römischen Großmarktes, die Turmstümpfe des städtischen Gaswerkes und eine Reihe trister Mietskasernen, bevor am Horizont ihr reichlich mißlungener Glockenturm erscheint.

Noch bevor ich die großzügig angelegte Kirche erreiche, komme ich an den Überresten eines antiken Friedhofs vorbei, die keinen Zweifel daran lassen, daß auch hier die Angaben des Eusebius stimmen. Inmitten einer Grünanlage liegen die Gräber unter einer Art Schuppen, der nur mit einer besonderen Genehmigung betreten werden kann. Ein zweisprachiges Hinweisschild informiert über die Geschichte der *Necropoli Ostiense,* der Totenstadt an der Straße nach Ostia, die in den Jahren 1917/18 bei der Umgestaltung der Anlage freigelegt wurde. Der Friedhof, so stellten die Archäologen fest, war ohne Unterbrechung zwischen dem 2. Jahrhundert v. Chr. und dem 4. Jahrhundert n. Chr. benutzt worden. Besonders deutlich zeigt er den Übergang von der in republikanischer Zeit vorherrschenden Brandbestattung zur Leichenbeisetzung, die erst in der Kaiserzeit populär wurde. Unter dem Einfluß des Christentums sollte sie sich schließlich gänzlich durchsetzen. So sind die ältesten Teile der Anlage sogenannte *Kolumbarien* („Taubenschläge"), Grabkammern mit vielen Nischen für die Urnen mit der Totenasche. Die Türeingänge sind niedrig, das Mauerwerk weist den altertümlichen *opus reticulatum*-Schmuck auf; kleine quadratische Tuffkegel bilden rhombenartige Netzwerke. Erst später kamen *Arcosolien*, Rundbogengräber, und längere Grabbänke zur Bestattung hinzu. Verputzte, einst bemalte Grabnischen erinnern an die *Aedicula* über dem Petrusgrab. Doch anders als in der vatikanischen Nekropole fand man hier keine Prunkgräber. Die Grabanlagen sind entweder schmucklos oder mit einfachen Fresken bemalt, die wenigen Grabinschriften verraten, daß hier meist Soldaten und Freigelassene ihre letzte Ruhe fanden. Interessant ist allenfalls eine Gruppe griechischer Inschriften, die darauf hindeutet, das hier auch Einwanderer aus dem östlichen Mittelmeerraum beigesetzt wurden. Weiter östlich, am Fuß des *Rupe di S. Paolo* (Paulusfelsens), flankiert von drei häßlichen Müllcontainern, befindet sich der höhergelegene Teil der Anlage, in dem wieder *Kolumbarien* und *Arcosolien* dominieren. Die Totenstadt erstreckte sich einst auf beiden Seiten der Via Ostiense zwischen dem Felsen und dem Tiberufer, rund um das Gelände der heutigen Basilika. Daß der Apostel auf einem heidnischen Friedhof beigesetzt wurde, spricht eher für die Authentizität der Tradition. Erst im frühen 2. Jahrhundert war die christliche Gemeinde groß genug, um eigene Friedhöfe unterhalten zu können, nämlich die Katakomben an der Via Appia. „Demnach muß der Ursprung dieser Überlieferung sehr alt sein", schlußfolgerte der Vatikan-Archäologe Prof. Dr. Engelbert Kirschbaum S.J. in seinem Klassiker *Die Gräber der Apostelfürsten:* „Er ist noch vor dem Entstehen der christlichen Katakomben anzusetzen … Eine spätere Zeit hätte gerade die Gräber der Apostel in christlichen Coemeterien gesucht." In der frühesten Überlieferung vom Tod des Apostels, den apokryphen *Paulusakten* aus dem 2. Jahrhundert, heißt es, eine fromme Frau habe ihn in ihrem Familiengrab beigesetzt: „Seinen Leichnam bestattete Lucina, eine Dienerin Christi, beim zweiten Meilenstein von Rom, an der Straße nach Ostia, auf ihrer eigenen Parzelle, nachdem sie ihn mit Spezereien angefüllt hatte."

Die Überlieferung muß so eindeutig gewesen sein, daß Kaiser Konstantin der Große im Jahre 324, als die Mehrheit der Römer noch Heiden waren, nicht zögerte, einen nach ihrem Glauben unverzeihlichen Frevel zu begehen: Er überbaute einen Teil dieses Friedhofs. Den Römern waren ihre Gräber, war die Ruhe der Toten heilig. Wenn überhaupt, dann konnte nur ein Kaiser es wagen, sie zu verletzen; jedem anderen drohte die Todesstrafe. Doch eben hier, inmitten der ostiensischen Nekropole, ließ er die erste Paulusbasilika errichten. So heißt es im *Liber Pontificalis,* dem Buch der Päpste, das ein unbekannter Autor um 530 im Auftrag von Papst Felix III. (526–30) auf der Grundlage älterer Überlieferungen und Urkunden erstellte, daß Konstantin der Große *fecit basilicam Sancto Paulo Apostolo, cuius corpus recondidit et conclusit in arca sicut Sancti Petri:* die Paulusbasilika errichtete, die Gebeine des Apostels barg und sie wie jene des hl. Petrus in einem Sarkophag oder Schrein – das Wort *arca* kann beides bedeuten – beisetzte. Am 18. November 324 soll Papst Silvester I. (314–335) die beiden von Konstantin gestifteten Apostelbasiliken, den Petersdom und St. Paul vor den Mauern, eingeweiht haben. Auch von reichen Schenkungen des Kaisers ist die Rede.

Als der Architekt Vespignani 1838 im Bereich des Papstaltares Ausschachtungen durchführte, um die *Confessio* der Basilika neu zu gestalten, stieß er auf Spuren dieser frühesten Anlage. Wie es scheint, ist das Grabmonument des hl. Paulus an drei Seiten von einem sehr alten Eisengitter umgeben. An der vierten Seite befindet sich eine Ziegelmauer im altrömischen *opus reticulatum*-Stil. Auf ihr liegt eine Marmorplatte, in die der Name *Paulo* eingraviert war. Sie wird ergänzt durch eine zweite Marmorplatte mit dem Rest der Inschrift: *Apostolo Mart(yri)* – „Apostel und Märtyrer“. Zusammen bilden sie noch heute den Boden des Grabaltars. Die Inschriften waren ein deutlicher Hinweis darauf, daß unter den Platten das historische Paulusgrab liegen mußte. Die *opus reticulatum*-Mauer mit Ziegelverzahnung stammte zweifelsfrei aus der Zeit vor dem 2. Jahrhundert und war offenbar Teil einer antiken Grabanlage. Also erhob sich der Papstaltar über einem Grab aus dem 1. Jahrhundert, das von den konstantinischen Architekten herausgehoben und durch ein Gitter umschlossen wurde. Auf einem grob gemauerten Unterbau befand sich eine Art Podest, bei dem ein massiver Block mit der Inschrift *Salus populi,* „Heil des Volkes“, als Ecklösung verwendet wurde. Auf diesem Sockel, so spekulierte Kirschbaum schon 1957, muß der Sarg des Völkerapostels gestanden haben. Fast ein halbes Jahrhundert lang beließ man es bei dieser Spekulation, bis schließlich die wissenschaftliche Neugierde siegte.

Den Anlaß bot das Heilige Jahr 2000, als auch St. Paul vor den Mauern seine Heilige Pforte geöffnet hatte und buchstäblich Millionen Pilger aus aller Welt in die Basilika strömten. Immer wieder wurden ihre Priester und das Ordnungspersonal mit zwei Fragen bedrängt, auf die bislang niemand eine zufriedenstellende Antwort geben konnte: Liegt denn der hl. Paulus tatsächlich unter dem Hochaltar begraben? Wenn man es nicht weiß – warum schaut man nicht einfach nach? Während Tag für Tag Hunderte Neugierige durch die vatikanischen *Scavi*, die kaiserzeitliche Nekropole unter dem Petersdom, geführt werden und dabei auch die *Aedicula*, die Graffitimauer und, mit einigem Glück, die in Plexiglaskästen verwahrten Petrusreliquien zu sehen bekommen, wollten sich die Besucher der Paulusbasilika nicht mehr mit vagen „es könnte sein"- und „der Tradition nach"-Ausflüchten zufrieden geben. Der Verwalter der Basilika, bis zum *Motu proprio* Benedikts XVI. aus dem Jahre 2005 der vatikanische Administrator Erzbischof Francesco Gioia, mußte etwas unternehmen, um mit konkreten Antworten aufwarten zu können. So wurde 2002 der Vatikan-Archäologe Giorgio Filippi mit archäologischen Untersuchungen beauftragt, die allerdings so dezent abzulaufen hatten, daß sie den Pilgerbetrieb in der Basilika nicht störten. Drei Jahre lang mußte man es bei Stichproben belassen: Hier und dort wurde eine Marmorplatte aus dem Boden gehoben, kratzte man sich bis zu einem Meter in die Tiefe. Eine „Tastgrabung" nennen das die Archäologen. Doch was man schon bei diesem vorsichtigen Herantasten entdeckte, war so spektakulär, daß es in vielen Punkten ein völlig neues Licht auf die Geschichte der Basilika wirft.

Als erstes zeigte Filippi auf, weshalb die *Confessio* bis zur Umgestaltung der Paulusbasilika nach dem Brand von 1823 hinter dem Papstaltar lag und nicht, wie etwa im Petersdom, davor; erst Vespignani hatte sie 1838 an ihre heutige Stelle verlegt. Denn als der Vatikan-Archäologe jede der Bodenplatten aus dem 19. Jahrhundert einzeln entfernen ließ, stieß er auf die halbrunde Grundmauer einer Apsis. Sie war schon 1853 von dem römischen Architekten Paolo Belloni entdeckt und beschrieben worden, doch bald darauf wieder in Vergessenheit geraten. Das Mauerwerk stammte aus der Spätantike und bestätigte, was man bis dahin nur vermutet hatte: daß die ursprüngliche Basilika, die Konstantin der Große errichten ließ, sehr klein und zudem nach Westen ausgerichtet war. Der Grund war ihre Lage zwischen der wichtigen Via Ostiense und dem *Iter vetus*, einer alten Verbindung zur Uferstraße am Tiber quer durch die Totenstadt. Um sie zu verlegen, hätten weitere Teile der ostiensischen Nekropole zerstört werden müssen. So begnügten sich die Architekten des Kaisers mit einem kleinen Memorialbau, der schon aus praktischen Gründen seinen Eingang zur vielbefahrenen Via Ostiense hin, also im Osten hatte. Mit der heute üblichen Ostausrichtung der Apsis, gen Jerusalem, nahm man es damals noch nicht so genau. Sie setzte sich erst gegen Ende des 4. Jahrhunderts durch, als Jerusalem durch den Bau der Grabeskirche zum ersten Mal seit der Zeit der Apostel wieder eine zentrale Bedeutung für die Christenheit bekam.

Die Ausrichtung der konstantinischen Basilika erklärt, weshalb die *Confessio* im Osten des Apostelgrabes angelegt wurde, also so, daß die Pilger, die von der Via Ostiense aus die Kirche betraten, sie direkt erreichen konnten. Als nach nur sechs Jahrzehnten ein Neubau notwendig wurde, beließ man es dabei. Nötig geworden war ein solcher nicht nur, weil die alte Kirche unter dem Ansturm der Pilger längst aus allen Nähten platzte; auch die jährliche Tiberflut muß ihr heftig zugesetzt haben.

Ein kaiserlicher Erlaß aus dem Jahre 386, unterzeichnet von dem Triumvirat, das damals das geteilte Römische Reich regierte – Valentinian II., Theodosius und Arcadius –, beauftragte den damaligen Stadtpräfekten Sallustius damit, „das Gotteshaus zu erweitern, wie es die Heiligkeit des Ortes, der Zustrom der Gläubigen und deren Andacht verlange". Dabei habe er sich mit Papst Siricius (384–399) in allen Detailfragen abzustimmen. Ein Zusatz ergänzte, daß die neue Kirche unbedingt höhergelegt werden müsse, um zu vermeiden, daß sie weiterhin jedes Frühjahr unter Wasser stand. Da im Osten der Paulusfelsen im Wege war, konnte sie nur nach Westen hin ausgedehnt werden, was eine Umlegung des *Iter vetus* unumgänglich machte. Damit das Apostelgrab nicht im Eingangsbereich lag, wurde gleich die ganze Basilika um 180 Grad gedreht. Die Fläche der bisherigen konstantinischen Basilika wurde von den kaiserlichen Architekten zu einem großzügig gestalteten Altarraum umfunktioniert, während sie den Eingang um ganze 180 Meter nach Westen verlegten und damit einen gigantischen

Innenraum schufen. Ganze 1200 Jahre lang, bis zum Neubau des Petersdomes, war St. Paul vor den Mauern die größte Kirche der Christenheit. Nur die Lage der *Confessio,* die man aus Respekt zwar ausschmückte, aber bis ins 19. Jahrhundert nie verlegte, zeugte noch von ihrem bescheidenen Vorgängerbau.

Der Neubau hatte nicht nur einen praktischen, sondern auch einen politischen Hintergrund. Unter Konstantin dem Großen war das Christentum erstmals nach Jahrhunderten der Verfolgung zur *Religio licita,* zur staatlich anerkannten Religion geworden. Da galt es zuerst, dem Apostelfürsten Petrus, dem Begründer der Hauptstadtgemeinde, dem Felsen, auf dem Christus seine Kirche gebaut hat und dessen Nachfolger der Bischof von Rom ist, ein Denkmal zu setzen. Paulus dagegen trat zunächst einmal in den Hintergrund. Unter Theodosius wurde das Christentum zur Staatsreligion. Jetzt galt es, die bislang heidnische römische Oberschicht zu erreichen, die eher pikiert auf den Fischer aus dem ländlichen Galiläa reagierte. Ihr wurde Paulus als Leitbild präsentiert: Ein römischer Bürger wie sie, hochgebildet und weitgereist, den antiken Philosophen auf jede Weise ebenbürtig. Der großbürgerliche Heidenapostel mit seiner anspruchsvollen Theologie machte den neuen Glauben auch für gehobene Kreise schmackhaft. Damit dies nicht auf Kosten des Petrus geschieht, propagierte die Kirche die Freundschaft Petri und Pauli durch die Verbreitung von Doppelportraits. Sie zeigten die beiden Apostel in inniger Umarmung: Petrus erklärte Paulus „kirchenpolitisch" für ebenbürtig, Paulus wertete Petrus gesellschaftlich auf. Der Bau eines würdigen Denkmals für den neuentdeckten *Apostel der Heiden* war damals auch eine Propagandamaßnahme.

Es war das ehrgeizigste Bauvorhaben der Spätantike. In nur vier Jahren errichtete der Baumeister Ciriades, dem man den Beinamen *mechanicus* gab, auf dem bis zu zwei Meter erhöhten Fundament eine fünfschiffige Basilika mit 80 Säulen und einem vierseitigen Säulenvorhof. 390 wurde die neue Kirche von Papst Siricius geweiht, weitere fünf Jahre brauchte man für die Ausschmückung ihres Innenraums. Das Gebälk der Decke war ganz mit Gold verkleidet und so prachtvoll, daß es den Spanier Prudentius zu einer Hymne inspirierte. Über dem Paulusgrab erhob sich ein mächtiger Triumphbogen, dessen herrlichen Mosaikschmuck die Schwester des Kaisers Honorius, Galla Placidia, stiftete. Gnadenlos recycelte man Baumaterial aus den Tempeln des heidnischen Roms, die

Theodosius zuvor schließen ließ. Ein Satz von weißen Marmorsäulen mit violettblauen Adern stammte aus dem Mausoleum des Kaisers Hadrian, der heutigen Engelsburg. Doch auch Elemente der alten Basilika fanden eine neue Verwendung; darunter, wie es scheint, auch die beiden Marmorplatten mit den Aufschriften *Paulo* und *Apostolo Mart.*

Wenn man heute das Gitter unter dem Papstaltar öffnet, sieht man im Halbdunkel, wie sie, dem Pilger zugewandt, übereinander auf dem Boden liegen. Dabei wirken sie verwirrend asymmetrisch;

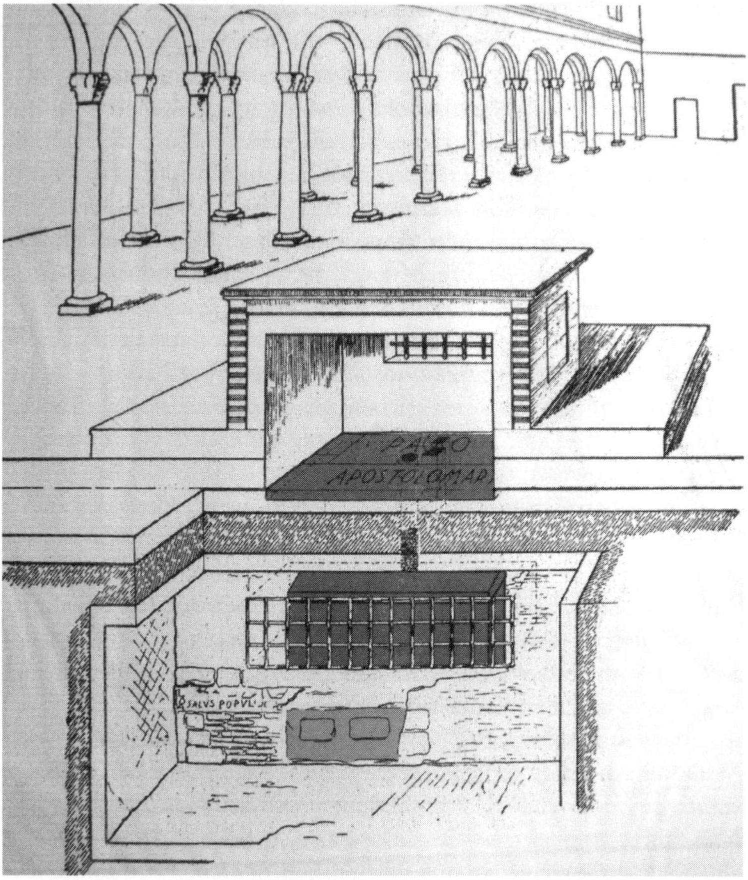

St. Paul vor den Mauern: Querschnitt durch den Papstaltar. Unter der „Paolo"-Platte befindet sich der Apostel-Sarkophag

die obere Platte bedeutend breiter als die untere. Doch als Vespignani sie aus ihrer Verankerung befreite, mußte er feststellen, daß sie beide gleich breit waren. Der Aufbau des Hochaltars hatte nur den oberen Rand der Platte verdeckt. Außerdem erscheint die Aufschrift der unteren Platte, *Apostolo Mart,* eigentümlich nach rechts gedrängt, obwohl links von ihr noch genügend Platz ist. Hätte sie einst mittig gestanden, müßte die Platte eine Länge von 2,40 Metern gehabt haben. Damit war sie ein ganzes Stück länger als die nur 1,92 lange *Paulo*-Platte. Hinzu kam, daß die Inschrift offenbar unvollständig ist. Der verwendete Dativ – *Paulo* statt Paulus – deutet eher auf eine Widmung hin; eine einfache Grabinschrift hätte im Nominativ gestanden. Experten für christliche Epigraphik wie G.B. de Rossi und A.Silvagni datierten die Form der Buchstaben aufgrund paläographischer Kriterien in die konstantinische Zeit. Aus all diesen Hinweisen schloß Kirschbaum, daß sich die Inschrift nicht mehr in ihrer ursprünglichen Position befindet und daß sie noch aus der konstantinischen Basilika stammt. Dort müßten die beiden Platten nicht waagerecht übereinander gelegen haben, sondern waren senkrecht angebracht – nicht nebeneinander, denn dazu war die Lücke zwischen *Paulo* und *Apostolo Mart* viel zu groß, sondern an zwei der vier Seiten eines Grabhauses von mindestens 2,40 Metern Länge und 1,92 Metern Breite. Wäre die Inschrift ursprünglich ausgeschrieben gewesen, hätte sie also *Apostolo Martyri* gelautet, müßte der marmorne Schrein sogar über 2,55 Meter lang gewesen sein. Laut Kirschbaum könnte auf den verbleibenden beiden Seiten *Constantinus Aug(ustus)* und *fecit* gestanden haben: Dem Apostel und Märtyrer Paulus von Kaiser Konstantin errichtet! Die Unregelmäßigkeit der Buchstaben und ihr leichtes Ansteigen lassen darauf schließen, daß sie nachträglich eingemeißelt wurden, als die Marmorplatten bereits an der Außenwand des Schreins befestigt waren; vielleicht beim letzten Rombesuch des längst im Osten residierenden Kaisers im Jahre 326.

Ein solches marmorverkleidetes Grabhaus ist keineswegs eine hypothetische Konstruktion. Auch das Petrusgrab war von Konstantin in einen marmorverkleideten Schrein von 2,70 mal 1,65 Metern Ausmaß eingeschlossen worden. Beim Bau der Grabeskirche in Jerusalem ließ der Kaiser den Fels des leeren Grabes Christi so weit weggeschlagen, bis ein quaderförmiger Stumpf übrigblieb, der mit kostbarem Marmor verkleidet werden konnte. Daher schloß Kirschbaum, „daß auch St. Paul im Zentrum der Apsis eine Art Grabhaus vermuten läßt, durch das die Reste des alten Apostelgrabes erhalten und umgestaltet wurden." Zu diesem Grabbau gehörten der Sockel mit der Inschrift *Salus populi* ebenso wie die integrierten Reste des frührömischen Kolumbariums.

Bei dem um fast zwei Meter höhergelegten Neubau ragte der konstantinische Marmorkubus nur noch knapp aus dem neuen Boden. Kirschbaum glaubte, daß man deshalb die Inschrift, die damit keinen Zweck mehr erfüllte, entfernte. Ihr wichtigster Teil sollte fortan wie eine Grabplatte in die Decke des Grabhauses eingelassen werden, dessen obere Hälfte jetzt zu einem Altar umfunktioniert wurde, den ein von vier Säulen getragener Baldachin überragte. Es war das erste Mal, daß die Eucharistie direkt über einem Grab zelebriert wurde. Doch bald machte das Beispiel von St. Paul vor den Mauern in der ganzen Christenheit Schule. Schon zu Anfang des 5. Jahrhunderts bezeugte der Kirchenvater Hieronymus, daß der Bischof von Rom das Meßopfer über den Gebeinen und Gräbern der Apostel zelebrierte, die er als *Altäre Christi* ansah. Noch heute werden in jede Altarplatte Reliquien der Heiligen eingelassen, wird jeder Altar zum symbolischen Märtyrergrab.

Damit noch mehr Pilger direkt vor dem Marmorschrein beten konnten, ließ Papst Gregor I. der Große (590–604) die alte *Confessio* hinter dem Papstaltar durch eine Ringkrypta erweitern – eine weitere einer ganzen Reihe von Verschönerungsmaßnahmen durch die Päpste. In einem Brief an die Kaiserin Konstantina schildert er, wie die mit den Arbeiten betrauten Mönche auf alte Gebeine stießen. Ihr Vorsteher habe diese „an einen anderen Ort" gebracht und sei daraufhin unter schrecklichen Umständen eines plötzlichen Todes gestorben. Das diente dem Papst zumindest als Vorwand, um der Kaiserin, die um eine Reliquie des hl. Paulus gebeten hatte, eine klare Absage zu erteilen: Bei den Römern und im ganzen Westen gelte es als Sakrileg, die Leiber der Heiligen auch nur zu berühren. Ihre regelrechte Zerteilung, der große Reliquientransfer von Rom aus in die entferntesten Teile der Welt, wurde erst zur Karolingerzeit, zwei Jahrhunderte später, üblich.

Doch was befand sich in dem Grabhaus, das im Zentrum der damals weltgrößten Kirche stand? Was mußte durch die eigenartige Vergitterung, die Vespignani entdeckte, einerseits geschützt, andererseits sichtbar gemacht werden? Kirschbaum war sich schon

1956 sicher, ohne dafür den geringsten Beweis zu haben: „Der Sarg des Apostels Paulus lag im Gegensatz zum Grabe des heiligen Petrus über der Erde und blieb als solcher sichtbar, mußte aber dann entsprechend geschützt werden."

Dieser Satz hätte eigentlich zwei Generationen von Vatikan-Archäologen hellhörig machen müssen, doch die Mühlen der Ewigen Stadt mahlen langsam. Erst ein halbes Jahrhundert später, zu Beginn des dritten Jahrtausends, konnte das Geheimnis gelüftet werden. So erfuhr die Weltöffentlichkeit am 11. Dezember 2006 schließlich von einem Jahrtausendfund.

Im Juni 2005 hatte Giorgio Filippi endlich die Genehmigung erhalten, die Marmorabdeckung mit der *Paulo*-Inschrift zu entfernen und darunter zu suchen. Im Verlauf seiner Ausgrabung mußte er vieles revidieren, was Kirschbaum aus den kargen Aufzeichnungen Vespignanis geschlußfolgert hatte. Die vier Nischen etwa, die Kirschbaum für Kolumbarien hielt, erwiesen sich als Reliquienaltäre aus christlicher Zeit; in ihnen befanden sich antike Aschenurnen mit den Gebeinen vierer Märtyrer, der hll. Celsus, Julian, Marcianilla und Basilissa.

Doch als er sich etwa 40 Zentimeter tief durch das antike Füllmaterial grub, stieß er auf einen massiven Block aus rosafarbenem, unbearbeitetem Marmor. Der Block ist hohl, soviel konnte er feststellen. Er ist 2,55 Meter lang, 1,25 Meter breit und 0,97 Meter hoch. Es handelt sich um einen antiken Sarkophag. An seiner Oberseite befand sich ein zehn Zentimeter breites, später verplombtes Loch. Solche Öffnungen dienten in der Antike dazu, Duftstoffe in den Sarg zu gießen, was der Verehrung des Toten galt. „Die Gläubigen bedeckten den Metallverschluß des Grabschachtes mit Küssen, deren Spuren sichtbar blieben, und gossen unter Tränen Balsam hinunter", beschrieb der Spanier Pudentius, der in den Jahren 402/3 Rom besuchte, diesen Brauch. Man konnte dadurch aber auch Stoffstreifen, sogenannte *Brandeae,* einführen, die von den Gläubigen als Berührungsreliquien verehrt wurden und denen man Wunderkräfte zuschrieb. „Wer gerne beten möchte", schrieb um 590 Bischof Gregor von Tours, „der schließt die Schranken auf, mit denen der Ort umgeben ist, und kommt so zum Grabe. Dann öffnet er das kleine Fensterchen (unter dem Altar), beugt seinen Kopf hinein und bittet um das, was er nötig hat. Der Erfolg läßt nicht auf sich warten, wenn er nur richtig gebetet hat. Wenn er aber eine heilige Reliquie haben möchte, soll er ein mit der Waage gewogenes Tüchlein hineinlegen. Dann möge er andächtig mit Wachen und Fasten beten, damit die Macht des Apostels seiner Andacht zu Hilfe komme. O Wunder! Wenn sein Glaube stark genug war, dann wird das vom Grab genommene Tüchlein so voll göttlicher Kraft sein, daß es viel mehr wiegt als vorher." Bezeugt ist, daß im Jahre 394 der oströmische Beamte Rufinus und im Jahre 519 der spätere byzantinische Kaiser Justinian um solche Tüchlein baten, die in die Gräber der Apostel hinabgesenkt wurden. Drei Öffnungen wurden zu diesem Zweck nachträglich auch in die Inschriftenplatte geschlagen, mit der das Grab jetzt abgedeckt war. Erst zu einem späteren Zeitpunkt, vielleicht unter Papst Gregor dem Großen, wurde das Loch mit Mörtel verschlossen.

Nur das Grab des Völkerapostels konnte so leidenschaftlich verehrt worden sein. Aller Wahrscheinlichkeit nach befinden sich seine Gebeine noch immer in dem rosafarbenen Marmorsarg. Zumindest ist sicher, daß er seit über 1600 Jahren nicht geöffnet wurde; zu fest ist er eingebacken in das Füllmaterial des alten Sockels aus der Drei-Kaiser-Basilika, versiegelt durch die Marmorplatte, die seinen Namen trägt. Seit dem 4. Jahrhundert steht er an dieser Stelle, vielleicht noch länger. Seine schlichte Schmucklosigkeit paßt auch zur vorkonstantinischen Zeit, obwohl Filippi versichert, er sei erst unter Theodosius auf einen erhöhten Untergrund gestellt worden. Der Archäologe hält auch die Umschrift *Paolo – Apostolo Martyri* für ein Werk des späten 4. Jahrhunderts und glaubt, die Platten seien erst unter Papst Leo dem Großen (440–461) als Abdeckung benutzt worden. Zuvor hätten sie als Seitenwände eines Altarblocks gedient, der in sich das Grab des Apostels barg.

„Die Entdeckung eines neuen Pharaonengrabes könnte für das abendländische Europa nicht bedeutsamer sein", kommentierte der Vatikan-Journalist der *Welt*, Paul Badde, den Jahrtausendfund. Doch wie Howard Carter, der Entdecker des Tutenchamun-Grabes, auf seinen Geldgeber Lord Carnavon aus England wartete, bevor er die Grabkammer öffnete, gibt sich auf Giorgio Filippi gelassen. „Ich bin nicht neugierig", versicherte er mir, als ich ihn im November 2007 interviewte: „Ich habe meine Arbeit getan. Andere müssen entscheiden, was jetzt weiter zu geschehen hat." Bis dahin trennt ihn nur noch ein Mörtelpropfen von den Reliquien des Mannes, der die Welt so viel grundlegender veränderte als jeder Pharao ...

II. Tarsus: Spuren im Schlamm

Kurvenreich schlängelt sich die schmale Landstraße durch die karge Landschaft. Immer näher kommen die zerklüfteten Felsen des Gebirges, das den Horizont begrenzt und nur von den Wolken überragt wird. Man spürt förmlich, welche Herausforderung seine Überwindung für die Menschen vergangener Zeiten bedeutet haben muß. Und doch sind sie alle hier durchgekommen, haben glühender Hitze und klirrender Kälte, eisigem Wind und peitschendem Regen getrotzt, haben gehungert und gedürstet, gefroren oder geschwitzt, um waffenstrotzend die Weltgeschichte zu verändern: die Heere des persischen Großkönigs ebenso wie die Armee Alexanders des Großen, die römischen Legionen und der unendliche Zug der Kreuzritter. Aber auch ein Mann mit seinen zwei, drei Begleitern, dessen einzige Waffen Glaube, Hoffnung und Liebe waren, beschritt diese Straße, um ein Evangelium zu verkünden, daß zum Grundstein einer neuen Welt werden würde: Paulus von Tarsus. Auf seinen Spuren war ich unterwegs, durchquerte ich das Land, in dem aus der Lehre Christi eine Weltreligion wurde.

In einer Höhe von 1050 Metern passiere ich die Zilizische Pforte, die einst West und Ost, Orient und Okzident, miteinander verband. Heute ist sie ganz vom Orient vereinnahmt, liegt sie inmitten der Türkei, hat sie längst ihre Bedeutung verloren. Eine moderne Schnellstraße, kaum befahren, verbindet das ärmliche Anatolien mit dem dank des Tourismus sehr viel reicheren Süden. Vor mir öffnet sich eine fruchtbare Ebene, die bis zum Meer reicht: das antike Zilizien mit seiner Hauptstadt, die auch heute noch, wie seit gut 4000 Jahren, Tarsus heißt.

Man kommt nicht daran vorbei, in der Entstehung des Christentums ein Werk der göttlichen Vorsehung zu erkennen; zu gut paßt alles in Raum und Zeit. Zwei Ereignisse, zwei Große der Geschichte, hatten den Boden bereitet, auf dem das Evangelium den Völkern verkündet werden konnte.

Durch Alexander den Großen war die griechische Kultur bis an den Indus vorgestoßen. Auch wenn sein Riesenreich unter seinen Generälen aufgeteilt wurde und schließlich zerfiel, wurde er zum Begründer der ersten globalen Kultur der Menschheitsgeschichte, des Hellenismus. Griechisch war jetzt Weltsprache; wer sie beherrschte, fand sich in Alexandria ebenso zurecht wie in Korinth, in Antiochia wie in Ephesus, in Jerusalem wie in Rom. Kein Wunder also, daß Griechisch, nicht Aramäisch – der syrische Dialekt, der zur Zeit Jesu im ganzen Gebiet des ehemaligen Seleukidenreiches und damit auch in Judäa gesprochen wurde – die Sprache der christlichen Verkündigung war. Erst im 4. Jahrhundert, als das Christentum Staatsreligion wurde und die Volkskirche entstand, setzte sich im Westen das Latein durch. War das Weltreich Alexanders auch kurzlebig, so schuf Oktavian, der spätere Kaiser Augustus, etwas Dauerhaftes. Er beendete den römischen Bürgerkrieg, der nach der Ermordung Cäsars ausgebrochen war, und konsolidierte die römische Herrschaft speziell im Osten des Reiches. Daß zu seiner Regentschaft „auf der ganzen Welt Frieden herrschte“ ist keine Phrase aus dem römischen Martyrologium, das alljährlich zur Weihnachtszeit verlesen wird, sondern eine politische Meisterleistung. „Kriege liegen so weit zurück, daß man sie für historische Mythen hält. Ein Mann kann von einem Land zum anderen reisen, als ob er dort überall zu Hause wäre“, schildert Aelius Aristides (um 150 n. Chr.) die *Pax Romana.* Von einigen Grenzkriegen und Eroberungsfeldzügen abgesehen hielt dieser Friede vier Jahrhunderte, hatte das römische Weltreich Bestand – in seinen Grenzen herrschten Recht und Ordnung, sicherer Handel und Verkehr, konnte man sich frei bewegen und ungehindert reisen. Ohne diese politische Voraussetzung wäre eine so rasche Verbreitung des Evangeliums, wie sie für das 1. Jahrhundert bezeugt ist, kaum möglich gewesen.

Und trotzdem bleibt die Entstehung der Weltkirche ein erstaunliches Phänomen, wenn man bedenkt, wie bescheiden ihre Anfänge waren: Eine Handvoll Fischer und Handwerker (und ein Zöllner) aus der hintersten Provinz (sprich: Galiläa) scharte sich um einen charismatischen Wanderprediger, der sich als der von den Juden erwartete Messias zu erkennen gab, ja mehr noch: als der Sohn Gottes und Erlöser der Welt. Selbst in Jerusalem nahm man den Kreis der Zwölf zunächst nicht ernst, verspottete sie als

Hinterwäldler: Was kann denn aus Galiläa schon Gutes kommen!

Der Auftrag, den Jesus für sie hatte – „Geht zu allen Völkern und macht alle Menschen zu meinen Jüngern“ (Mt 28,19) –, schien sie maßlos zu überfordern. Zwar konnten sie mit Sicherheit (wie alle männlichen Juden) lesen und schreiben, doch waren sie in der Synagogenschule allein in der Auslegung der Heiligen Schrift unterrichtet worden, nicht in Rhetorik und Philosophie, nicht in der Kultur der „Heiden“. Ihr Wirkungskreis war damit ziemlich beschränkt. Auf gleicher Bildungsebene konnten sie sich eigentlich nur mit anderen Juden auseinandersetzen, und so konzentrierten sie ihre Missionstätigkeit zunächst auf die Juden Judäas und schließlich der Diaspora; wann immer sie in eine fremde Stadt kamen, predigten sie in den Synagogen. Ihre ersten Proselyten waren dann auch Juden und *Gottesfürchtige,* Heiden, die mit dem Judentum sympathisierten, aber doch zögerten, sich beschneiden zu lassen. Daß damit der Auftrag, *zu allen Völkern* zu gehen, nicht zu erfüllen war, lag auf der Hand.

Schon deshalb war Paulus der große Glücksfall für die Jünger Jesu: einer, der aus der provinzrömischen Oberschicht stammte, römischer Bürger war. Einer, der studiert hatte, der die griechischen Dichter und Philosophen zitieren konnte, der die antike Rhetorik beherrschte, der so geschliffen formulierte, daß seine Briefe – vom theologischen Inhalt einmal abgesehen – schon stilistisch zu den bedeutendsten Werken der griechischsprachigen Literatur gehören. Paulus war der Mann, den sie brauchten, um von den Heiden ernstgenommen zu werden, um mit dem Evangelium tatsächlich *die Völker* zu erreichen; der Richtige zum richtigen Zeitpunkt. Er hatte das nötige intellektuelle Rüstzeug, sein *Römerpaß* garantierte ihm juristische Privilegien, sein Talent öffnete ihm viele Türen, sein Feuereifer setzte ihm immer wieder neue, noch größere Ziele. Es mag gewagt klingen, Paulus als den zweiten Begründer des Christentums zu bezeichnen, doch soviel kann mit Sicherheit gesagt werden: Durch den Mann aus Tarsus wurde aus dem, was als jüdische Sekte begann, eine Weltreligion.

So war es vielleicht ein Zufall, bestimmt aber ein Zeichen, daß er gewissermaßen am Tor zur Welt geboren wurde – nämlich an der Zilizischen Pforte, die West und Ost auf dem Landweg verband und damit so symbolträchtig war wie kein anderer Ort in der antiken Welt. Paulus war stolz auf seine Herkunft, wenn er erklärte: „Ich bin ein Jude aus Tarsus in Zilizien, Bürger einer nicht unbedeutenden Stadt“ (Apg 21,39). Und er hatte auch allen Grund dazu.

Denn Tarsus, das sich selbst auf Münzen als „die erste, schönste und größte Stadt“ feierte, konnte schon zu Zeiten des Paulus auf eine lange Geschichte zurückblicken. Der Sage nach wurde es von dem Göttersohn Herakles gegründet, verdankt es seinen Namen einem Hufeisen (griech. *tarsos),* das das Flügelpferd Pegasus hier verloren haben soll. Erstmals erwähnt wird Tarsus in hethitischen Quellen aus der Bronzezeit als Hauptstadt des Königreiches *Kizzuwatna.* Eine der berühmtesten Königinnen der Hethiter, Puduhepa, war Priesterin in *Tarsa,* wie die Stadt damals hieß, bevor sie nach Hattusa geholt wurde. In den assyrischen Annalen wird sie *Tarzi* genannt, während Zilizien damals als *Koe* Teil der Domäne *Khilakku,* der späteren persischen Satrapie *Hilik,* war. Das 2. Buch der Chroniken berichtet, daß in Koe die Pferde für den Streitwagen des Königs Salomon eingekauft wurden. Ob Tarsus auch mit dem *Tarschisch* der Bibel, dem Umschlagplatz für Silber, Eisen, Zinn und Blei, identisch ist, bleibt dagegen umstritten. Jedenfalls wurde es zu einem der wichtigsten Häfen des östlichen Mittelmeerraumes, zum Handelszentrum und zum Tor zu einer ganzen Region, dem Hochland von Anatolien in der heutigen Zentraltürkei. Als Alexander der Große 333 v. Chr. in die „große und wohlhabende Stadt“ kam, badete er leichtsinnigerweise in ihrem Fluß, dem Kydnus – und zog sich prompt eine Lungenentzündung zu, die ihn fast das Leben kostete. Eiskalt ist das Wasser, das direkt aus dem oft schneebedeckten Taurus-Gebirge kommt, aber klar und rein wie ein Bergbach. Der Arzt Philipp, ein Schüler des Hippokrates, braute ihm eine Medizin zusammen. In diesem Augenblick traf ein Brief an Alexander ein. Parmenion, einer seiner Generäle, warnte den Makedonen, der Arzt sei von den Persern bestochen worden, ihn zu vergiften. Unbeirrt griff der Feldherr nach der Medizin, während er mit der anderen Hand seinem Arzt den Brief reichte – und wurde nach ein paar Tagen wieder gesund. Wäre er damals schon gestorben, die Geschichte hätte einen anderen Lauf genommen. Die griechische Zivilisation, die dem frühen Christentum den Weg ebnete, hätte sich nicht bis zum Nil und an den Indus ausbreiten können. So aber wurden in Tarsus die Weichen gestellt, die den Weg freimachten für die Mission seines größten Sohnes.

Im Jahre 64 v. Chr. eroberten die Römer Tarsus und machten es zur Hauptstadt ihrer Provinz Zilizien. Cicero, einer der prominentesten Senatoren und besten Redner seiner Zeit, wurde ihr erster Statthalter. Cäsar, der 47 v. Chr. nach Tarsus kam, wurde begeistert empfangen; ihm zu Ehren legte sich die Stadt zeitweise den Beinamen *Iuliopolis*, „Stadt des Juliers", zu. Nach seiner Ermordung leistete Tarsus Widerstand gegen die Partei seiner Mörder: Mark Anton, Cäsars treuer Gefolgsmann, belohnte es dafür mit vielen Privilegien. Doch der eigentliche Höhepunkt seiner Geschichte war der Tag, an dem sich Mark Anton und Kleopatra hier begegneten.

Was sich damals ereignete, war großes Kino, wie es Hollywood 2000 Jahre später kaum besser hätte inszenieren können. Kleopatra, die ihre Verführungskunst politisch zu nutzen verstand, wußte, daß Mark Anton alles Derbe und Frivole liebte. So bot sie ihm ein erotisches Spektakel von orientalischer Üppigkeit und Sinnenlust. Mit ihrer gold- und silberbeschlagenen Prunkbarkasse unter roten, seidenen Segeln fuhr sie in den Hafen von Tarsus ein, wo der Römer sein Lager aufgeschlagen hatte. Ihre Besatzung bestand aus Knaben, die, als Eros verkleidet, nur ein leinenes Hüfttuch, goldene Flügel sowie Pfeil und Bogen trugen, und leicht beschürzten Mädchen, die Nereiden darstellten. Während einige von ihnen mit Trommeln und Zimbeln ekstatisch musizierten, versprühten andere kostbares Parfüm und warfen mit Blütenblättern und Farbpulver um sich, bis der ganze Hafen von Tarsus in eine einzige süßliche, bunte Wolke gehüllt war. Inmitten dieses Spektakels, umgeben von Tänzerinnen und Tänzern, räkelte sich die Königin, nur mit einer Perlenkette bekleidet, unter einem Baldachin aus goldenem Tuch.

Mark Anton war beeindruckt, mehr noch: von unbändigem Verlangen erfaßt. Dem grobschlächtigen Römer erschien Kleopatra wie ein Wesen aus einer anderen Welt, wie die Liebesgöttin Aphrodite oder Isis selbst, deren Tochter sie vorgab zu sein. „Aphrodite ist gekommen, um mit Dionysos zum Wohle Asiens zu feiern", hieß das in der offiziellen Propaganda, die den oft angetrunkenen, manchmal volltrunkenen Mark Anton ein wenig schmeichelhaft mit dem Gott des Weines und Rausches gleichsetzte. Fortan war er ihr mit Haut und Haaren verfallen, was seinen Untergang besiegelte. Bei den Römern war dieser „Sklave einer ägyptischen Hure" zur Unperson geworden. So endete, was so romantisch-frivol begann, tragisch: Mark Anton, der zeitweilig den gesamten Osten des Römischen Reiches kontrolliert hatte, wurde in der Schlacht von Actium von Oktavian vernichtend geschlagen und floh an den Hof seiner Geliebten. Als sich das römische Heer Alexandria näherte, stürzte er sich in sein Schwert, kurz bevor auch Kleopatra sich, in ihrem Mausoleum verbarrikadiert, mit Hilfe einer Giftschlange das Leben nahm.

Mit einiger Wahrscheinlichkeit waren die Großeltern des Paulus Zeugen dieser Ereignisse. Gut möglich, daß sie damals schon zu Römern wurden, daß Mark Anton die Treue der Tarser nicht nur mit den Privilegien der lokalen Selbstverwaltung *(civitas libera)* und Steuerbefreiung *(immunitas)*, sondern auch mit dem Bürgerrecht belohnte. Auch denkbar, daß er sich mit diesem selektiv vergebenen Privileg die Unterstützung einflußreicher Juden sichern wollte. Vielleicht ist aber auch erst Paulus' Vater durch besondere Verdienste, etwa als Lieferant des Kaiserhauses, unter Augustus römischer Bürger geworden. Sicher ist nur, was wir aus des Paulus eigenem Mund vernehmen: „Ich bin sogar als Römer geboren" (Apg 22,28); er kam mit dem Bürgerrecht seiner Eltern zur Welt. Darin unterschied er sich von so vielen Emporkömmlingen seiner Zeit wie etwa dem römischen Centurio, der ihn bei Unruhen im Tempel von Jerusalem festnehmen ließ und verhörte. Auch er war Römer, räumte aber ein; „Ich habe für dieses Bürgerrecht ein Vermögen bezahlt" (Apg 22,28). Daß zur Zeit des Kaisers Claudius (41–54 n. Chr.) der Erwerb der Bürgerschaft gegen eine hohe Geldsumme speziell unter Höflingen gang und gäbe war – eine natürlich von Altbürgern verachtete Methode –, das berichtet auch der Historiker Cassius Dio in seiner *Römischen Geschichte.* Aber weder Paulus noch seine Eltern hatten das nötig gehabt.

Tarsus, diese Weltstadt, die zu seinen Lebzeiten um die 200.000 Einwohner gehabt hat, prägte den Völkerapostel zeitlebens. Waren auch die anderen Jünger Jesu, die Fischer und Handwerker aus Galiläa, eher rustikal, so war er durch und durch urban – ein antiker Kosmopolit. Entstammten die Gleichnisse Jesu dem Landleben, dem Säen und Ernten, dem Fischen und Hüten einer Herde, bestenfalls der Gutsverwaltung, so ist die Sprache des Paulus vom

Leben in der griechischen *Polis* geprägt: vom Theater und der Literatur, vom Wettkampf in der Arena und dem Handel der Kaufleute, vom Gericht, dem Hafen, dem Sklavenmarkt. Daß er das Handwerk des Zeltmachers erlernt hat, darf nicht darüber hinwegtäuschen, daß er tatsächlich der urbanen Oberschicht entstammte. Über körperliche Arbeit schreibt er eher abfällig – durch sie sei er „zum Sklaven" (1 Kor 9,19) geworden, habe er „sich selbst erniedrigt" (2 Kor 11,7) –, sie war für ihn allenfalls ein notwendiges Übel, sein Geist strebte nach Höherem.

Tatsächlich paßt das Zeltmacherhandwerk nach Tarsus. Denn auf den Bergen, die von der Zilizischen Pforte durchteilt werden, lebt die Taurusziege mit ihrem seidigen, schwarzen Haar, das in der Stadt zu Textilien verarbeitet wurde. Das *Cilicium,* das Haartuch aus schwarzem Ziegenhaar, war in der Antike ein ebenso begehrtes Produkt wie heute der Schal aus Kaschmir-Wolle. Erst seit dem Mittelalter verstand man unter einem *Cilicio* den keineswegs so geschmeidigen Bußgürtel. Offenbar waren die Eltern des Paulus Textilfabrikanten und -exporteure, spezialisiert auf Zelte und Planen aus zilizischer Wolle. Daß ihr Sohn dieses Gewerbe „von der Pike auf erlernte", also auch eine Handwerkslehre absolvierte, war damals ebenso selbstverständlich, wie es heute noch Textilfabrikanten gibt, die das Schneiderhandwerk erlernen mußten, bevor sie die Großunternehmen ihrer Eltern übernahmen. Das galt insbesondere bei Juden. „Welche Pflicht hat ein Vater gegen seinen Sohn?", fragt der *Talmud,* um ganz klar zu antworten: „Ihn zu beschneiden, im Gesetz zu unterweisen und ein Handwerk lernen zu lassen." Geistliche waren davon keineswegs ausgenommen, im Gegenteil: speziell sie sollten ihren Gemeinden nicht zur Last fallen, sondern stets in der Lage sein, sich ihren Unterhalt selbst zu verdienen. Auch Paulus folgte diesem Prinzip und konnte sicher sein, immer Abnehmer für seine Produkte zu finden. Denn Zeltstoffe wurden überall gebraucht – als Planen, um Straßen und Theater vor der sengenden Sommersonne zu schützen, als Unterkunft für fahrende Händler und die Besucher kultischer Spiele, als Schutz vor Wind und Wetter für Hirten ebenso wie Reisende, die auf den Decks der Schiffe schlafen mußten, weil der Raum unter Deck von der kostbaren Fracht belegt war. In jeder Stadt, in jedem Land und auf jedem Schiff fand der Zeltmacher Arbeit, die es ihm ermöglichte, finanziell unabhängig zu sein. „Schön ist das Studium des

Gesetzes, verbunden mit weltlicher Beschäftigung" lehrte der berühmte Rabbi Gamaliel, der im 1. Jahrhundert n.Chr. lebte – er sollte der Lehrer des Mannes aus Tarsus werden.

Doch Tarsus war nicht nur für seine Tuchmacher berühmt; sein berühmtestes Exportgut war Bildung. Seit dem 2. Jahrhundert v. Chr. hatte Tarsus eine eigene Universität, an der Grammatik, Rhetorik und Philosophie unterrichtet wurden und die über eine umfangreiche Bibliothek verfügte. Wie ernst hier das hellenistische Bildungsideal genommen wurde, beschreibt Strabo (63 v.Chr.–23 n.Chr.), ein Zeitgenosse des Paulus, in seiner *Geographie* (14,5;13): „Die dortigen Einwohner zeigen einen solchen Eifer sowohl für die Philosophie als auch für alle übrigen Wissenschaften, dass sie selbst Athen und Alexandria und jeden anderen Ort, den man sonst noch nennen kann, wo es Schulen und Unterricht der Philosophen gab, übertreffen. Nur das macht einen Unterschied, daß hier die Studierenden sämtlich Einheimische sind, Fremde aber nicht leicht hinwandern; und selbst jene (die Einheimischen) bleiben nicht dort, sondern vollenden ihre Bildung auswärts und bleiben, wenn sie dieselbe vollendet haben, gern in der Fremde, so daß nur wenige heimkehren ... auch finden sich bei ihnen allerlei Schulen für die Sprachwissenschaften (die Rhetorik). Außerdem ist es auch volkreich und mächtig, indem es den Rang einer Hauptstadt einnimmt."

Einer der berühmtesten Söhne der Stadt, der stoische Philosoph Antipater, brachte es um 140 v.Chr. sogar zum Haupt der *Stoa,* einer Philosophenschule in Athen. Ein anderer, Athenodor, wurde zum Philosophielehrer des jungen Oktavian, des späteren Kaisers Augustus, bevor er die Leitung der lokalen Universität übernahm. Seine Lehren beeinflußten noch den Stoiker Seneca, den Lehrer des Kaisers Nero. Paulus kam nicht umhin, sich mit der Stoa auseinanderzusetzen, auch wenn sie ihm als Jude in vielen Punkten befremdlich erschien. Spätere Generationen behaupteten sogar, es habe ein umfangreicher Briefwechsel zwischen Paulus und Seneca stattgefunden. Auch wenn heutige Experten die vermeintliche Korrespondenz für eine Fälschung aus dem 4. Jahrhundert halten, zeigt sie doch eindrucksvoll auf, wo die Gemeinsamkeiten und wo die Unterschiede von Stoa und Christentum lagen. Nach der Überzeugung der Stoiker existiert eine göttliche Weltordnung, in der das Individuum seinen Platz finden muß. Hat es sein Schicksal gelassen akzeptiert, kann es sein Leben damit verbringen, nach Weisheit zu streben. Der persönliche Gott, der in die Geschichte eingreift, um die Menschheit zur Erlösung zu führen, ist dem Stoiker ebenso fremd wie die Auferweckung der Toten und das kommende Gottesreich. Wie sehr Paulus antikes Bildungsgut verinnerlicht hatte, zeigt sich schon daran, daß er gleich zweimal (Apg 26,14 und Tit 1,12) den griechischen Dichter Aischylos und ein weiteres Mal (1 Kor 15,33) Euripides zitiert. Wahrscheinlich hat er als junger Mann Aufführungen im Theater von Tarsus beigewohnt, auf dessen Fundamente man 1888 beim Bau einer Grundschule stieß; sie sind jetzt auf dem Spielplatz der Schule zu besichtigen. Wie der Altphilologe Udo Schnelle aufzeigt, beherrschte Paulus die sogenannte *Diatribe,* eine im griechischen Sprachraum beliebte Stilform, bei der rhetorische Fragen eines imaginären Gesprächspartners beantwortet und seine Einwände zurückgewiesen werden. Auch er bescheinigt ihm rhetorische Qualität und Kompetenz. Seine Behandlung der Gewissensthematik und seine Anspielung auf das stoische Freiheitsverständnis lassen „die Verwurzelung des Apostels in der beherrschenden Kultur seiner Zeit erkennen." Schnelles Fazit: „Sowohl der Bildungsweg des Apostels als auch seine Fähigkeit, auf den geistigen Horizont der jeweiligen Kommunikationspartner einzugehen, zeigen die Weite der paulinischen Bildung."

Doch so gut Paulus sich auch in der Welt der Philosophie und des Dramas auskannte, in erster Linie war er gläubiger Jude und damit Teil einer *Parallelgesellschaft:* „Brüder, ich bin Pharisäer und ein Sohn von Pharisäern", erklärte er in Jerusalem vor dem *Sanhedrin,* dem Hohen Rat. Eine jüdische Diasporagemeinde ist in Tarsus schon für das 2. Jahrhundert v. Chr. nachgewiesen. Als König Antiochus IV. (175–163 v. Chr.), der sich *Epiphanes,* „Erscheinung Gottes", nannte, die Stadt an seine Nebenfrau Antiochis verschenken wollte, waren es in erster Linie die Juden der Stadt, die dagegen lautstark protestierten (2 Makk 4,30 ff.). In Jerusalem hatten die Juden aus Zilizien sogar eine eigene Synagoge (Apg 6,9). In Jaffa, der Hafenstadt Jerusalems, fanden Archäologen eine Grabinschrift, die einen jüdischen Leinenhändler aus Tarsus erwähnt. Offenbar hatte sich zumindest ein Teil der Juden der zilizischen Metropole auf die Textilbranche spezialisiert.

„Ich wurde am achten Tag beschnitten, bin aus dem Volk Israel, vom Stamme Benjamin, ein Hebräer von Hebräern, lebte als Pharisäer nach dem Gesetz“ (Phil 3,5), berichtet uns Paulus über seine Herkunft. Das Gebiet des Stammes Benjamin reichte bis zum Hinnom-Tal und umfaßte damit Jerusalem. Tatsächlich berichtet die Apostelgeschichte von einer Schwester und einem Neffen des Paulus, die in der Tempelstadt lebten (Apg 13,16) und offenbar über gute Kontakte zum Hohen Rat verfügten. Er selbst trug den Namen des berühmtesten Mitglieds seiner Sippe, des ersten Königs der Juden, Saul (hebr.: *Scha-ul),* latinisiert: Saulus. Der Kirchenlehrer Hieronymus, der erstmals die Bibel ins Lateinische übersetzte und lange in Bethlehem lebte, zitiert eine lokale Tradition, die er ausdrücklich als *Fabula* bezeichnet: „Man sagt, daß die Eltern des Apostels Paulus aus Gischala stammen, einem Gebiet in Judäa, und daß sie, als die ganze Provinz von den Römern verwüstet und die Juden in alle Welt vertrieben wurden, nach Tarsus, eine Stadt in Zilizien, zogen.“ Tatsächlich aber liegt Gischala in Galiläa und wurde erst während des Jüdischen Aufstandes im Jahre 68 n. Chr. von den Römern zerstört. Allenfalls ist möglich, daß sich Hieronymus auf die Niederschlagung des galiläischen Aufstandes durch Varus im Jahre 6 n. Chr. bezieht. Das hätte bedeutet, daß die Eltern des hl. Paulus in die Sklaverei verschleppt wurden und später als Freigelassene das römische Bürgerrecht erhielten. Doch dagegen spricht die offensichtlich gehobene soziale Stellung des Völkerapostels und sein ausdrücklicher Verweis darauf, bereits als römischer Bürger geboren worden zu sein.

Immer wieder betont Paulus, daß er und schon seine Eltern Pharisäer waren, was – da es in der Diaspora keine pharisäischen Schulen gab – nur bedeuten kann, daß auch sein Vater bei einem pharisäischen Lehrer in Jerusalem studiert hat. Neben den Sadduzäern bildeten die Pharisäer im Judentum der Zeitenwende die zweite große Partei. Ihre Geschichte begann mit König Antiochus IV. *Epiphanes* und seinem Versuch, Jerusalem die griechische Kultur und einen ihm genehmen Hohepriester aufzuzwingen. Als die Juden protestierten, nahm der dies zum Vorwand, gegen die Stadt zu marschieren. Ihre Mauern ließ er schleifen, den Tempelschatz beschlagnahmen und den Tempel selbst dem griechischen Göttervater Zeus weihen. Als er dort seinem Gott auch noch ein Schwein opferte, ein Tier also, das bei den Juden als unrein gilt, war das Maß voll, formierte sich der jüdische Widerstand. Unter Führung des hochbetagten Priesters Mattathias aus der Sippe der Hasmonäer und seiner Söhne, allen voran Judas Makkabäus, wurde ein regelrechter Guerillakrieg gegen Antiochus geführt. Nach mehreren Siegen wurde den Juden das Recht auf freie Religionsausübung zurückgegeben und der Tempel am 25. Kislew 164 v. Chr. neu geweiht, woran noch heute das *Chanukka*-Fest erinnert. Nach weiteren Kämpfen errang Judäa 142 v. Chr. auch die nationale Autonomie. Fortan stellten die Hasmonäer den König und den Hohepriester. Das aber stieß bei konservativen Juden auf Unwillen; die Tradition schrieb vor, daß der König aus dem Hause David, der Hohepriester aus dem Hause Aaron zu stammen hatte. Aus einer Protestbewegung entstand die Sekte der Essener, die sich eine Wiederherstellung der alten Ordnung unter einem aus dem Hause David stammenden Messiaskönig und einem aaronitischen Hohepriester erhoffte. In der Wüste am Toten Meer bereitete sie sich auf das kommende Gottesreich vor.

Das Establishment des hasmonäischen Judäa bildeten die Sadduzäer, die sich *die Gerechten* nannten. Für sie galt nicht die Tradition, sondern nur das geschriebene Gesetz. Sie glaubten nicht an ein Weiterleben nach dem Tod oder eine Auferstehung der Toten. Sie bildeten die Tempelhierarchie und hatten die Mehrheit im Sanhedrin. In Opposition zu ihnen standen die Pharisäer, *die Abgesonderten*. Sie hatten sich um 145 v. Chr. aus den *Chasidim*, „den Frommen" gebildet, die noch an der Seite der Makkabäer um den Tempel gekämpft hatten, sie jetzt aber für opportunistisch hielten. Ihr Name wird darauf zurückgeführt, daß sie sich von allem fernhielten, was rituelle Unreinheit zur Folge haben könnte. Die strengen Speise- und Reinheitsvorschriften und das Sabbatgebot hielten sie peinlich genau ein. Sie waren für sie eine zweite, die *mündliche Torah,* die neben der schriftlichen *Torah* alle Bereiche des täglichen Lebens regeln sollte. Ihr Ziel war die Heiligung des Alltags. Sie glaubten an eine Auferstehung der Toten und die Erlösung des Volkes Israel und aller Menschen.

Im Zentrum des jüdischen und ganz besonders des pharisäischen Lebens stand natürlich das Gesetz des Moses. Die *Torah* lesen, verstehen und deuten zu können, war das wichtigste Ziel jüdischer Erziehung. Wie jeder jüdische Junge, so kam auch der kleine Paulus im Alter von fünf Jahren in die Synagogenschule. Sicher hat er mit 13 seine *Bar Mitzwa* gefeiert; an diesem Tag verpflichten sich junge Juden, die Gesetze des Bundes einzuhalten. Sie dürfen jetzt religiöse Aufgaben erfüllen, und die erste besteht in der Regel darin, in der Synagoge vor der versammelten Gemeinde aus der *Torah* vorzulesen. Wie gründlich auch die nachfolgende religiöse Ausbildung des Paulus war, zeigt schon die Tatsache, daß allein seine Briefe gut 90 wörtliche Zitate aus der Heiligen Schrift enthalten. Obwohl bekannt ist, daß selbst die pharisäischen Synagogenschulen die Jungen auch mit griechischer Literatur – etwa mit Homer – vertraut machten, zeugt die rhetorische Kompetenz und Eloquenz des Paulus davon, daß er danach eine griechische Rhetorikschule besucht hat. Vielleicht schon mit 15, vielleicht aber auch erst mit 21 Jahren wird er, wie andere Juden mit einem ähnlichen Hintergrund (etwa Rabbi Eliezer ben Hyrkanus), zum Studium nach Jerusalem gegangen sein. Strebte er eine Laufbahn als *Rabbi* an – und alles deutet darauf hin –, so fand er nur dort, in der Stadt des Tempels, die richtigen Lehrer, die großen Pharisäer seiner Zeit.

Die Zeugnisse der ersten Jahre seines Lebens sind eher kärglich. Das sogenannte *Paulus-Tor* von Tarsus hieß ursprünglich *Kleopatra-Tor* und sollte an die Begegnung der verführerischen Königin mit Mark Anton erinnern. Vom einstigen Hafen, der durch einen Kanal mit dem Meer verbunden war, ist kaum etwas erhalten. Zu oft überflutete der Kydnus in den letzten 2000 Jahren die Ufer der Stadt, schwemmte er Spuren der Vergangenheit davon, begrub andere unter seinem Schlamm. Im Osten von Tarsus findet man heute die teilweise marmorverkleideten Fundamente des Haupttempels der Stadt, der wohl dem Herakles-Sandon geweiht war; doch sie stammen erst aus der späteren Kaiserzeit. Auch Teile der Stadtmauer und Bögen eines Aquäduktes sind erhalten, außerdem die mit schwarzen Basaltblöcken gepflasterte Straße, die wohl von den Seleukidenkönigen im 2. vorchristlichen Jahrhundert angelegt wurde. Vor einigen Jahren legte man auch die *Via Tauris* frei, die römische Fernstraße, die die Stadt mit der Zilizischen Pforte verband; wir können sicher sein, daß der Apostel einst auf diesen Steinen schritt.

Das *Paulus-Haus* mitten im einstigen jüdischen Viertel der Altstadt von Tarsus galt lange als ein Gebäude des 16. Jahrhunderts, bis man 2001 bei Ausgrabungen auf seine antiken Grundmauern stieß. Auch der benachbarte *Paulus-Brunnen* ist sehr viel älter, als noch vor wenigen Jahren angenommen wurde; die Untersuchungen zeigten, daß sein Aufbau zwar aus dem Mittelalter stammt, seine Fundamente jedoch antik sind. Er liegt inmitten antiker Überreste, die erst in den letzten Jahren freigelegt wurden. Aus der einstigen Pauluskirche wurde nach der Eroberung von Tarsus durch die seldschukischen Türken die *Kilise Cami* oder „Kirchenmoschee". Die Hauptkirche von Tarsus aber war die byzantinische *Hagia Sophia* („Heilige Weisheit"), die von den Türken zerstört wurde, bevor man an ihrer Stelle 1385 die *Ulu Cami* oder „Große Moschee" errichtete. Hier hatte schon die erste Christengemeinde von Tarsus ihren Hauptsitz, hier wurden das Herz und die Eingeweide des Kaisers Friedrich I. Barbarossa beigesetzt, der 1190 auf dem Dritten Kreuzzug im Fluß Saleph in Anatolien ertrank. Von seinem Grab fehlt heute jede Spur.

So verlasse ich Tarsus, das so scheu die Zeugnisse seiner einstigen Größe versteckt. Sie lebt nur noch in der Erinnerung weiter, lebendig gehalten durch das ewig junge Zeugnis seines größten Sohnes.

III. JERUSALEM: DIE STEINIGUNG

Ich lande in Tel Aviv, miete ein Auto und fahre die gut 50 Kilometer auf der gut ausgebauten Autobahn 443 nach Jerusalem. Es ist dieselbe Straße, auf der einst jüdische Pilger, deren Schiff in Jaffa anlegte, in die Stadt des Tempels zogen. Auch Paulus wird diesen Weg genommen haben, vorbei an Schluchten, Tälern und Gräben, quer durch das bewaldete Hochland von Juda. „Wir zogen hinauf nach Jerusalem", hieß es einst, und tatsächlich führt die kurvige Straße bergauf, vom Meeresspiegel auf gut 800 Meter Höhe. Vergessen ist bald die stickige Hitze von Tel Aviv, ein kühler Wind kommt mir entgegen. Kaum habe ich die Hochhäuser des modernen Westteils der Stadt passiert, leuchtet mir der in der Abendsonne sanftgelbe Kalkstein ihrer mittelalterlichen Mauern entgegen. Im Hintergrund überragt sie das strahlende Gold einer Kuppel: der Felsendom, erbaut an der Stelle des jüdischen Tempels, auf einer künstlichen Plattform, um die heute zwei Weltreligionen streiten.

Jerusalem war zur Zeit des Paulus, wie der Römer Plinius der Ältere schrieb, „die weitaus berühmteste Stadt nicht nur Judäas, sondern des Orients". Selbst der römische Geschichtsschreiber Tacitus, gewiß kein Freund der Juden, räumte ein, es hätte „einen wunderbaren Anblick" geboten.

Seit der Zeit der Hasmonäerkönige war Jerusalem zu einer glanzvollen hellenistischen *Polis* angewachsen, einer Stadt mit einem Theater und einem *Hippodrom,* in dem Wagenrennen stattfanden, mit prunkvollen Palästen und großzügigen Marktplätzen im Stil griechischer *Agoren.* Im Südosten dagegen, in der Unterstadt, drängten sich wie schon zu Zeiten König Davids die kleinen, meist einräumigen Häuser der Altstadt, nur getrennt durch schmale Straßen und Stufenwege.

Das Wahrzeichen Jerusalems, sein beeindruckendstes Gebäude, war der Tempel des Herodes, dessen ausgedehnte Plattform wie eine riesige Festung die Stadt überragte. „Wer den Tempel des Herodes nicht gesehen hat, hat nie ein schönes Bauwerk kennengelernt", schwärmte ein Rabbiner aus Babylon. Der jüdische Historiker Flavius Josephus beschreibt ihn voller Stolz und Begeisterung: „Das Äußere des Tempels wollte weder das Auge noch den Verstand verblüffen; denn er war mit schweren Goldplatten bedeckt, die im ersten Licht der aufgehenden Sonne in feurigem Glanz erstrahlten ... Den Fremden, die sich ihm näherten, erschien er wie ein schneebedeckter Berg, denn alles, was nicht goldüberzogen war, erstrahlte in reinstem Weiß." Auch die Jünger Jesu, die aus dem ländlichen Galiläa nach Jerusalem gepilgert waren, staunten nicht schlecht, als sie den Tempel sahen: „Meister, sieh, was für Steine und was für Bauten!" (Mk 13,1). Nur der Sohn Gottes kannte sein Schicksal: „Kein Stein wird auf dem andern bleiben. Alles wird niedergerissen" (Mk 13,2).

Mit den Bauarbeiten hatte Herodes der Große im Jahre 19 v. Chr. begonnen. Der erste Tempel, den einst König Salomon seinem Gott errichtet hatte, war 586 v. Chr. von den Babyloniern restlos zerstört worden. Als 48 Jahre später die Juden aus der Babylonischen Gefangenschaft zurückkehrten, machten sie sich gleich ans Werk, ihn wieder aufzubauen, doch ihre Mittel waren begrenzt. Trotzdem wurde der zweite Tempel für die gläubigen Juden wieder zum Mittelpunkt ihres Glaubens, zum Sitz Gottes und zum Symbol für die Verwirklichung Seines Willens in der Geschichte. Das Volk Israel verehrte Gott hier durch Opfer, und schon von weitem war die Rauchsäule über dem Hauptaltar vor dem Allerheiligsten zu erkennen, die zumindest während der großen Feste Tag und Nacht zum Himmel aufstieg.

Mit dem Ausbau dieses Tempels wollte sich Herodes als *neuer Salomon* für alle Zeiten ein Denkmal setzen. Was er begann, und was schließlich nach allen Um- und Neubauten erst im Jahre 63 n. Chr. fertiggestellt war, galt bei seinen Zeitgenossen nicht nur als architektonische Meisterleistung, sondern als achtes Weltwunder. Die ursprünglich quadratische Tempelplattform des Salomon hatte Herodes auf das Ausmaß von 19 Fußballfeldern verdoppeln lassen. Um das 472 Meter lange und 304 Meter breite Areal mit seinem trapezförmigen Grundriß zu umfrieden, wurden gewaltige Stützmauern aus mächtigen Quadern errichtet. Die Anlage war umgeben von Badehäusern *(mikvot)*, in denen sich die Gläubigen vor dem Besuch des Tempels reinigten. Durch mindestens acht

Tore, zu denen mächtige Treppen und Brücken führten, konnte das Tempelgelände betreten werden. Entlang der Südmauer verlief in einer West-Ost-Achse die *Säulenhalle Salomons,* die aus 162 korinthischen Marmorsäulen bestand, angeordnet in vier Reihen und jede so dick, daß ein Mann mit ausgestreckten Armen sie nicht umfassen konnte. Der Tempel selbst erhob sich in der Mitte des *Vorhofs der Männer,* auch *Hof Israels* genannt, dem der *Vorhof der Frauen* vorgelagert war. Hier standen Opferkästen für die Gaben der Besucher, aber auch vier riesige goldene Leuchter mit je vier Schalen, die den Vorhof auch nachts erhellten. Nur Männer, gläubige Juden, durften die 15 Marmorstufen hinauf durch das goldene Tor treten, das zum *Hof Israels* führte. Eine weiße Linie, in den Boden eingelassen, markierte den Bereich, der den Priestern vorbehalten war. In seiner Mitte stand der zwölf Meter breite und fast fünf Meter hohe Brandaltar, auf dem die Leviten die Opfer darbrachten. In einem eigenen Schlachthaus wurden die Opfertiere getötet, bis zu einer Viertelmillion an einem Paschafest, wenn wir Flavius Josephus glauben wollen. 700 Priester, so berichtet der Jude Aristeas aus Alexandria, waren an dieser religiösen Massenschlachtung beteiligt. Ein Strom von Blut muß sich über den weißen Marmorboden ergossen haben, um von einer eigenen Abflußleitung aufgenommen und in das Innere des Berges geleitet zu werden, weggewaschen durch stets frisches Wasser, das ein ausgeklügeltes hydraulisches System in diesen Teil des Tempels leitete.

Der eigentliche Tempel war ein goldverzierter Marmorbau von rund 52 Metern Länge und 52 Metern Höhe, zu dem zwölf Stufen führten. Sein Dach war von goldenen Zinnen bedeckt, die verhindern sollten, daß ihn Vögel beschmutzen. Sein Inneres war dreigeteilt – in Vorhalle, Halle (Heiligtum) und das Allerheiligste, das nur einmal im Jahr der Hohepriester betreten durfte. Im Heiligtum standen ein Räucheraltar, der Schaubrottisch, zwei Weihrauchbecher und die große *Menora,* der siebenarmige Leuchter, alle aus massivem Gold. Das Allerheiligste dagegen war leer – nur der Stein, auf dem einst Abraham seinen Sohn Isaak opfern wollte, um seinen Bund mit Gott zu erneuern, ragte noch aus dem Boden. Nach jüdischem Glauben war er der *Schetijah,* der „Grundstein“, auf dem Gott die Welt erschaffen hat. Die Bundeslade dagegen, die hier einst stand, war irgendwann aus dem Salomonischen Tempel verschwunden.

Es ist anzunehmen, daß Paulus zu einem der großen Tempelfeste nach Jerusalem kam, wahrscheinlich sogar zum *Pascha* im Frühling, als die Schifffahrt wieder sicher war und Hunderttausende Pilger aus der gesamten Diaspora in die Heilige Stadt der Juden strömten. Vielleicht war es ausgerechnet das Jahr 30, als er gerade 21 Jahre alt war, und jenes verhängnisvolle Paschafest, an dessen Vorabend Jesus von Nazareth auf dem *Golgotha*-Hügel vor den Toren der Stadt gekreuzigt wurde. Wir können ausschließen, daß Paulus diesen Jesus persönlich gekannt, ihm je zugehört hat; wäre dies der Fall gewesen, er hätte es in seinen Briefen erwähnt. Einzig eine Formulierung im 2. Korintherbrief, die etwa von Kürzinger mit „und wenn wir auch Christus dem Fleisch nach kannten" (5,16) übersetzt wurde, ließe auf eine kurze Begegnung mit dem historischen Nazarener schließen. Doch das ist umstritten, und die moderne *Einheitsübersetzung* deutet die Stelle einfach als „auch wenn wir früher Christus nach menschlichen Maßstäben eingeschätzt haben" (ebenfalls 2 Kor 5,16). Wenn Paulus tatsächlich etwas von der Kreuzigung Jesu mitbekam, so wird es ihn nicht weiter interessiert haben: Der Gekreuzigte war für ihn nur ein weiterer falscher Prophet, vielleicht ein Aufrührer gegen Rom, und Kreuzigungen waren damals an der Tagesordnung. Nichts also, worüber es sich lohnte, zweimal nachzudenken; der junge Mann aus Tarsus hatte andere Pläne, er wollte das Gesetz studieren, mußte dazu einen guten Lehrer finden; und wenn es geht, gleich den besten, den berühmten Gamaliel!

War auch der Tempelkult fest in den Händen der Sadduzäer, so hatten doch die Pharisäer ihre Schulen in unmittelbarer Nähe des Tempelberges. Einen Eindruck von der Atmosphäre, die dort herrschte, kann noch heute jeder Jerusalem-Besucher bekommen, wenn er zur Klagemauer kommt. Die Westmauer der herodianischen Tempelplattform ist heutzutage das höchste Heiligtum der Juden; sie lag in unmittelbarer Nähe des Allerheiligsten, dessen Standort heute so nah und doch so unerreichbar ist. Denn über dem *Schetijah* steht mittlerweile, mit einer goldenen Kuppel geschmückt, der Felsendom der Muslime. Der Tempel des Herodes war 70 n. Chr. von den Römern unter Titus zerstört, der Aufstand der Juden gegen das Reich blutig niedergeschlagen worden. Jahrhundertelang war es ihnen verboten, ihre heilige Stadt zu betreten. Die Christen, die seit dem 4. Jahrhundert in Jerusalem den Ton angaben, interessierten sich wenig für den Tempelberg; er galt bloß als stummes Zeugnis für die erfüllte Prophezeiung Jesu. Erst die Muslime errichteten hier wieder ein Heiligtum, weil sie glaubten, ihr Prophet Muhammad habe Jerusalem bei einem nächtlichen Ausritt auf einem himmlischen Pferd besucht. Als Beweis verweisen sie noch heute auf einen Hufabdruck im Fels.

Mit der Eroberung Ostjerusalems durch die Israelis im Sechstagekrieg von 1967 wurde der Tempelberg zur explosivsten Parzelle des blauen Planeten. Während strenggläubige Juden im *Tempel-Institut* schon das Ritualgerät für einen zukünftigen *Dritten Tempel* bereitgestellt haben, sind die Muslims bereit, für ihn einen Dritten Weltkrieg zu riskieren. Als die Israelis 1996 einen antiken Tunnelzugang nahe der Klagemauer öffneten, organisierten die Palästinenser einen Aufstand, der mehrere Todesopfer forderte. Der Besuch Ariel Sharons auf dem Tempelberg im September 2000 führte zum Ausbruch der zweiten *Intifada*. Seit einigen Jahren bauen die Muslime eine neue, unterirdische Moschee auf dem Tempelberg. Israelische Archäologen befürchten, wohl zu Recht, daß dabei bewußt archäologische Zeugnisse aus der jüdischen Vergangenheit des Heiligtums zerstört werden. Der einzige Zugang für Nichtmuslime mußte gesperrt werden, weil die Araber den Israelis nicht erlauben, die baufällige Rampe zu untersuchen.

Nur an einer Stelle zu Füßen des Heiligtums begegnet man ungestörter jüdischer Frömmigkeit, beschützt durch die *Uzis* israelischer Soldaten: an der Klagemauer. Ihr linker Abschnitt ist den Männern vorbehalten. Dort, in den Gewölben unter dem *Wilson-Bogen,* einem der alten Zugänge zum herodianischen Tempel, sitzen langbärtige Rabbiner und unterrichten ihre Schüler. Sie alle tragen die langen, schwarzen Gehröcke, die Hüte und Fellmützen, die langen Bärte und Schläfenlocken *(Peot)* der *Chassidim* und *Charedim,* der orthodoxen Juden. In den Gesichtern der Alten spiegelt sich Weisheit, in denen der Jungen Lernbegierde. Wer Saul, den Pharisäer, sucht, hier wird er ihn finden.

„Ich bin ein Jude, geboren in Tarsus in Zilizien, hier in dieser Stadt erzogen, zu Füßen Gamaliels, genau nach dem Gesetz der Väter ausgebildet, ein Eiferer für Gott …" (Apg 22,3), beschreibt Paulus seine rabbinische Laufbahn. Tatsächlich war Gamaliel, der zum *Fürsten des Sanhedrin* gewählt wurde, bevor er im Jahre 50 n. Chr. verstarb, der berühmteste pharisäische Lehrer seiner

Zeit. Wenn Lukas ihn als „beim ganzen Volk angesehener Gesetzeslehrer“ (Apg 5,54) beschreibt, so trifft er den Nagel auf den Kopf: „Mit dem Tode Rabban Gamaliels, des Alten, hörte die Ehrfurcht vor dem Gesetze auf und starben Reinheit und Enthaltsamkeit“, heißt es in der *Mischna* (Sota 9,15), der Überlieferung des rabbinischen Judentums. Der Kernsatz seiner Lehre war zugleich das Credo des Phariäertums. Die *Mischna* (Sifré Deut. 351) zitiert ihn: „Wie viele Torahs wurden Israel gegeben? Rabban Gamaliel sagte: Zwei, eine schriftliche und eine mündliche.“ Das hieß im Klartext, daß sämtliche 613 Speise- und Reinheitsgebote der *Halacha* für ihn göttliches Gebot waren. Sie regelten mit peinlicher Genauigkeit jeden Bereich des Alltags, von Bett bis in die Küche; ganze 70 % waren Speisevorschriften. Dieses zweigeteilte Gesetz bedeutete den Pharisäern alles. „Wer dies nicht lernt, ist des Todes würdig“, soll der Pharisäer Hillel, der Großvater Gamaliels, gelehrt haben; er galt als liberal. Seinem als streng verschrienen Konkurrenten Schammai wird das Motto „Mach das Gesetz zur festen Gewohnheit“ zugeschrieben. Von Gamaliel ist der Rat „Besorge dir einen Lehrer und mach dich von allem Zweifel frei“ überliefert. Paulus selbst beschreibt seine Lehrzeit bei Gamaliel mit den Worten: „In der Treue zum jüdischen Gesetz übertraf ich die meisten meiner Altersgenossen in meinem Volk, und mit dem größten Eifer setzte ich mich für die Überlieferungen meiner Väter ein“ (Gal 1,14). Er war Pharisäer durch und durch, ein Fanatiker, der nicht nur seine Mitschüler, sondern sogar seinen eigenen Lehrer an Gesetzestreue übertreffen wollte.

Als der Hohepriester Kajaphas, der schon Jesus vor Pilatus gezerrt hatte, auch die Apostel töten lassen wollte, war es Gamaliel, der intervenierte. „Wenn dieses Vorhaben oder dieses Werk von Menschen stammt, wird es zerstört werden; stammt es aber von Gott, so könnt ihr sie nicht vernichten; sonst werdet ihr noch als Kämpfer gegen Gott dastehen“, zitiert ihn Lukas in der Apostelgeschichte (5,38–39). Die Zwölf wurden ausgepeitscht und freigelassen. Doch schon bald darauf beklagte die junge Kirche ihren ersten Märtyrer.

Wie Lukas berichtet, bestimmten die Zwölf sieben junge Männer zu *Diakonen* („Dienern“), die sich um die sozialen Aufgaben der Urgemeinde („den Dienst an den Tischen“) kümmern sollten. Dabei war die Urgemeinde damals schon zweigeteilt in *Hebräer* und

Hellenisten. Hebräer waren die Einheimischen, die die *Torah* in hebräischer Sprache lasen, als Hellenisten galten die Diasporajuden, in deren Synagogen die *Septuaginta,* die griechische Übersetzung des Alten Testamentes, benutzt wurde. Sie war im 3. Jahrhundert v. Chr. im Auftrag des ägyptischen Königs Ptolemaios II. erstellt worden und verdankt ihren Namen der Tradition, daß 72 jüdische Gelehrte 72 Tage lang an ihr gearbeitet hätten. Da viele Juden auch aus der Diaspora zu den großen Tempelfesten nach Jerusalem pilgerten und andere zumindest ihren Lebensabend in der heiligen Stadt verbringen wollten, hatte jede „Landsmannschaft" dort ihre eigene Synagoge, ähnlich wie es heute etwa in Rom eine Kirche der Deutschen gibt, die traditionsreiche *Santa Maria Anima* nahe der *Piazza Navona.* Hatte Jesus selbst ausschließlich im Heiligen Land gewirkt – also in Galiläa, Samaria und Judäa –, war schon die Pfingstpredigt des Petrus die Gründungsstunde einer „Weltkirche"; wir lesen in der Apostelgeschichte, daß „Parther, Meder und Elamiter, Bewohner von Mesopotamien, Judäa und Kappadozien, von Pontus und der Provinz Asien, von Phrygien und Pamphylien, von Ägypten und dem Gebiet Libyens nach Zyrene hin, auch die Römer, die sich hier aufhalten, Juden und Proselyten, Kreter und Araber" (2,9–11) zu seiner Zuhörerschaft zählten. Ganze 3000 wurden an diesem Tag getauft (Apg 2,41). Einige von ihnen kehrten in ihre Heimat zurück, um dort von dem Erlebten zu berichten, viele aber blieben in Jerusalem, um sich der Urgemeinde anzuschließen. Da sie nach wie vor gläubige Juden waren, besuchten sie natürlich weiterhin am *Schabat* ihre angestammte Synagoge, während sie täglich ihre Brüder auf *dem Weg* – so die Selbstbezeichnung der Urgemeinde – trafen, um mit ihnen das Herrenmahl zu feiern, den Predigten der Apostel zu lauschen oder im Tempel zu beten. Nach dem Vorbild der Essener, aus deren Reihen wohl viele einheimische Gläubige rekrutiert wurden, lebte man als religiöse Gemeinschaft mit gemeinsamer Kasse: „Sie verkauften Hab und Gut und gaben davon allen, jedem so viel, wie er nötig hatte" (Apg 2,45). Doch gerade diese ursozialistische Praxis führte bald zu ersten Auseinandersetzungen. So beschwerten sich die Hellenisten, eben die griechischsprachigen Diasporajuden, daß ihre Witwen bei der täglichen Versorgung übersehen, die Hebräer, also die Einheimischen, bevorzugt würden. Die Apostel wollten sich lieber dem Gebet und der Verkündigung des Evangeliums widmen als solchen Verteilungsfragen und den damit verbundenen, allzu menschlichen Eifersüchteleien, und so wurde durch die Einsetzung der Diakone Abhilfe geschaffen. Doch einer dieser Helfer namens Stephanus, dem griechischen Namen nach selbst ein Diasporajude, war so „erfüllt vom Glauben und vom Heiligen Geist", daß er nicht nur „Wunder und große Zeichen unter dem Volk" tat, sondern auch unter Seinesgleichen lehrte. Seine Predigten erregten Anstoß, die Vorsteher der Synagogen gleich mehrerer „Landsmannschaften" von Diasporajuden, „der Libertiner" – gemeint waren Freigelassene – „und Zyrenäer und Alexandriner und Leute aus Zilizien" – also der Landsleute des Paulus –, erstatteten Anzeige beim Hohen Rat: „Wir haben ihn nämlich sagen hören: Dieser Jesus, der Nazoräer, wird diesen Ort zerstören und die Bräuche ändern, die uns Moses überliefert hat" (Apg 6,14). Diesmal konnte offenbar selbst der weise Gamaliel nicht verhindern, daß ein Anhänger Jesu gesteinigt wurde. Zumal es dazu, wie es scheint, gar nicht erst einer formellen Verurteilung durch den Sanhedrin bedurfte; das erledigte schon ein Lynchmob. Als Stephanus bekannte, „den Menschensohn zur Rechten Gottes" zu sehen, „da erhoben sie ein lautes Geschrei, hielten sich die Ohren zu, stürmten gemeinsam auf ihn los, trieben ihn zur Stadt hinaus und steinigten ihn", berichtet die Apostelgeschichte (7,57). In diesem ebenso dramatischen wie tragischen Moment hat Paulus seinen ersten Auftritt auf der Bühne der Weltgeschichte: „Die Zeugen legten ihre Kleider zu Füßen eines jungen Mannes nieder, der Saulus hieß. So steinigten sie Stephanus" (Apg 7,58–59).

Doch wo befand sich die Hinrichtungsstätte des Sanhedrins, wo wurde Stephanus im Beisein des Paulus gesteinigt?

Ich übernachte im Deutschen Pilgerhospiz, einem festungsähnlichen Bau aus der Kolonialzeit, der zeitweise der britischen Militärverwaltung als Regierungsgebäude diente. Heute gehört es dem *Deutschen Verein vom Heiligen Land,* der seinen Sitz in Köln hat, und trägt den – wie ich bald herausfinden sollte, durchaus passenden – Namen *Paulus-Haus.* Freundliche Schwestern führen mich in ein angenehmes, sauberes Zimmer. Von der Dachterrasse aus genieße ich den herrlichen Blick auf die Altstadt. Gegenüber liegt das mächtige Damaskustor, der Hauptzugang zum arabischen Viertel Jerusalems. Von hier aus führt der Weg geradewegs zur Grabeskirche, der Stätte des Todes und der Auferstehung Jesu Christi.

Es ist eine enge Straße, gesäumt von libanesischen Zuckerbäckern und Schlachtereien, vor denen die Kadaver geschächteter Lämmer hängen. Nur wenig erinnert daran, daß hier in römischer Zeit der *Cardo Maximus* verlief, die großzügig angelegte, säulengesäumte Nord-Süd-Achse der Stadt.

Das imposante Damaskustor stammt, wie die gesamte Stadtmauer von Jerusalem, aus osmanischer Zeit. Doch wer sich ihm nähert erkennt, etwas tiefer gelegen, einen der drei Durchgänge des römischen Tores, das sich an derselben Stelle erhob. Ausgrabungen, die von 1980–85 durchgeführt wurden, förderten daneben die mächtigen Quader einer Toranlage aus der Zeit Jesu zutage. König Herodes hatte Jerusalem stark nach Norden hin erweitert, die Neustadt mit einer Stadtmauer umgeben. Nur das Gebiet westlich des späteren römischen *Cardo,* das heutige christliche Viertel mit dem alten Steinbruch, in dessen Mitte sich der *Golgotha*-Hügel erhob, blieb außerhalb der Mauern.

Heute heißt das Osttor Jerusalems, der Zugang zur *Via Dolorosa, Stephanstor.* Doch diesen Namen trägt es erst seit dem 9. Jahrhundert. Vorher, so berichtet der gallische Bischof Arculf um 680, war das heutige Damaskustor nach dem ersten Märtyrer benannt. Das macht Sinn, denn das heutige *Stephanstor* – beziehungsweise sein antiker Vorläufer – wurde erst mit der dritten Stadtmauer von König Herodes Agrippa (41–44 n. Chr.) errichtet, gut ein Jahrzehnt nach der Steinigung des ersten Märtyrers.

1881 kaufte ein Araber ein Grundstück nördlich des Damaskustores. Als er dort bauen wollte, stieß er auf antike Ruinen – die Überreste einer Kirche und zweier großer Zisternen. Sofort erwarben französische Dominikaner das Gelände für 2000 britische Pfund. 1885 hatten sie das Geld zusammen, um mit archäologischen Ausgrabungen zu beginnen. Die Kirche, so fanden sie heraus, stammte zweifelsfrei aus dem 5. Jahrhundert. Sie bestand aus einem Hauptschiff und zwei Seitengängen, war nach Osten hin ausgerichtet. Die Ausgräber stießen auf Säulen und Kapitelle, aber auch auf große Teile eines prachtvollen Mosaikbodens.

Antike Pilgerberichte machten es möglich, diese Kirche zu identifizieren. Schon der Biograph des Bischofs Peter des Iberers, der 451 Jerusalem besuchte, erwähnt eine Gedenkstätte an den Märtyrer Stephanus, die man passierte, wenn man sich von Norden her der Stadt näherte. Theodosius, ein Jerusalempilger aus der Zeit um

530, wird genauer: Die fromme Kaiserin Aelia Eudocia, die um 460 verstorbene Frau Theodosius' II., habe vor dem Nordtor, das er Galiläa-Tor nennt, eine Kirche in Erinnerung an die Steinigung des Stephanus errichtet. Um 570 bestätigt ein Pilger aus dem norditalienischen Piacenza: „Die Kaiserin Eudocia ... hat die Kirche und das Grab des heiligen Stephanus gebaut und sie hat selbst ihr Grab neben dem des heiligen Stephanus ... außerhalb des Tores, einen Pfeilschuß weit ..." Für die Archäologen bestand kein Zweifel, daß sie auf die Überreste der Grabeskirche des hl. Stephanus gestoßen waren, die im Jahre 614 von den Persern zerstört wurde. Im Jahre 1900 errichteten sie auf ihren Grundmauern die neue Stephansbasilika, an die sich ein Dominikanerkloster und die renommierte *École Biblique et Archéologique Française* anschließen, eines der renommiertesten Zentren für neutestamentarische Forschung und Archäologie. In ihrem Atrium stehen heute noch Säulenstümpfe der alten Kirche aus dem 5. Jahrhundert.

Wir können sicher sein, daß Eudocia, die von 442 an bis zu ihrem Tod 18 Jahre später in Jerusalem lebte, die Stätte nicht willkürlich ausgewählt hat. Wahrscheinlich hat ihr der Bischof von Jerusalem, Juvenal (422–458), von einer alten Tradition berichtet, ist Stephanus tatsächlich irgendwo hier gesteinigt worden.

Hinter dem Paulus-Haus und der angrenzenden Schmidt-Schule, an der christliche und muslimische Mädchen unterrichtet werden, schräg gegenüber des Damaskustores, dort, wo heute der Busbahnhof liegt, erhebt sich eine steile Felswand. Sie erzielte eine eher zweifelhafte Berühmtheit, als der britische General Charles Gordon, der spätere Held von Khartum, sie während eines Jerusalembesuches als Kreuzigungsstätte Jesu ins Gespräch brachte. Bis heute verehren anglikanische Christen ein altes Grab zwischen dem Paulus-Haus und der École Biblique als *Gartengrab,* als das leere Grab Jesu. Tatsächlich aber stammt es bereits aus dem 8. vorchristlichen Jahrhundert, kann also nicht das „neue Grab" des Joseph von Arimathäa gewesen sein. Trotzdem ist *Gordon's Calvary,* der vermeintliche Kalvarienberg des britischen Generals, für uns interessant. Denn während die Römer, der Abschreckung wegen, an allen öffentlichen Straßen kreuzigten, hatte der jüdische Sanhedrin seine eigene Steinigungsstätte. Und die befand sich möglicherweise auf dem Gelände des ehemaligen Steinbruchs vor dem Damaskustor.

Die jüdische *Mischna,* die zwar aus dem 2. Jahrhundert stammt, aber durchaus ältere Gesetze und Regeln überliefert, beschreibt alle Einzelheiten einer jüdischen Steinigung. Danach mußte der Verurteilte zuerst einen Abhang hinabgestürzt werden. Erst wenn er diesen Fall überlebte, wurde er zu Tode gesteinigt. Schon deshalb war *Gordon's Calvary* als Steinigungsplatz ideal.

Es gibt noch ein weiteres Indiz. Zu Füßen der Felswand liegt eine Höhle, die seit ältester Zeit als *Jeremia-Grotte* bekannt ist. Der Überlieferung nach schrieb der alttestamentarische Prophet hier seine Klagelieder; hier soll er auch, der apokryphen *Baruch-Apokalypse* zufolge, gesteinigt worden sein. Auch der Hebräerbrief erwähnt einen Propheten, der gesteinigt wurde (11, 37), ohne ihn beim Namen zu nennen; sehr gut möglich, daß sich der Hinweis auf Jeremia bezieht (zumindest ist er der einzige, von dem eine solche Tradition existiert).

Das Paulus-Haus soll daran erinnern, daß der Mann aus Tarsus hier wohl vorbeikam, als er sich auf den Weg nach Damaskus machte. Doch es markiert ebenso die Stelle, an der er Zeuge der Steinigung des Stephanus wurde. „Saulus aber war mit dem Mord einverstanden", betont Lukas (Apg 8,1), auch wenn er offenbar nicht direkt beteiligt war.

Was machte ihn zum Fanatiker, der fortan so unbarmherzig die Christen verfolgte, obwohl sein eigener Lehrer zu Mäßigung und Toleranz aufgerufen hatte? War es zum Bruch mit Gamaliel gekommen? War ihm der berühmte Lehrer zu nachsichtig, zu kompromißbereit? Oder hatte sein unbändiger Haß andere, vielleicht psychologische Ursachen?

Über die Motivation des Christenverfolgers Paulus ist viel spekuliert worden. Eine judenchristliche Apokryphe, die *Himmelfahrt des Jakobus,* behauptet, Paulus sei gar kein gebürtiger Jude, sondern ein Grieche gewesen, der sich nur beschneiden ließ, weil er die Tochter des Hohepriesters begehrte. War sein Fanatismus also der eines Proselyten, wollte er den Juden zeigen, daß er ein besserer Jude war als sie alle zusammen? Tatsächlich hätte er auch als Diasporajude Schwierigkeiten gehabt, als Schwiegersohn eines Priesters (geschweige denn des Hohepriesters) akzeptiert zu werden. Seine Abweisung, so heißt es weiter in dem Text, habe dann später dazu geführt, daß er aus reiner Frustration die Beschneidung, den *Schabat* und die *Torah* ablehnte.

Obwohl diese Interpretation eindeutig überzeichnet ist, bleibt die Frage nach seiner Motivation ebenso offen wie die nach dem Grund für seinen Zölibat – schließlich waren die meisten Jünger Jesu verheiratet, und es gab keinen Grund, weshalb Paulus dies nicht zumindest vor seiner Bekehrung auch gewesen sein soll. Immerhin war es im Judentum üblich, daß ein junger Mann mit 20 heiratet. „Ein Mann, der bis zum 20. Lebensjahr nicht geheiratet hat, überschreitet ein Gebot Gottes und beschwört Gottes Zorn auf sich herab", heißt es im *Babylonischen Talmud,* der zwar erst im 6. Jahrhundert abgeschlossen wurde, aber auf sehr viel ältere Lehren zurückgeht. Vielleicht war die Suche nach einer geeigneten Frau auch neben dem Studium der zweite Grund für seinen Weggang nach Jerusalem. Obwohl Tarsus eine jüdische Gemeinde hatte, wird es dem Sohn einer gutsituierten pharisäischen Familie schwergefallen sein, in der Diaspora eine adäquate Braut aus einem ebenbürtigen (und gleichermaßen strenggläubigen) Elternhaus zu finden. So ist gut möglich, daß er sich durch seinen Glaubenseifer beweisen wollte, um das Stigma des Hellenisten, des Diasporajuden, loszuwerden.

Der angesehene Neutestamentler und Paulus-Biograph Jerome Murphy-O'Connor hält auch diese Erklärung nicht für ausreichend. Er glaubt, daß ein traumatisches Ereignis Auslöser für die innere Verhärtung, den Fanatismus des Mannes aus Tarsus war: Unmittelbar zuvor hätte Paulus seine junge Frau, vielleicht sogar ein erstes Kind, bei einem tragischen Unglück verloren.

Als Pharisäer war Paulus überzeugt, daß alles, was geschieht, von Gott gewollt und bewirkt ist. Eine private Tragödie ließ ihn vielleicht mit Gott hadern, doch sein Glauben verlangte völlige Unterwerfung unter das Gesetz. Glaubte er, daß Gott ihn bestrafte, weil er die schriftliche und mündliche *Torah* nicht strikt genug befolgte? Sah er in den Christen, in ihrem Glauben, Jesus sei der Messias, eine Gefahr für die *Torah,* die mit dem Kommen des Gottessohnes ihre Gültigkeit verlor? Oder brauchte er einfach einen Kanal, um seine Wut und seine Frustration loszuwerden, die er jetzt gegen die Christen richtete?

Sicher ist: Von den Pharisäern beeinflußt war er dabei nicht, denn die waren alles andere als Christenfeinde. Tatsächlich berichten die Evangelien von durchaus freundschaftlichen Kontakten mit Jesus, betonen, daß es Pharisäer waren, die gegen seine Auslieferung an Pilatus stimmten und die ihn schließlich zu Grabe trugen. Und wenn es von Stephanus heißt: „Fromme Männer bestatteten Stephanus und hielten eine große Totenklage für ihn“ (Apg 8,2), so weiß die Lokaltradition noch mehr. Etwa 30 Kilometer westlich von Jerusalem, bei Beit Schemesch, liegt das Salesianerkloster von *Beit Gemal,* das auch *Beit Jamal* oder *Kfar Gamla* heißt. Es verdankt seinen Namen Gamaliel dem Älteren, dem Lehrer des Paulus, der hier ein Landgut hatte, hier begraben wurde. Doch nicht seinetwegen sind die Mönche dort. Sie behaupten, daß ihr Kloster über dem ursprünglichen Grab des Stephanus errichtet wurde. Gamaliel, so heißt es, habe die Steinigung des jungen Diakons so sehr mißbilligt, daß er ihn, quasi als posthume Rehabilitation, in seiner Grabstätte beisetzen ließ, so wie Joseph von Arimathäa, ein anderes pharisäisches Sanhedrin-Mitglied, es drei Jahre zuvor mit Jesus tat. Erst im Jahre 415 hätte der Priester Lucian aus *Beit Gemal* eine Vision gehabt, das Grab gefunden und den Bischof von Jerusalem informiert. Auf dessen Anweisung wurden die Reliquien des heiligen Diakons geborgen und nach Jerusalem gebracht. Die Kaiserin Eudocia schließlich errichtete die Kirche nahe der Steinigungsstätte zur Verehrung dieser Reliquien. Glücklicherweise wurden die Gebeine des ersten Märtyrers noch vor der Zerstörung der Kirche nach Rom gebracht; sie befinden sich heute in der Basilika *S. Lorenzo fuori le mura* („St. Lorenz vor den Mauern“) neben denen des römischen Märtyrer-Diakons St. Laurentius.

Wenn tatsächlich Gamaliel den Gesteinigten beisetzte, so muß es damals zum Bruch zwischen Paulus und seinem Lehrer gekommen sein. Vielleicht war es gerade dieser Konflikt, der den Mann aus Tarsus in das andere Extrem trieb, der Trotz eines Schülers, der seinem Lehrer nicht mehr folgen konnte oder wollte und ihm jetzt den Rücken kehrte. Aus der Pharisäerschule ausgeschlossen oder ausgestoßen, biederte er sich nun bei dem sadduzäischen Hohepriester an, jenem Kajaphas, der schon die treibende Kraft hinter der Verurteilung Jesu gewesen war.

Kajaphas war das Oberhaupt einer korrupten Clique, die man durchaus als „Tempelmafia“ bezeichnen kann. „Denn sie sind Hohepriester, und ihre Söhne Kämmerer, und ihre Schwiegersöhne Verwalter, und ihre Diener schlagen die Leute mit Knüppeln“, klagt ein Spottlied über die herrschenden Priesterfamilien, das uns im *Babylonischen Talmud* erhalten ist. War das Amt einst ausschließlich den Nachkommen des Zadok – des Hohepriesters im Salomonischen Tempel – vorbehalten, war es seit der Zeit des Herodes käuflich. Daher kamen die Amtsträger aus den reichen und neureichen Familien Jerusalems, die mehr am Prestige und der Bereicherungsmöglichkeit als an der spirituellen Bedeutung des Hohepriestertums interessiert waren. Eine ganz besondere Rolle spielte dabei die Familie des Hannas, der von 6–15 n. Chr. das Amt des Hohepriesters bekleidete und fortan zu einer Art grauen Eminenz wurde: Ganze sechs der 18 bis zur Zerstörung des Tempels im Jahre 70 auf ihn folgenden Hohepriester entstammten seinem Clan. Am längsten amtierte Kajaphas, der das Amt von 18–37 n. Chr., also 19 Jahre lang, innehatte, wohl weil er es am besten verstand, seine Macht um jeden Preis zu erhalten. Ein Jesus von Nazareth, der den Tempelkult in Frage stellte, mußte dabei ebenso kompromißlos aus dem Weg geräumt werden wie seine Anhänger, die von der Zerstörung des Tempels und dem nahenden Gottesreich faselten.

Die Residenz des Kajaphas, wie eine kleine Festung am Osthang des Zionsberges hoch über dem *Hinnom*-Tal gelegen, stand auf düsteren Gewölben, von denen mit Sicherheit einige als Verliese dienten. Ihre Überreste kann man heute neben der modernen Kirche *St. Peter in Gallicantu* besichtigen. Von ihrer Terrasse aus reicht der Blick bis nach Bethlehem.

An der Straße nach Bethlehem, im Süden von Jerusalem, stieß man bei der Anlage des *Friedenswaldes* im November 1990 auf ein altes Felsengrab. Knochen und Keramik lagen verstreut in der Hauptkammer herum, in Schächten standen sechs intakte *Ossuarien,* die Steintruhen, in denen die Juden die Überreste ihrer Toten bestatteten. Fünf von ihnen trugen Inschriften. Als die Archäologen einen der führenden Inschriftenkundler Israels, den deutschstämmigen Ronny Reich, konsultierten, las er eine davon als *Jehosaf Bar Qaifa,* „Joseph, Sohn des Kajaphas". Als „Josef, der auch Kajaphas hieß", bezeichnet der jüdische Geschichtsschreiber Flavius Josephus den Hohepriester zur Zeit Jesu. In der prachtvollen, rosettengeschmückten Steintruhe befanden sich neben anderen, offenbar später hinzugefügten Knochen die Skelettreste eines etwa 60jährigen Mannes. Die Sensation war perfekt: Man hatte das Grab einer der prominentesten Gestalten des Neuen Testamentes entdeckt. Heute kann man das Ossuarium in den Ausstellungsräumen des Israel-Museums besichtigen, neben einer zeitgenössischen Steininschrift aus Cäsarea, die Pontius Pilatus erwähnt.

Dieser Kajaphas war es, der Paulus mit Sondervollmachten ausstattete, um die junge Kirche blutig zu verfolgen. Hatte der Mann aus Tarsus die Steinigung des Stephanus zwar zustimmend, aber unbeteiligt beobachtet, nahm er jetzt die Rolle eines Chefanklägers ein, war er eine Art Staatsanwalt des Hohepriesters geworden: „Saulus aber versuchte, die Kirche zu vernichten; er drang in Häuser ein, schleppte Männer und Frauen fort und lieferte sie dem Gefängnis aus“, berichtet Lukas (Apg 8,3). „Ich ließ mir von den Hohenpriestern Vollmacht geben und sperrte viele der Heiligen ins Gefängnis; und wenn sie hingerichtet werden sollten, stimmte ich dafür. Und in allen Synagogen habe ich oft versucht, sie durch Strafen zur Lästerung zu zwingen; in maßloser Wut habe ich sie sogar bis in die Städte außerhalb des Landes verfolgt“, gestand Paulus später selbst (Apg 26,10–12): „So zog ich auch mit der Vollmacht und Erlaubnis des Hohenpriesters nach Damaskus“. Doch dann sollte alles ganz anders kommen.

IV. Damaskus: Licht vom Himmel

Rund 220 Kilometer Luftlinie sind es zwischen Jerusalem und Damaskus, weniger als die Entfernung Rom-Florenz oder München-Würzburg, und doch liegen dazwischen Welten. Heute zumindest ist es unmöglich, die Strecke in einem Stück zurückzulegen. Mit einem israelischen Einreisestempel im Paß bekommt man kein Visum für Syrien. Zwischen den beiden Nahoststaaten herrscht offene Feindseligkeit, seit Syrien beim Sechstagekrieg 1967 die Golanhöhen an Israel verlor. Erst im September 2007 flog Israel erneut einen Luftangriff auf Ziele im Süden seines nordöstlichen Nachbarn.

Zur Zeit des Paulus war das anders. Da ließ sich die Strecke ungehindert in acht Reisetagen zurücklegen: Von Jerusalem über Jericho, Beth Shean (Skythopolis), Gadara, Hippos, Betsaida, von dort auf die *Via Maris* quer durch die Gaulanitis, vorbei an den schneebedeckten Höhen des Hermon-Gebirges, über Bernike nach Kochaba, 18 km vor Damaskus.

Die Oasenmetropole erhebt den Anspruch, die älteste ständig bewohnte Stadt der Welt zu sein. Der Legende nach wurde sie in Urzeiten von Zu, dem Sohn des Aram, begründet. Abraham, so heißt es, habe hier ein paar Jahre lang geherrscht, bevor er seinen Weg ins Gelobte Land fortsetzte. Tatsächlich wird Damaskus erstmals in ägyptischen Inschriften aus der Zeit des Pharaos Thutmosis III. (1483–1425 v. Chr.) als unabhängiger Stadtstaat *Tamasqu* erwähnt. Im 10. Jahrhundert v. Chr. wurde es von König David erobert, gehörte zeitweise zum jüdischen Herrschaftsbereich. Der Prophet Elias salbte hier Hasael zum König von Aram. So hatte es wohl eine alte, traditionsbewußte jüdische Gemeinde, auch wenn es zur Zeit des Paulus als autonome Stadt der *Dekapolis,* dem „Zehnstädtebund" angehörte. Wie Judäa, so war auch Damaskus im Jahre 64 v. Chr. von Pompeius in die römische Großprovinz Syrien mit der Hauptstadt Antiochia eingegliedert worden. Das machte die Mission des Paulus problematisch. Natürlich hatte der Hohepriеster hier keine Amtsgewalt. Allerdings hatte Julius Cäsar den Juden zum Dank für ihre Bündnistreue einige Privilegien eingeräumt, wie Flavius Josephus in seinem Buch über die *Jüdischen Altertümer* berichtet. Eines davon lautete: „Wenn über jüdische Einrichtungen unter den Juden ein Streit ausbricht, so soll (der Hohepriester) die Macht haben, darüber zu entscheiden“ (14,10). Das galt im ganzen Römischen Reich. Daß ähnliche Vereinbarungen schon früher bestanden, kann man im 1. Buch der Makkabäer nachlesen, wo der römische Konsul Luzius den ägyptischen König Ptolemäus VIII. auffordert: „Wenn nun irgendwelche Verbrecher aus ihrem Land zu euch geflohen sind, so liefert sie dem Hohenpriester Simeon aus, damit er sie nach dem jüdischen Gesetz bestrafen kann“ (15,21). Es versteht sich von selbst, daß mit den „Verbrechern“ nur solche gemeint sind, die gegen die religiösen Gesetze des Judentums verstießen, weshalb in einigen Übersetzungen auch nur von „schändlichen Männern“ die Rede ist. Es ist also durchaus realistisch, was Lukas schreibt: „Er (Paulus) ging zum Hohenpriester und erbat sich von ihm Briefe an die Synagogen in Damaskus, um die Anhänger des Weges, Männer und Frauen, die er dort finde, zu fesseln und nach Jerusalem zu bringen“ (Apg 9,2).

Der Weg, so nannten sich die ersten Christen. *Der Weg,* das war Christus selbst, der verkündet hatte: „Ich bin der Weg und die Wahrheit und das Leben; niemand kommt zum Vater außer durch mich“ (Joh 14,6). Als Paulus ihm schließlich begegnete, veränderte das die Weltgeschichte.

Diesen historischen Wendepunkt markiert heute ein schneeweißes, spiralförmiges Gebäude, umgeben von Rundbögen, gekrönt mit einer flachen blauen Kuppel: Die *St. Paul Vision Patriarchal Abbey,* ein orthodoxes Kloster. Es steht zu Füßen eines vulkanischen Hügels direkt an der alten Römerstraße, exakt 17,3 Kilometer südwestlich der Altstadt von Damaskus, in unmittelbarer Nähe des Dorfes *Kawkab,* das in römischer Zeit *Kochaba* hieß: „himmlisches Licht“ oder einfach „Stern“. Der Stern war für die Juden das Symbol des Messias: „Ein Stern geht in Jakob auf, ein Zepter erhebt sich in Israel“ (Num 24,17), hatte einst Bileam, der Sohn Beors, prophezeit. Der Hügel heißt seit Jahrhunderten bei den Einheimischen *Paulushügel.* Den syrischen Christen war er schon immer heilig; sie stiegen auf seine schwarzgraue Kuppe und gelobten, ihre Kinder taufen zu lassen. Bei Ausgrabungen entdeckte man die

Überreste einer frühbyzantinischen Kirche, aber auch Keramik, die bis in das 1. Jahrhundert v. Chr. zurückreicht. Gut möglich, daß hier einst messianische Juden siedelten. Eine Schrift der Essener, die in den Höhlen vom Toten Meer gefunden wurde, prophezeite ausdrücklich, daß „der Stern, der Darleger der Torah ... der Fürst der ganzen Gemeinde“, kurzum: der Messias, „nach Damaskus“ kommen würde.

Erinnert die enttäuschend moderne Abtei auch eher an ein Konferenzzentrum, so hat doch der Ort seinen mystischen Charakter keineswegs verloren. Längst hat die Straße die karge Wüste verlassen, passiert sie die gut bewässerten Plantagen, die Damaskus für den Orientalen in einen wahren Paradiesgarten verwandeln, die Haine aus Oliven- und Walnuß-, Aprikosen- und Pflaumenbäumen, die saftigen Trauben und den reifen Weizen. Im Hintergrund thront der schneebedeckte Hermon, von dem aus sich der Golan südwärts, der Anti-Libanon Richtung Norden erstreckt, während am gegenüberliegenden Horizont die Wohntürme der Stadt zum Himmel aufragen. Muhammad, der Prophet des Islam, so heißt es, habe sich stets geweigert, Damaskus zu besuchen, weil er das Paradies nur einmal sehen wollte. Für Paulus aber tat sich hier der Himmel auf:

„Unterwegs aber, als er sich bereits Damaskus näherte, geschah es, daß ihn plötzlich ein Licht vom Himmel umstrahlte. Er stürzte zu Boden und hörte, wie eine Stimme zu ihm sagte: Saul, Saul, warum verfolgst du mich? Er antwortete: Wer bist du, Herr? Dieser sagte: Ich bin Jesus, den du verfolgst. Steh auf und geh in die Stadt; dort wird dir gesagt werden, was du tun sollst. Seine Begleiter standen sprachlos da; sie hörten zwar die Stimme, sahen aber niemand. Saulus erhob sich vom Boden. Als er aber die Augen öffnete, sah er nichts. Sie nahmen ihn bei der Hand und führten ihn nach Damaskus hinein. Und er war drei Tage blind, und er aß nicht und trank nicht“, berichtet Lukas (Apg 9,3–9). Paulus selbst bestätigt die Schilderung in ihren Grundzügen nicht nur in seiner Rede im Tempelvorhof (Apg 22,5–11) und seiner Zeugenaussage vor dem König Herodes Agrippa II. (Apg 26,12–18), sondern erwähnt seine Vision auch in seinen Briefen an die Korinther (9,1; 15,9) und Galater (1,13).

So detailliert diese Darstellungen auch sind, so falsch sind einige unserer Vorstellungen von dem, was damals wirklich geschah.

Spätestens seit den Werken des Barockmeisters Caravaggio stellen wir uns Paulus als Berittenen vor, dessen Pferde scheuen, ihn angesichts des himmlischen Lichtes abwerfen. Mit höchster Wahrscheinlichkeit war Paulus aber zu Fuß unterwegs, denn auch seine Begleiter „standen da"; von Reittieren ist nirgends die Rede. Ohnehin war das Reiten auf Pferden damals der Kavallerie vorbehalten; für den Alltagsgebrauch, speziell auf langen Strecken, war es viel zu unbequem, denn es gab noch keine Steigbügel und nur primitive Sattel. Lieber ritt man auf Eseln oder Maultieren, die gleichzeitig der Beförderung von Lasten dienten. Doch das einzige „Gepäck", das Paulus dabeihatte, werden die Briefe des Hohepriesters gewesen sein, die er wohl in einer ledernen Umhängetasche bei sich trug. Besonders schlaue Exegeten glaubten, anstelle einer Vision einen epileptischen Anfall diagnostizieren zu können; sie ignorierten, daß die Begleiter des Christenverfolgers ebenfalls Zeugen des Geschehens wurden (inwieweit, ist allerdings strittig, heißt es doch im Bericht des Paulus in Apg 22,9 im Gegensatz zu obiger Schilderung: „Meine Begleiter sahen zwar das Licht, die Stimme dessen, aber, der zu mir sprach, hörten sie nicht."). Dabei entspricht das, was sie erlebten, alttestamentarischen Gottesoffenbarungen. Jeder Jude kannte die Worte des Moses aus der *Torah,* in der es hieß: „Der Herr sprach zu euch mitten aus dem Feuer. Ihr hörtet den Donner der Worte. Eine Gestalt habt ihr nicht gesehen" (Dtn 4,12). Völlig unzutreffend ist aber die Redensart, der Mann aus Tarsus sei vor Damaskus *vom Saulus zum Paulus* geworden, denn auch nach seiner Bekehrung nennt Lukas ihn hartnäckig mit seinem hebräischen Namen Saulus. Erst als er auf Zypern mit der Heidenmission begann, kam sein lateinischer Name Paulus ins Spiel.

Die Erscheinung des Paulus war keineswegs singulär. Auch ein Mitglied der Christengemeinde von Damaskus, „ein Jünger namens Hananias", hatte eine Vision, die so konkret war, daß sie sogar eine Adreßangabe enthielt: „Steh auf und geh zur sogenannten Geraden Straße und frag im Haus des Judas nach einem Mann namens Saulus aus Tarsus" (Apg 9,11). So unangenehm Hananias der Auftrag auch gewesen sein muß – sein Ruf als Christenverfolger war Paulus vorausgeeilt –, er tat, wie es ihm gewiesen wurde. Schließlich schien Gott Großes mit diesem Mann vorzuhaben: „Er soll meinen Namen vor die Völker und Könige und die Söhne Israels tragen" (Apg 9,15).

Die „sogenannte Gerade Straße“, lateinisch *Via Recta,* heißt noch heute so: *La Rue droite* auf französisch, *Sharee el-Mustaqim* auf arabisch. Sie ist nach wie vor, wie schon in römischer Zeit, die West-Ost-Achse der Stadt, der *Decumanus Maximus.* Anderthalb Kilometer lang, verbindet sie das einstige Westtor mit dem noch gut erhaltenen antiken Osttor *(Bab Charqui,* in der Antike auch „Sonnentor“ genannt). Es stammt aus der Zeit des Kaisers Augustus, Paulus hat es mit Sicherheit durchschritten. Heute drängen sich an der *Geraden Straße* kleine Läden, die sie ziemlich schmal erscheinen lassen. Zur Hälfte ist sie zur Basarstraße umfunktioniert und überdacht. Es riecht nach Gewürzen und frischem Fleisch, bunte Stoffe werden ebenso feilgeboten wie Handys und Elektrogeräte. Früher war sie von Säulenkolonnaden gesäumt, mit 26 Metern Breite weit genug für Pferde und Wagen und Fußgängerwege auf beiden Seiten. Sie war die Hauptstraße, nicht jeder konnte es sich leisten, hier zu wohnen. So muß es sich bei jenem Judas um einen ziemlich prominenten Bürger von Damaskus, ein führendes Mitglied der jüdischen Gemeinde, gehandelt haben, vielleicht um den Synagogenältesten, die Kontaktperson des Sanhedrin. Hier hatten seine Begleiter den Erblindeten hingebracht, die Empfehlungsschreiben des Hohepriesters präsentiert.

Etwa 450 Meter vom einstigen Westtor entfernt, an jenem Teil der *Geraden Straße,* der heute auch *Madhat Pasha-Straße* heißt und größtenteils überdacht ist, befindet sich eine kleine Moschee mit einem kanzelförmigen Balkon, der als Minarett dient. Sie ist nach einem Scheich namens Nabhan benannt. Die Damaszener Christen glauben, daß sie auf den Überresten einer byzantinischen Kirche erbaut wurde, die auf den Ruinen des Judas-Hauses stand. Hier, so sind sie überzeugt, wurde Paulus von Hananias getauft, erhielt er sein Augenlicht zurück, erkannte er seine Mission.

Ich gehe ein Stück in Richtung des Osttores, biege in die schmalere *Al-Azaryeh-Straße* ab, gelange in den Nordostteil der Altstadt. Dort, im heutigen Christenviertel, soll sich das Haus des Hananias befunden haben, in dem Paulus fortan wohnte.

Die weiße Steinfassade ist durch ein Kreuz gekrönt, an der Gittertür prangt das Emblem der *Custodia di Terra Santa* der Franziskaner. In Syrien brauchen sich Christen nicht zu verstecken, das Land hat eine laizistische Regierung, hier herrscht – anders als bei allen islamischen Nachbarn – Toleranz, ja Gleichberechtigung.

Regelmäßig nimmt Staatspräsident Assad auch an den Feiern der großen Kirchenfeste teil, verriet mir ein Mitarbeiter des *melchitischen* (griechisch-katholischen) Patriarchen.

Ich gehe durch einen kleinen Hof, steige dann die Stufen hinab und komme in ein Gewölbe aus grob behauenen Steinen. Es befindet sich in rund zwei Metern Tiefe und damit auf dem Bodenniveau des römischen Damaskus. Ein freundlicher Franziskaner zeigt mir ein Loch in der Rückwand; hierdurch flohen Christen in Zeiten der Verfolgung.

Die Legende erzählt, daß Hananias, im Gegensatz zu Paulus, Jesus noch „im Fleische" gekannt hat. Der gebürtige Damaszener war einer der 72 Jünger, die der Herr im Frühjahr 29 „in alle Städte und Ortschaften, in die er selbst gehen wollte" (Lk 10,1), aussandte. Nach dem Pfingstereignis forderten ihn die Apostel auf, in seine Heimat zurückzukehren und dort die erste christliche Gemeinde zu gründen. Von Beruf sei er Anwalt gewesen, und so hätte er Paulus verteidigt, als dieser 23 Jahre später in Cäsarea dem römischen Statthalter vorgeführt wurde. Als Nero in Rom die Christen verfolgte, habe der römische Gouverneur Licianus Mucianus ihn festgenommen und zum Tode verurteilt. Vor den Toren der Stadt sei Hananias gesteinigt worden. Über seinem Grab entstand in der Spätantike ein Kloster, das noch in mittelalterlichen Quellen erwähnt wird. Sein Haus aber, in dem sich schon zu seinen Lebzeiten die Christen zum Herrenmahl trafen, wurde zur ersten Kirche von Damaskus.

Ausgrabungen, die der Archäologe C. Eustache de Lorey 1921 auf dem Gelände des Hananias-Hauses durchführte, förderten Spuren seiner bewegten Geschichte zutage. Ein heidnischer Altar aus dem 2. Jahrhundert, der dem damaszenischen Himmelsgott geweiht war, stiftete dabei nur auf den ersten Blick Verwirrung. Es ist bekannt, daß der römische Kaiser Hadrian (117–138) an den heiligen Stätten der Christen heidnische Heiligtümer errichten ließ, so einen Aphroditetempel über dem Heiligen Grab oder einen Adonisschrein in der Geburtsgrotte von Bethlehem. Damit wollte er die Christen zur Rückkehr in die Welt des Heidentums zwingen. Doch spätestens im 5. Jahrhundert wurde eine große Kirche über dem nur zeitweise heidnischen Heiligtum erbaut. Die Archäologen legten die Ruinen einer Apsis, mehrere Säulen und Fragmente mit christlicher Symbolik aus dieser Zeit frei. Offenbar wurde die Basilika in eine Moschee umgewandelt, als die Muslime im 7. Jahrhundert die Stadt eroberten. Bald darauf aber, so berichten muslimische Quellen, tauschte der Kalif Al-Walid I. das Heiligtum, das als *Kirche des Heiligen Kreuzes* bezeichnet wird, gegen die große, Johannes dem Täufer geweihte Kathedrale, an deren Stelle er die Umayyaden-Moschee errichten ließ. Fast 500 Jahre lang blieb die Kirche in den Händen der Christen, bis der Kalif *Salah ed-Din* („Saladin") sie erneut in eine Moschee umwandelte. Trotzdem konnten die Christen zumindest in den nächsten Jahrhunderten die Krypta, das eigentliche Hananias-Haus, wieder nutzen. So schreibt Castillo, ein Franziskanermissionar des 17. Jahrhunderts, dort würden die Gläubigen im Schein vieler Lampen beten; auch brächte man die Kranken dorthin, daß sie geheilt würden. Im Jahre 1814 waren beide, die Moschee und die Kapelle, längst aufgegeben worden und in einem so jämmerlichen Zustand, daß die Franziskaner das Grundstück für einen günstigen Preis erwerben konnten. Die heutige Anlage wurde 1867 errichtet und 1973 gründlich renoviert.

Hier also war es, daß Paulus zum ersten Mal den auferstandenen Christus verkündete, seine Theologie in ihren ersten Grundzügen formulierte – ein Ort von nicht nur kirchengeschichtlicher, sondern weltgeschichtlicher Bedeutung.

Für Paulus, den torahgläubigen Pharisäer, war die Vorstellung eines gekreuzigten Messias unannehmbar gewesen; sie muß ihm als geradezu absurd erschienen sein. Das klingt noch im 1. Korintherbrief nach, wenn er die Verkündigung des Gekreuzigten als „für Juden ein empörendes Ärgernis" (wörtlich: *skandalon,* also: ein Skandal!) bezeichnet. Vom Messias erwarteten die Juden, daß er sie aus der Knechtschaft befreit und ein neues Gottesreich auf Erden errichtet; daß er von den Besatzern hingerichtet würde, war für sie unvorstellbar. Im 5. Buch Mose, dem *Deuteronomium,* heißt es sogar ausdrücklich: der am Pfahl hängt, und damit ist auch der Pfahl des Kreuzes gemeint, „ist ein von Gott Verfluchter" (Dtn 21,23) und konnte damit nicht der Messias Gottes sein. Auch der laxe Umgang Jesu mit den Regeln des *mündlichen und schriftlichen Gesetzes,* jenen 613 Speise- und Reinheitsvorschriften der *Halacha,* müssen dem strenggläubigen Pharisäer, für den deren strikte Befolgung der einzige Weg zur Heiligung und damit zu Gott waren, ein Greuel gewesen sein. Schon zu Zeiten seines irdischen Wirkens hatte der Nazarener damit Anstoß bei konservativen Juden erregt, wie wir immer wieder in den Evangelien lesen. Ein Mann, der sich nicht streng an die Gesetze Gottes hielt, konnte für sie nicht Gottes Messias sein, sondern nur ein Irrlehrer – was sein „Scheitern" am Kreuz zu beweisen schien. Aus dieser Überzeugung heraus hatte Paulus die Christen verfolgt.

Doch dann war ihm eben jener Jesus erschienen. Er war also nicht am Kreuz gestorben, kein gescheiterter Aufrührer oder religiöser Ketzer, sondern zur Göttlichkeit erhöht. Immerhin glich seine Begegnung mit ihm einer alttestamentarischen Gottesoffenbarung, wies unverkennbare Anklänge an die großen Prophetenberufungen auf. „Gott zeigte Paulus bei Damaskus seine Herrlichkeit auf dem Angesicht Christi. So gelangte Paulus zu der Einsicht, dass Christus zum göttlichen Thronbereich gehört", formulierte Udo Schnelle diese Erkenntnis treffend.

Damit stand er nicht nur in der Tradition eines Moses, Elias, Jeremia, Jesaja oder Ezechiel; nein, indem ihm der Sohn und nicht mehr der Vater erschien, wurde er zum „ersten Propheten" eines neuen Bundes, der den alten Bund ersetzte, ja teilweise aufhob – und damit auch den Fluch des Gekreuzigten. „Christus hat den Fluch des Gesetzes/der Torah auf sich genommen und uns somit von diesem Fluch losgekauft. Nicht Gott verfluchte Christus, als Unschuldiger nahm Christus den Fluch des Gesetzes/der Torah für uns auf sich", faßt Schnelle den Dreh- und Angelpunkt des *Evangeliums nach Paulus,* die Erkenntnis von Damaskus, zusammen. Das freilich ging noch weiter als alles, was die Jünger Jesu gelehrt hatten. Seine Vision, sein Genie und sein überragender Verstand ermöglichten es dem Mann aus Tarsus, das Christusereignis in seiner wahren Größe zu erfassen und zu deuten. So wurde er zum Begründer einer neuen Wissenschaft: der christlichen Theologie, die in erster Linie eine paulinische ist.

Verständlicherweise sorgte die Nachricht von der prophetischen Berufung des Paulus zunächst für Verwirrung und Skepsis bei den ersten Christen. Zu sehr stand er noch im Ruf, ein Agent des Hohepriesters zu sein, ausgezogen, um die junge Gemeinde zu vernichten. Obwohl er offenbar mit einer bestechenden Logik argumentierte, traute man ihm nicht; zu frisch war die Bekehrung. Was Lukas verschweigt, verrät uns Paulus im Galaterbrief (1,17): Er ging erst einmal nach „Arabien", um dann, vielleicht ein Jahr später, nach Damaskus zurückzukehren.

Wenn wir *Arabien* hören, denken wir zunächst an das heutige Saudi-Arabien, die arabische Halbinsel. Wenn aber Flavius Josephus schreibt, Arabien könne von Jerusalem aus gesehen werden, muß er etwas anderes gemeint haben: Das Königreich der Nabatäer im heutigen Jordanien, dessen Hauptstadt die Felsenstadt Petra war, hieß damals ebenfalls *Arabia*. Dort wollte Paulus zum ersten Mal einem heidnischen Volk das Evangelium verkünden. Der neue Bund, so war er überzeugt, hob auch die Exklusivität des *Auserwählten Volkes* auf. Hatte Moses den Juden das Gesetz gegeben, so verstand er es als seinen Auftrag, den Völkern den Glauben an Christus zu verkünden, durch den das Gesetz der *Torah* obsolet geworden ist.

Daß er diesen Auftrag vor Damaskus erhalten hatte, betont Paulus im Galaterbrief (1,15–16): Gott habe ihn wie den Gottesknecht im Jesaja-Buch „schon im Mutterleib auserwählt und durch seine Gnade berufen", ihm „in seiner Güte seinen Sohn offenbart", damit er „unter den Heiden verkünde". Auch wenn er behauptet, er habe „keinen Menschen zu Rate" gezogen, wird er doch von Hananias, einem Jünger und damit direkten Schüler Jesu, einiges über die Lehren seines Meisters erfahren haben. Speziell aber scheint Paulus die Messias-Prophezeiung des Jesaja (8,23–9,1) auch auf seine Vision bezogen zu haben: „Einst hat er das Land Sebulon und das Land Naftali verachtet, aber später bringt er die Straße des Meeres wieder zu Ehren, das Land jenseits des Jordan, das Gebiet der Heiden. Das Volk, das im Dunkel lebt, sieht ein helles Licht; über denen, die im Land der Finsternis wohnen, strahlt ein Licht auf."

Bei Flavius Josephus lesen wir, daß das Gebiet des Stammes Naftali einst die Region bis zur Stadt Damaskus umfaßte. Auf der „Straße des Meeres" (im lateinischen Bibeltext steht ganz spezifisch *Via Maris!)* hatte er seine Lichterscheinung. So war es folgerichtig, daß er zunächst zu den Heiden im „Land jenseits des Jordan", zu den Nabatäern, ging.

Die Mission scheiterte kläglich, weshalb Lukas sie wohl ganz verschweigt. Der Grund dafür war politischer Natur; eine schwelende Feindschaft zwischen Nabatäern und Juden. Sie begann damit, daß König Herodes der Große, dessen Mutter Nabatäerin war, 32/31 v. Chr. Krieg gegen seine Landsleute führte. Als nach seinem Tod 4 v. Chr. im ganzen Land Aufstände ausbrachen, unterstützten die Nabatäer den römischen Statthalter von Syrien,

Publius Qunctilius Varus, bei ihrer blutigen Niederschlagung. Auf Druck des Kaisers Augustus heiratete König Herodes Antipas, der Sohn Herodes des Großen, die Tochter des nabatäischen Königs Aretas IV. Doch die Ehe hielt nicht lange. Ihrer überdrüssig, ließ Antipas sich scheiden und nahm Herodias, die Frau seines Halbbruders Philipp, zur Frau. Was auch bei frommen Juden als skandalös galt – die lautstarke Kritik Johannes' des Täufers ist in den Evangelien und bei Flavius Josephus überliefert –, führte schließlich im Jahre 28 n. Chr. zum Krieg. Johannes der Täufer wurde festgenommen und auf die Festung Machaerus gebracht, wo Herodes Antipas, der gewöhnlich in Galiläa residierte, den Angriff des Aretas erwartete. Es kam zur Schlacht, Antipas unterlag und beschwerte sich beim Kaiser in Rom. Das wiederum ließ Aretas nervös werden. Er wußte, daß Tiberius keine Unruhen an der Ostgrenze seines Reiches duldete, und mußte um seinen Thron fürchten. Als Philippus im Jahre 33/34 verstarb, wurde sein Reich in die Provinz Syrien eingegliedert, bevor überhaupt die Frage nach einem Nachfolger gestellt wurde. Sollte auch nur der Verdacht aufkommen, daß Aretas nicht mehr Herr der Lage war, standen dem Statthalter von Syrien sofort vier Legionen zur Verfügung, um sein Reich ebenfalls zu annektieren.

In dieser angespannten Lage mußte ein Jude, der das anbrechende Gottesreich unter Herrschaft des auferstandenen jüdischen Messiaskönigs verkündete, als Unruhestifter empfunden werden. Seine Vergangenheit als Beauftragter des Hohepriesters trug wohl noch dazu bei, ihn als *agent provocateur* erscheinen zu lassen. Jedenfalls konnte er nicht mehr länger in Arabien bleiben; er kehrte nach Damaskus zurück. Dort blieb er mindestens ein weiteres Jahr.

„So verging einige Zeit", schreibt Lukas, „da beschlossen die Juden, ihn zu töten. Doch ihr Plan wurde dem Saulus bekannt. Sie bewachten sogar Tag und Nacht die Stadttore, um ihn zu beseitigen. Aber seine Jünger nahmen ihn und ließen ihn bei Nacht in einem Korb die Stadtmauer herab" (9,23–25). Das ist eine schöne Geschichte, die immer wieder Künstler inspirierte. Ihre berühmteste Darstellung ist ein prachtvolles Mosaik im Dom von Monreale in Sizilien. Ein schwarzer, mondloser Himmel hängt tief über den Dächern der Stadt, während zwei Männer den Apostel, in einem Korb sitzend, in die Freiheit entlassen. Daß er klein und zart gebaut war und darum leicht in einen Bastkorb gepaßt haben mußte, das enthüllen auch andere Quellen. Noch heute gibt es zahlreiche alte Häuser in Damaskus, die in die Stadtmauer gebaut sind und deren Fenster sich nach draußen hin öffnen. Um sich das mühevolle Treppensteigen zu ersparen oder einfach nicht vor die Tür treten zu müssen, lassen noch heute Frauen im Orient Körbe von ihren Fenstern und Balkonen herab, wenn fahrende Händler vorbeikommen, die lauthals ihre Waren anpreisen. Auch die Bauern und Arbeiter der Obstplantagen, die Damaskus umgeben, können auf diese Weise frische Früchte geliefert haben, wenn – nach Einbruch der Dunkelheit – die Stadttore längst verschlossen waren. Das Szenario selbst ist also durchaus realistisch. Noch heute steht eine Kirche an der angeblichen Stätte der Flucht, errichtet aus Steinen der römischen Stadtmauer und von der Form eines antiken Tores. Vielleicht 400 Meter davon entfernt befindet sich ein flacher Fels, unter dem eine Höhle versteckt liegt. Die Araber nennen sie *Al-Sakhra,* „den Felsen“, bei den Christen heißt sie *Paulusgrotte.* Hier, so heißt es, hat sich der Apostel nach seiner übereilten Flucht versteckt, hat er auf den Morgen gewartet, bevor er sich unter die Menschen mischen, vielleicht einer Karawane anschließen konnte, die gerade die Stadt verließ. Die Franziskaner behaupten sogar, hier habe auch die Bekehrung des hl. Paulus stattgefunden. So konkurriert der Felsen mit den Ruinen von Kaukaba, seit neben ihm auf Anweisung von Papst Paul VI. im Jahre 1964 eine zeltförmige Kirche und ein Gästehaus errichtet wurden. Doch vor wem mußte Paulus sich hier wirklich verstecken? Konnten die Juden, die in Damaskus eine religiöse Minderheit darstellten, tatsächlich die Stadttore bewachen lassen? Müssen wir annehmen, daß sie, um Paulus zu beseitigen, Meuchelmörder engagierten?

Daß es ein wenig anders war, als Lukas die Szene schildert, schreibt Paulus selbst im 2. Korintherbrief: „In Damaskus ließ der Statthalter des Königs Aretas die Stadt der Damaszener bewachen, um mich festzunehmen. Aber durch ein Fenster wurde ich in einem Korb die Stadtmauer hinuntergelassen, und so entkam ich ihm“ (2 Kor 11,32–33). Carsten Peter Thiede und andere schlossen daraus, daß vielleicht der Vorsteher der nabatäischen Handelskolonie von Damaskus auf Betreiben der Juden „mit Polizeikräften“ gegen Paulus vorging. Wäre dies der Fall gewesen, er hätte einfach nur das Stadtviertel wechseln brauchen. Tatsächlich verweist der Vorfall nicht nur auf ein wichtiges Kapitel der Damaszener Stadtgeschichte – er ermöglicht uns auch, das Geschehen genau zu datieren.

Aretas herrschte von 9 bis 39 n. Chr. Er mochte ein Eingreifen des Kaisers Tiberius (14–37 n. Chr.) gefürchtet haben, doch als im März 37 Caligula an die Macht kam, war das für ihn ein ausgesprochener Glücksfall. Der junge Kaiser setzte auf die Vasallenkönige, und Aretas hatte er schon früh zu schätzen gelernt. Als er als Sohn des Germanicus in den Jahren 18/19 n. Chr. im Osten weilte, hatte sich der Nabatäerkönig als besonders treuer Verbündeter seines Vaters erwiesen. So scheint es, daß Aretas im Frühjahr 37 die reiche Handelsstadt quasi als verspätete Entlohnung zugesprochen bekam. Da es schon immer üblich war, daß neue Herren potentielle politische Gegner ausschalten ließen, war Paulus, der schon im Nabatäerland als Provokateur galt, ernsthaft in Gefahr. Er mußte fliehen.

Lukas verschweigt das aus gutem Grund. Als er die Apostelgeschichte verfaßte, stand Paulus gerade in Rom vor Gericht, angeklagt, ein politischer Unruhestifter zu sein. Da hätte es keinen guten Eindruck gemacht, daß der Völkerapostel schon einmal von einem Verbündeten Roms desselben Vergehens bezichtigt wurde. Stattdessen bemüht sich der Evangelist immer wieder, Paulus' gutes Einvernehmen mit der Staatsmacht zu betonen. Schließlich wollte er zeigen, daß Christen durchaus gute Untertanen des römischen Kaisers sein können, um ihnen den Nimbus der Umstürzler und Revolutionäre zu nehmen. Vielleicht verstand er auch nicht die Hintergründe. Jedenfalls paßte es besser in sein Konzept, wenn die Juden, nicht die Nabatäer es auf Paulus abgesehen hatten und ihn zur Flucht zwangen.

Wie Paulus im Galaterbrief (1,18) schreibt, war das drei Jahre nach seiner Bekehrung, die wir deshalb auf Anfang des Jahres 34 datieren können. Stephanus wurde also zu Ende des Jahres 33 gesteinigt. Thiede, wie eine Reihe anderer Exegeten, widerspricht dieser Datierung. Er war überzeugt, daß Paulus bereits „im Oktober 31 n. Chr." nach Damaskus reiste. Zum Beweis verweist er auf eine frühchristliche Tradition, nach der Jesus nach seiner Auferstehung noch anderthalb Jahre oder 445 Tage lang erschienen sein soll.

Tatsächlich listet Paulus im 15. Kapitel des 1. Korintherbriefes eine ganze Reihe von Begegnungen mit dem Auferstandenen auf:

„Er ist am dritten Tag auferweckt worden, gemäß der Schrift, und erschien dem Kephas, dann den Zwölf. Danach erschien er mehr als 500 Brüdern zugleich; die meisten von ihnen sind noch am Leben, einige sind entschlafen. Danach erschien er dem Jakobus, dann allen Aposteln", um hinzuzufügen: „Als letztem von allen erschien er auch mir, dem Unerwarteten, der ‚Mißgeburt'" (1 Kor 15,1–8). Doch das Wort „Mißgeburt", auch als „Spätgeburt" übersetzt, zeigt ausdrücklich an, daß seine Erfahrung mit dem Auferstandenen „außerhalb der Reihe" stattfand. Zu unterschiedlich ist dann auch die Art der Begegnung. Vor der Himmelfahrt wandelte Christus unter den Menschen. Er wurde für einen Gärtner gehalten, er begleitete die Emmaus-Jünger unerkannt auf ihrem Weg, er aß und trank mit den Zwölf, bis er schließlich – und damit beginnt die Apostelgeschichte – in den Himmel aufgehoben wurde. Die Damaskus-Vision des Paulus aber hat mit diesen Begegnungen nichts mehr gemein. Sie hat den Charakter einer alttestamentarischen Gottesoffenbarung. Der Christus, der ihm erschien, ist längst zum Vater zurückgekehrt. Paulus, der letzte, oder, nach eigenen Worten, „der geringste unter den Aposteln" (1 Kor 15,9), ist zugleich sein erster Prophet.

Doch noch ein anderer Umstand spricht dafür, daß Paulus Damaskus Anfang des Jahres 37 verließ. In beiden Quellen, bei Lukas (9,26) und im Galaterbrief (1,18), lesen wir, daß er daraufhin nach Jerusalem ging. Das macht Sinn, denn Anfang des Jahres 37 setzte Vitellius, der neue Statthalter von Syrien, den Hohepriester Kajaphas ab. Mußte Paulus zuvor noch damit rechnen, wegen Hochverrats angeklagt zu werden, war er jetzt relativ sicher. Kein neuer Hohepriester konnte es sich leisten, seine Amtszeit mit der Hinrichtung eines Pharisäers zu beginnen.

Obwohl mehr als drei Jahre seit der Steinigung des Stephanus vergangen waren, konnte man in Jerusalem nicht vergessen, was Paulus der Urgemeinde angetan hatte. Man traute ihm nicht über den Weg. Erst Joseph, selbst ein Diasporajude aus Zypern, zugleich aber Abkömmling einer Priesterfamilie aus dem Stamme Levi, ließ sich von ihm überzeugen und stellte ihn Petrus vor.

Dieser Joseph, den die Apostel *Barnabas*, „Sohn des Trostes", nannten, muß ein bemerkenswerter Mann gewesen sein. Der Legende nach war auch er, wie Ananias, einer der 72, die Jesus selbst einst ausgesandt hatte. Auf jeden Fall gehörte er zur Urgemeinde.

Er war offenbar vermögend, denn in der Apostelgeschichte (4,37) lesen wir, daß er einen Acker aus seinem Grundbesitz verkaufte, um die Arbeit der Apostel finanziell zu unterstützen. Er war ein Cousin des Johannes Markus, und wahrscheinlich wohnte er in dem großen Haus, das seine Tante Maria, die Mutter des Markus, in der vornehmen Jerusalemer Oberstadt besaß. Es verfügte über ein Außentor, einen Innenhof, Dienstpersonal (darunter eine Magd namens Rhode) und genügend Platz, um fünf Jahre später, bei der Verfolgung durch König Herodes Agrippa, der Führungsspitze der Urgemeinde (und zwar „nicht wenigen", Apg 12,12), einschließlich Petrus nach seiner spektakulären Flucht aus dem Gefängnis, Unterschlupf zu gewähren (Apg 12,12–16). Die Überreste dieses Hauses kann man noch heute im Armenischen Viertel der Altstadt von Jerusalem besuchen.

Mein Weg durch die engen Gassen Jerusalems führt mich zur *Markuskirche* der syrischen Christen. Ich komme an ein mächtiges Tor, das in einen Innenhof führt, trete ein. Ein ärmlich gekleideter Mönch, der ein wenig Englisch spricht, zeigt mir auf meine Bitte hin die Kirche und führt mich in den schmalen Raum, in dem sich die Jünger versteckt haben sollen. Leider wurden seine Gemäuer nie archäologisch untersucht, obwohl sie mit Sicherheit aus der Antike stammen. 1940 wurde hier eine aramäische Inschrift aus dem 6. Jahrhundert entdeckt, in der es heißt: „Dies ist das Haus der Maria, der Mutter des Johannes, genannt Markus. Er gründete mit den heiligen Aposteln eine Kirche unter dem Namen der Jungfrau Maria, der Mutter Gottes, nach der Himmelfahrt unseres Herrn Jesu Christi. Im Jahre 73 nach der Zerstörung Jerusalems durch Titus wurde sie erneuert."

Tatsächlich gab es in Zeiten der Urgemeinde noch keine Kirchen im heutigen Sinne und ganz bestimmt keine, die der Jungfrau Maria geweiht war, die damals wahrscheinlich noch lebte. Die ersten Christen trafen sich in Privathäusern wohlhabender Gemeindemitglieder, man spricht von *Hausgemeinden*. Eine solche wird die *Kirche* (im Haus) *der Maria,* der Mutter des Markus, gewesen sein. Vielleicht war es hier, an einem sicheren und halbwegs neutralen Ort, wo Paulus zum ersten Mal Petrus traf. Er nannte ihn zeitlebens *Kephas,* aramäisch für „der Fels", denn das ist der Name, den ihm Jesus verliehen hatte (Mt 16,18). Erst als die Evangelien in griechischer Sprache verfaßt wurden, übersetzte man ihn, um die Bedeutung zu erhalten, auf griechisch *Petros,* was schließlich der hl. Hieronymus, der Übersetzer der *Vulgata* (der lateinischen Bibel), im 4. Jahrhundert zu *Petrus* latinisierte. Ein Jude wie Paulus wird ihn aber zeitlebens entweder mit seinem „bürgerlichen" Namen Simon Barjona (Mt 16,17) oder eben mit seinem Titel *Kephas* angesprochen haben. So berichtet Paulus im Galaterbrief, er sei damals nach Jerusalem gekommen, „um Kephas kennenzulernen" und dann auch „fünfzehn Tage bei ihm" (Gal 1,18) geblieben. Dabei ging es wohl in erster Linie um eine Aussprache und Aussöhnung mit der Urgemeinde, aber auch um eine Autorisierung für seine weitere Mission. Daß er dabei versuchte, so viel wie möglich über den historischen Jesus von Nazareth und seine Lehre zu erfahren, liegt auf der Hand. Petrus war dabei seine Hauptquelle, denn Paulus betont ausdrücklich: „Von den anderen Aposteln habe ich keinen gesehen, nur Jakobus, den Bruder des Herrn ... Den Gemeinden Christi in Judäa aber blieb ich persönlich unbekannt, sie hörten nur: Er, der uns einst verfolgte, verkündigt jetzt den Glauben, den er früher vernichten wollte. Und sie lobten Gott um meinetwillen" (Gal 1,19–24).

In der Apostelgeschichte liest sich das nicht ganz so harmonisch. Danach versuchte Paulus sehr wohl, „sich den Jüngern anzuschließen. Aber alle fürchteten sich vor ihm und konnten nicht glauben, dass er ein Jünger war" (Apg 9,26). Erst nach seiner Anerkennung durch Petrus „ging er bei ihnen in Jerusalem ein und aus, trat unerschrocken im Namen des Herrn auf und führte Streitgespräche mit den Hellenisten. Diese aber planten, ihn zu töten. Als die Brüder das merkten, brachten sie ihn nach Cäsarea hinab und schickten ihn von dort nach Tarsus" (Apg 9,28–30). Paulus hatte also sehr wohl versucht, schon in Jerusalem missionarisch zu arbeiten, und dabei ausgerechnet bei den griechischsprachigen Diasporajuden, seinesgleichen also, angeeckt. Petrus mußte den jungen Eiferer – Paulus war gerade 29 Jahre alt – stoppen. Er schickte ihn zurück in seine Heimat, nach Tarsus. Paulus, und das zeigt seine Größe, gehorchte. Obwohl ihn der Auferstandene selbst beauftragt hatte, das Evangelium zu verkünden, beugte er sich der „amtskirchlichen Gewalt", der Order des „ersten Papstes" (um mit anachronistischen Begriffen zu sprechen). Er ließ sich buchstäblich in ein Schiff setzen, das ihn nach Tarsus brachte. In Jerusalem ging zunächst einmal das große Aufatmen um. Man hatte seine Ruhe vor dem jungen Heißsporn, der wohl für einige Aufregung gesorgt hatte. So schreibt Lukas: „Die Kirche in ganz Judäa, Galiläa und Samaria hatte nun Frieden. Sie wurde gefestigt und lebte in der Furcht vor dem Herrn. Und sie wuchs durch die Hilfe des Heiligen Geistes" (Apg 9,31).

Wir wissen nicht, was Paulus in den nächsten vier langen Jahren machte. Er bestätigt im Galaterbrief nur seinen Aufenthalt in Zilizien (1,21). Vielleicht predigte er in seiner Heimatstadt Tarsus. Auf jeden Fall aber wartete er ab. Er wußte, daß seine große Stunde noch kommen würde.

V. Antiochia: Die ersten Christen

Der Weg von Norden her ist scheinbar endlos. Er führt vorbei an den Hängen zerklüfteter, nur dünn mit Nadelbäumen bewachsener Berge, über schlechte, kurvige Straßen, gesäumt von zerbeulten und verrosteten Autowracks. Sie scheinen nicht abzuschrecken, ich werde trotzdem laut hupend überholt. Bald darauf atme ich auf, es geht bergab, vor mir liegt ein schmales Tal. Am Ufer eines Flusses breitet sich eine Stadt voller dichtgedrängter, flacher, meist nur zwei- bis dreistöckiger Häuser aus, erklimmt zaghaft den Fuß eines angrenzenden Berges, bevor sie gerade noch unterhalb seiner Bewaldung haltmacht. Ungläubig starre ich auf die Verkehrsschilder, dann wieder auf meine Karte, bis ich mir sicher bin: Dieses schäbige, staubige Provinznest war einmal Antiochia, eine der schönsten und luxuriösesten Städte der Welt. Davon ist heute, fast 2000 Jahre später, nicht mehr viel zu spüren. Das heutige Antakya, vormals Hatay, die südlichste Stadt der Türkei und immerhin Provinzmetropole, erscheint mir eng, staubig und ein bißchen schäbig. Auf einer schmalen Stahlbrücke überquere ich den Fluß, den heutigen Asi und einstigen Orontes, und erreiche das Basarviertel. Es verwirrt die Sinne mit den Farben und Gerüchen orientalischer Gewürze und dem Gedudel einiger hundert Kassettenrekorder und Radios. Leicht irritiert mache ich mich auf die Spurensuche und finde doch noch Hinweise auf eine große Vergangenheit.

Gegründet wurde Antiochia im Mai 300 v. Chr. von Seleukos, dem fähigsten General Alexanders des Großen, der nach dem Tod des Mazedoniers Herrscher über Syrien geworden war. Wie 15 andere Städte im Reich war es nach seinem Vater Antiochus benannt. Der Legende nach wollte schon Alexander an dieser Stelle eine Stadt errichten, nachdem er das süße Wasser der Daphne-Quelle getrunken hatte. Es hätte ihn an die Milch seiner Mutter Olympias erinnert, verriet er seinen Gefährten. Das ließ allerdings leichte Zweifel aufkommen, ob es nicht giftig sei. Die Antiochener wiederum behaupteten, Seleukos habe zu Füßen des Silpius-

Berges erstmals gut geschlafen und wollte deshalb hier eine Stadt gründen. Vielleicht war ihm auch nur bewußt, daß sich das fruchtbare Tal zwischen dem Orontes und dem steil aufragenden Bergzug des Silpius im Kriegsfall sehr viel besser verteidigen ließ als seine Hauptstadt, die Hafenstadt Seleukia Piera. Wahrscheinlich war der Orontes sogar bis hierher schiffbar, zudem war der Hafen nur einen Tagesmarsch entfernt. Nur ganze sieben Kilometer waren es zu den Quellen von Daphne, die nicht nur die Wasserversorgung der Stadt garantierten, sondern auch Knotenpunkt der Karawanenwege aus allen Himmelsrichtungen waren. Das ließ die Stadt schnell zur Handelsmetropole werden, in der die Güter des Orients umgesetzt wurden. Folgerichtig verlegte Seleukos' Sohn Antiochus, der sich anmaßend *Soter* („Erlöser") nannte, seine Residenz schließlich ganz nach Antiochia.

Die Stadt war ein Musterbeispiel griechischer Stadtplanung. Ihre Straßen waren im Schachbrettmuster angelegt. Parallel zum Fluß wurde sie von einer breiten, säulengesäumten Hauptstraße, dem *Cardo maximus,* durchzogen, den eine ebenso breite Querstraße, der *Decumanus,* kreuzte. Das kennen wir von Damaskus, doch im Vergleich zur Orontes-Metropole war die Oasenstadt provinziell. Der *Cardo* von Antiochia war zehn Meter breit, ganze vier Kilometer lang und von 3200 Säulen gesäumt. Herodes der Große ließ ihn als Geschenk an die Antiochener in voller Länge mit Marmor pflastern und Kolonnaden errichten. So konnten die Händler ihre Güter vor der Sommersonne und dem Winterregen geschützt anbieten. Nachts wurde er auf ganzer Länge durch eine ausgeklügelte Straßenbeleuchtung erhellt. Hier wurden Lederwaren, Duftwasser, Gewürze, Gold- und Silberschmuck, feine Steinwaren und die berühmten Antiochener Textilien umgesetzt, und wir können uns gut vorstellen, wie ein internationales Publikum, Syrer und Ägypter, Armenier und Perser, Araber und Juden in langen, oft farbenfrohen Gewändern auf dieser Prachtstraße flanierten. Von Anfang an war Antiochia eine multikulturelle Stadt, in der fremden Sitten und Religionen gegenüber Toleranz herrschte. Die ersten ausländischen Siedler – Zyprioten, Kreter, Juden und Perser – erhielten sogar eigene Stadtviertel, in denen sie ihren heimischen Gepflogenheiten nachgehen konnten. Das änderte sich auch nicht, als Antiochia 64 v. Chr. von den Römern erobert und zur Hauptstadt der neuen Großprovinz Syrien gemacht wurde. Als drittgrößte

Stadt des Reiches nach Rom und Alexandria war sie alles andere als provinziell.

Römische Autoren spöttelten – oft mit unverhohlenem Neid – über den hemmungslosen Hedonismus der Antiochener und „ihre Flöten, ihre exotischen Harfen mit den querlaufenden Saiten, ihre Tamburinen und ihre Huren, die am Rennplatz herumlungern" (so der Satiriker Juvenal). Selbst Libanus, einer ihrer größten Philosophen, mußte zugeben, daß seine Landsleute „nichts ernst nahmen außer der Liebe". Tatsächlich machten sie sich über nichts und niemanden Illusionen und waren – wie heute etwa die Berliner – für ihre „freche Schnauze", ihren Witz und ihre Schlagfertigkeit bekannt. War schon die Stadt „berühmt-berüchtigt für Essen, Trinken und sexuelle Freizügigkeit" (so Ernle Bradford), so war der Heilige Hain an der Daphne-Quelle geradezu verrufen. Er verdankte seinem Namen einer thessalischen Quellnymphe, die Apollo zwingen wollte, ihm zu Willen zu sein, und die sich daraufhin mit Hilfe der Erdgöttin Gäa in einen Lorbeerbaum verwandelte. Aus seinen Blättern flocht der Gott sich eine Krone, worauf der Brauch vom Lorbeerkranz zurückgeht. Die Mazedonier mußten sich dieser Legende erinnert haben, als sie in diese Oase kamen. Eine Kolossalstatue des Gottes bewachte den Hain mit seinen Quellen, Bächen und Wasserfällen und machte ihn zu einem heiligen Ort, an dem Schutzsuchende Asyl fanden. Kein Verbrecher, kein Schuldner und kein entlaufener Sklave durfte hier ergriffen werden. Er wurde aber auch zu seinem Ort der Sittenlosigkeit, der bald im ganzen Reich sprichwörtlich war: *Daphni mores*, „Daphnische Sitten", wurde bei den Römern zu einem geflügelten Wort für Schamlosigkeit. Prostituierte beiderlei Geschlechts gingen hier ihrem uralten Gewerbe nach und vergaßen nie, ein Zehntel ihres Einkommens dem Apollo-Tempel zu spenden. Römischen Soldaten war es strikt verboten, das Gelände zu betreten, doch kein Kaiser, der in den Osten kam, versäumte es, natürlich aus rein religiösen Gründen, dem Hain der Daphne einen Besuch abzustatten. Auch reiche Antiochener siedelten sich hier an und errichteten prachtvolle Villen mit großartigen Mosaikböden, von denen sich heute noch einige im Hatay-Museum von Antakya – einem von außen völlig unspektakulären Betonbau – besichtigen lassen. Selbst ein eigenes Theater ließen sie sich bauen. Bald war der Ort so bekannt, daß man scherzhaft nur noch von „Antiochia bei

Daphne" sprach. Doch Daphne war nur die eine Seite der Metropole am Orontes.

In ihrer Blütezeit lebten bis zu 500.000 Menschen, mehr als die Hälfte davon wohl Sklaven, in Antiochia. Davon waren rund 40.000 Juden – gut ein Sechstel der freien Bevölkerung. Sie waren gut situiert und genossen fast alle Bürgerrechte. Sie sprachen Griechisch, die wichtigste Sprache im seleukidischen Syrien, und lasen die Heilige Schrift in der Fassung der *Septuaginta*. Der Monotheismus der Juden und seine ethischen Lehren der Lebensführung fanden auch bei vielen gebildeten Griechen Respekt und Bewunderung. Immerhin bildeten sie einen wohltuenden Kontrast zu der Sittenlosigkeit der Neureichen. Da die Gottesdienste meist in griechischer Sprache stattfanden, waren die *Gottesfürchtigen* – die heidnischen Sympathisanten des Judentums – gerngesehene Gäste in den Synagogen. Die starke jüdische Präsenz in Antiochia erklärt auch, weshalb es schon früh Hinweise auf eine christliche Gemeinde am Orontes gibt. Ihre Entstehung schildert die Apostelgeschichte.

Als Paulus begonnen hatte, nach der Steinigung des Stephanus speziell die Hellenisten, also die Diasporajuden, zu verfolgen, kehrten viele Mitglieder der Urgemeinde in ihre Heimatstädte zurück. „Die Versprengten", so berichtet uns Lukas, kamen „bis nach Phönizien, Zypern und Antiochia." Darunter war Nikolaus von Antiochia, einer der sieben ersten Diakone (Apg 6,3–5), der nach dem Tod seines Amtsbruders fliehen mußte. Während er wohl nur in den Synagogen seiner Heimat missionierte, gab es andere, „die aus Zypern und Zyrene stammten" und die, „als sie nach Antiochia kamen, auch den Griechen das Evangelium von Jesus, dem Herrn" verkündeten, womit wohl *Gottesfürchtige* gemeint waren. Sie hatten damit Erfolg, denn es wurden „viele gläubig und bekehrten sich zum Herrn" (Apg 11,19–21). Also reagierte man in Jerusalem. Da man die junge Gemeinde kaum sich selbst überlassen wollte, wurde um 38/39 Barnabas als Missionar an den Orontes geschickt: ein Mann also aus dem engsten Kreis um Petrus. Sein familiärer Hintergrund – als Levit gehörte er einer Priesterfamilie an – garantierte, daß auch konservative Juden ihn respektierten, seine Herkunft – Zypern – ließ ihn außerdem die Sprache der Diasporajuden und speziell der großen zypriotischen Kolonie in Antiochia sprechen. Offenbar machte er seine Sache gut, denn

Lukas bescheinigt ihm: „Er war ein trefflicher Mann, erfüllt vom Heiligen Geist und vom Glauben. So wurde für den Herrn eine beträchtliche Zahl hinzugewonnen“ (Apg 12,24). Doch irgendwann stieß er an seine Grenzen. Er verfügte zwar als Levit über eine exzellente Kenntnis der jüdischen Schriften und Gebräuche, an klassisch-griechischer Bildung aber mag es ihm gefehlt haben. Die aber brauchte, wer mit den gebildeten Griechen Antiochias in Dialog treten wollte. So erinnerte er sich an Paulus, der ihn schon bei seinem Jerusalembesuch beeindruckt haben muß. Ja, er reiste eigens nach Tarsus, um ihn zu bitten, ihn in Antiochia zu unterstützen. Paulus, der endlich seine Stunde gekommen sah, sagte wohl begeistert zu und kam mit an den Orontes. Er, der zeitlebens ein Stadtmensch gewesen ist, war der richtige Mann für die Großstadtmission. „Dort wirkten sie miteinander ein volles Jahr in der Gemeinde und unterrichteten eine große Zahl von Menschen“, bilanziert Lukas. Hier war es, wo die neue Religion erstmals ihren zukünftigen Namen bekam: „In Antiochia nannte man die Jünger zum ersten Mal Christen“ (Apg 11,26). Das griechische Wort *Christianoi,* das wir im Urtext finden, hat seine Analogien im römischen Sprachgebrauch. Dort bezeichnet die Verbindung aus dem Namen eines Mannes und der Endung *-ani* in der Regel seine politischen Parteigänger. Die Bezeichnung wird also von der römischen Provinzialverwaltung Antiochias verwendet worden sein. Schließlich stand jede Art von Vereinswesen unter behördlicher Beobachtung, schon um den Ausbruch von Unruhen oder Aufständen zu verhindern. Doch die Anhänger Jesu nannte man nicht *Jesuaner* oder (wie es die Juden taten) *Nazoräer,* sondern eben *Christen.* Dabei war Jesus Christus keineswegs der gängige Name des historischen Gottessohnes – er hieß zeitlebens *Jeschua ha-Nozri,* Jesus von Nazareth –, sondern bereits ein Glaubensbekenntnis. Die Erkenntnis des heiligen Petrus: „Du bist der Christus!“ (Mk 8,29) galt als Kernsatz des Evangeliums, die Apostel sahen ihre Mission darin, „Jesus als den Christus zu verkünden“ (Apg 5,42 in der Elberfelder Übersetzung): Jesus ist der verheißene Messias („der Gesalbte“; hebr.: *Maschiach,* griech.: *Christos),* der Erlöser! Daß man sie deswegen *Christen* und nicht *Messianer* nannte, zeugt davon, daß zumindest in Antiochia diese Verkündigung bereits in der Weltsprache Griechisch stattfand – und damit auch Heiden zugänglich war.

Mein Versuch, Spuren dieser ersten Christen zu finden, verläuft zumindest im Stadtgebiet erfolglos. Zu oft in den letzten 2000 Jahren wurde Antiochia von Erdbeben zerstört und wieder aufgebaut, zu tief liegen die Zeugnisse seiner Geschichte unter der heutigen Stadt verborgen, zu gering ist das Interesse der Türken an der griechischen Vergangenheit ihres Landes. Die wenigen Christen verstecken sich wie in Zeiten der Verfolgung. Die örtliche Franziskanermission inmitten der Altstadt ist von außen als solche kaum zu erkennen. Ich gehe durch einen Innenhof, vorbei an offenen Räumen, in denen gegessen und diskutiert wird. Ein Holztor führt in den Kirchenraum. Ein italienischer Pater heißt mich willkommen, zeigt mir das Gemeindezentrum. Man kennt einander, hält zusammen in der Diaspora. Hier ist noch etwas zu spüren vom Geist der frühen Christen und ihrem Gemeinschaftsgefühl inmitten einer andersgläubigen Umwelt.

Doch auch der Pater weiß nichts von Spuren des heiligen Paulus. Stattdessen verweist er mich auf die Petrus-Grotte hoch über der Stadt. Sie liegt am Hang des *Staurin,* des Kreuzhügels, eines Ausläufers des Berges Silpius, schräg neben einem mächtigen, in Stein geschlagenen Antlitz des Toten-Fährmannes Charon. Hier traf sich der Überlieferung nach die Urgemeinde, als private Räume – die sogenannten Hauskirchen – zu klein geworden waren. Das war bereits der Fall, als Petrus zwischen 48 und 54 n. Chr. in Antiochia wirkte, nachdem Barnabas und Paulus ein Jahrzehnt zuvor „den Boden bereitet" hatten.

Hier also, in dieser opulenten, sinnenfrohen und toleranten Metropole, stand die Wiege der *Kirche aus den Heiden,* des *Heidenchristentums.* Denn obwohl Paulus seinen ersten (gescheiterten) Missionsversuch bereits um 35 bei den Nabatäern unternommen hatte, bedurfte es für den nächsten Schritt offenbar erst einmal einer „Absegnung" durch Petrus. Der hatte, einige Zeit nach seiner Begegnung mit Paulus, ausgerechnet in der Provinzhauptstadt Cäsarea Maritima, erstmals Heiden getauft, nämlich einen römischen Offizier und seinen ganzen Haushalt. Wir erfahren sogar den Namen des Mannes, seinen Dienstgrad und seine Einheit: „Cornelius, Hauptmann in der sogenannten Italischen Kohorte" (Apg 10,1). Seine Einheit, die *Cohors II Italica civium Romanorum* bestand, wie der Name verrät, ausschließlich aus römischen Bürgern, was im Reich, speziell im Osten, als Besonderheit galt. Sie war in der Großprovinz Syrien stationiert, zu der auch Judäa gehörte. Der *Centurio* („Hauptmann") Cornelius war damit einer von zehn kommandierenden Offizieren am Standort Cäsarea.

Die Apostelgeschichte tut alles, um aufzuzeigen, wie rechtmäßig der Akt des Petrus war. Ihm ging eine himmlische Vision voraus, im Anschluß an die Predigt des Petrus redeten die Täuflinge „in Zungen"; die anwesenden Juden „konnten es nicht fassen, daß auch auf die Heiden die Gabe des Heiligen Geistes ausgegossen wurden" (Apg 10,46–47).

Diese Erklärung war dringend notwendig, denn kaum war er nach Jerusalem zurückgekehrt, wurde Petrus von seinen judenchristlichen Mitbrüdern heftig kritisiert: „Du hast das Haus von Unbeschnittenen betreten und hast mit ihnen gegessen" (Apg 11,3), was für einen stenggläubigen, torahtreuen Juden ein Unding war. Schließlich ignorierten die Heiden die jüdischen Reinheitsgebote, lief Petrus Gefahr, sich durch die Einnahme nichtkoscherer Speisen kultisch zu verunreinigen. Petrus verteidigte sich, indem er die Worte seiner Vision zitierte: „Was Gott für rein erklärt hat, nenne du nicht unrein!" (Apg 11,9). Die Worte und die Autorität des Petrus versäumten ihre Wirkung nicht. Seine Kritiker jedenfalls „beruhigten sich, priesen Gott und sagten: Gott hat also auch den Heiden die Umkehr zum Leben geschenkt" (Apg 11,18).

Wir wissen nicht genau, wann sich die Taufe des Cornelius zutrug, aber es muß zwischen 38 und 41 gewesen sein. So könnte Petrus seine Vision durchaus als Zeichen verstanden haben, daß die nächste Phase in der Erfüllung des Auftrages Jesu bevorstand. In frühchristlichen Apokryphen wie dem *Kerygma Petri* aus dem frühen 2. Jahrhundert (und schließlich auch in der *Kirchengeschichte* des Eusebius) wird ein Jesus-Wort zitiert, das wir nicht in den Evangelien finden: „Wenn nun einer aus Israel Buße tun und durch meinen Namen an Gott glauben will, so werden ihm die Sünden vergeben. Nach zwölf Jahren (aber) geht hinaus in die Welt, damit niemand sagen kann: Wir haben es nicht gehört." Sollte diese Tradition einen wahren Kern haben, so war zumindest der Zwölferkreis auf eine Weltmission vorbereitet, schien aber noch den geeigneten Zeitpunkt abzuwarten. Der begann, gezwungenermaßen, als König Herodes Agrippa, wohl um sich die Sympathie der Sadduzäer zu sichern, beim Paschafest des Jahres 42 zum Schlag gegen die Urgemeinde ausholte. Jakobus der Ältere, der Bruder des

Evangelisten Johannes, wurde enthauptet, Petrus in den Kerker geworfen; er sollte nach den Festtagen öffentlich hingerichtet werden. „Ein Engel des Herrn", wie es in der Apostelgeschichte (12,7) heißt, vielleicht aber auch ein heimlicher Anhänger, befreite den Apostelfürsten aus der Gefangenschaft. Im „Haus der Maria, der Mutter des Johannes mit dem Beinamen Markus" (Apg 12,12), betraute er den *Herrenbruder* (oder Cousin Jesu) Jakobus *den Jüngeren* mit der Leitung der Gemeinde von Jerusalem. Er selbst „ging an einen anderen Ort" (Apg 12,17) – wahrscheinlich, begleitet von Markus, nach Rom. Der Hauptmann Cornelius wird ihm eine Mitreisegelegenheit auf einem römischen Schiff, das in Cäsarea auslief, verschafft haben. Erst zwei Jahre später, nach dem plötzlichen Tod des Herodes Agrippa, kehrte er nach Jerusalem zurück. Die Nachricht, daß ausgerechnet Kephas, der Fels, erste Heiden getauft und sogar eine Hauptstadtgemeinde gegründet hat, wird auch die Mission in Antiochia beflügelt haben. Zudem war man bald in der Lage, der Mutterkirche in Jerusalem zu zeigen, wie sehr man gebraucht wurde.

„In jenen Tagen kamen von Jerusalem Propheten nach Antiochia hinab. Einer von ihnen namens Agabus trat auf und weissagte durch den Geist, eine große Hungersnot werde über die ganze Erde kommen. Sie brach dann unter Claudius aus", berichtet Lukas (Apg 11,27–28). Claudius bestieg im Jahre 41 den Thron der Cäsaren, eine Teuerung durch die Verknappung von Lebensmitteln ist für das Jahr 45 n. Chr. bei römischen Autoren wie Tacitus und Sueton bezeugt. Auch Flavius Josephus erwähnt sie in seinen *Jüdischen Altertümern,* wobei er besonders die Hilfsaktion der zum Judentum konvertierten Königin Helena von Adiabene hervorhebt: „Den Bewohnern von Jerusalem aber konnte nichts erwünschter sein, als Helenas Ankunft. Denn Hungersnot bedrückte ihre Stadt, und da viele Bürger aus Mangel an Lebensmitteln umkamen, schickte die Königin einige aus ihrem Gefolge nach Alexandria, um große Mengen Getreide dort zu kaufen, und andere nach Zypern, um ganze Schiffsladungen Feigen herbeizuschaffen …" (20,2).

Tatsächlich ergibt die Erklärung des Lukas, die Not sei „dann unter Claudius" (Apg 11,28) ausgebrochen, nur dann einen Sinn, wenn Agabus seine Prophezeiung bereits vor dessen Thronbesteigung, also noch zur Zeit des Caligula, gemacht hat. Das wäre gar nicht einmal so abwegig. Immerhin war das Jahr vom Herbst 40 bis zum Herbst 41 ein Sabbatjahr, in dem nach der *Torah* nicht gesät werden durfte, was regelmäßig zu Hungersnöten führte. Die Lage verschärfte sich im Jahre 40 dadurch, daß der größenwahnsinnige Caligula plante, sein Standbild im Jerusalemer Tempel aufstellen zu lassen. Für jeden gläubigen Juden war das ein Affront, der einer Tempelschändung gleichkam. Während der Kaiser ihnen mit Krieg drohte, waren die Juden zum Äußersten bereit: Zu Tausenden zogen sie dem kaiserlichen Legaten Petronius entgegen und boten ihm ihre Nacken dar – sie wollten lieber sterben als ihr heiliges Gesetz zu übertreten. Nach Flavius Josephus hatte die gewaltlose Demonstration fatale Folgen: „So taten sie vierzig Tage lang und unterließen sogar, das Land zu bestellen, obwohl es hohe Zeit zur Aussaat war." Hinzu kam, daß, so der jüdische Geschichtsschreiber, „das ganze Jahr hindurch Dürre geherrscht hatte". Man brauchte also Ende des Jahres 40 nicht einmal ein Prophet zu sein, um für das nächste Jahr eine (lokale) Mißernte zu prognostizieren. Daß es dann tatsächlich fünf Jahre später im ganzen Römischen Reich zu Versorgungsengpässen kam, war weniger vorhersehbar und erschien Lukas als die eigentliche Erfüllung der Weissagung.

Jedenfalls können wir sicher sein, daß Agabus keine Fehlbitte geleistet hatte. Die Großzügigkeit der Antiochener war sprichwörtlich. Als Jahrhunderte später Rom den Olympischen Spielen den Geldhahn zudrehte, übernahmen sie einfach die zukünftige Finanzierung. So war es erst recht bei den Christen der Orontes-Stadt: „Man beschloß, jeder von den Jüngern solle nach seinem Vermögen den Brüdern in Judäa etwas zur Unterstützung senden. Das taten sie auch und schickten ihre Gaben durch Barnabas und Saulus an die Ältesten", berichtet Lukas (Apg 11,29–30). Wenn er sich nicht gerade wiederholt oder das 12. Kapitel der Apostelgeschichte ein Einschub ist, kam es bei der großen Hungersnot des Jahres 45 zu einer zweiten Hilfsaktion. Als sie nach Antiochia zurückkehrten, nahm Barnabas seinen Cousin Johannes Markus gleich mit. Er war erst im Jahr zuvor mit Petrus aus Rom zurückgekehrt, hatte also „Stadtluft" geschnuppert und Missionserfahrung gesammelt, ja vielleicht sogar schon sein Evangelium verfaßt (Apg 12,25).

VI. Zypern: Paulus trifft Paulus

Der Weg von Antiochia zum Hafen von Seleukia beträgt nur 15 Kilometer Luftlinie, doch die Strecke ist kurvenreich und selbst für geübte Wanderer äußert beschwerlich. So werden Barnabas und Paulus wohl auf einem Boot den Orontes stromabwärts die Hafenstadt erreicht haben, wo sie nach einem Schiff Ausschau hielten, das sie mitnehmen konnte. Passagierschiffe gab es in der Antike noch nicht. Wer damals reisen wollte, ging zum Hafen und fragte sich herum, wann das nächste Handelsschiff in die gewünschte Richtung segeln würde. War dort noch Platz, hatte man mit dem Kapitän des Schiffes über ein angemessenes Entgelt verhandelt, wartete man meist mehrere Tage in der Nähe des Hafens auf die richtigen Winde und das geeignete Wetter. Gewöhnlich segelte man in Sichtweite der Küste, um das Risiko auf See zu minimieren; hatte man bei Einbruch der Dunkelheit noch keinen Hafen erreicht, so wurde der Anker in einer geschützten, seichten Bucht geworfen oder das Boot auf den Strand gesetzt. Nur bei längeren Strecken wagte man sich auf das offene Meer. Dazu war ein klarer Himmel nötig, denn tagsüber navigierte man nach dem Stand der Sonne, bei Nacht nach den Sternen; der Polarstern war der wichtigste Orientierungspunkt. Schon deshalb beschränkte sich die Schifffahrt auf die angenehmere Jahreshälfte. Der griechische Poet Hesiod (7. Jh. v. Chr.) schreibt, die Segelsaison auf dem Mittelmeer beginne am 5. Mai und ende am 25. Oktober. Zur Römerzeit wagten sich Handelsschiffe – klares Wetter vorausgesetzt – bereits ab dem 8. Februar auf das offene Meer, wie Plinius berichtet. Grund für diesen frühen Termin wird wohl gewesen sein, daß man damit Versorgungsengpässen vorbeugen wollte. Für Kriegsschiffe, so Flavius Vegetius (um 400 n. Chr.), wurden die Meere wegen der Winterstürme erst am 11. März freigegeben. Daß eine solche Vorsicht keineswegs übertrieben war, zeigt die stattliche Liste überlieferter Schiffskatastrophen. In kaum einem antiken Reiseroman fehlt das Motiv des Schiffbruchs, von so vielen antiken Seereisenden sind Unglücke überliefert, und auch Paulus zählt in seinem 2. Brief an die Korinther auf: „Dreimal erlitt ich Schiffbruch, eine Nacht und einen Tag trieb ich auf hoher See“ (11,25). Daß die Apostelgeschichte nur ein einziges Seeunglück erwähnt, das sich darüber hinaus noch gut drei Jahre nach der Niederschrift dieser Zeilen ereignete, zeugt davon, für wie wenig erwähnenswert ihr Autor einen Schiffbruch hielt, fast so, als gehöre er zum antiken Reisealltag einfach dazu.

Wir können jedenfalls davon ausgehen, daß Barnabas und Paulus ihre Reise im Frühjahr, vielleicht im April 46 n. Chr., begannen. Dafür spricht auch, daß man direkt nach Salamis übersetzte. Im Sommer und Herbst weht im östlichen Mittelmeer überwiegend ein Westwind, weshalb Schiffe aus Syrien dann nur die zypriotische Nordküste anlaufen konnten.

Für Paulus wird damals ein Wunschtraum in Erfüllung gegangen sein. Zwölf Jahre nach seiner Bekehrung durfte er erstmals „in offiziellem Auftrag“ missionieren, ausgesandt vom „Fünferrat“ der Christengemeinde von Antiochia, der außer ihm und Barnabas noch aus „Simeon, genannt Niger, Luzius von Zyrene (und) Manaen, ein Jugendgefährte des Tetrarchen Herodes“ (Apg 13,1) – also jenes Herodes Antipas (20 v. Chr. – 39 n. Chr.), der Johannes den Täufer hinrichten und Jesus verhören ließ – bestand: „Als sie zu Ehren des Herrn Gottesdienst feierten und fasteten, sprach der Heilige Geist: Wählt mir Barnabas und Saulus zu dem Werk aus, zu dem ich sie mir berufen habe. Da fasteten und beteten sie, legten ihnen die Hände auf und ließen sie ziehen“ (Apg 13,2–3). Die Leitung der Mission hatte immer noch Barnabas inne. Johannes Markus, sein Cousin, der Petrus nach Rom begleitet hatte, kam mit. Beginnen wollte man auf vertrautem Terrain, auf der Insel Zypern, der Heimat des Barnabas, wo es bereits eine kleine Christengemeinde gab. Zudem lebten viele Juden auf der Insel, seit Kaiser Augustus ihre Kupferminen an Herodes den Großen verpachtet hatte.

Glauben wir den apokryphen *Barnabas-Akten,* so wartete das apostolische Trio in Seleukia drei Tage lang auf ein Schiff, das auf die Kupferinsel fuhr. Die Erinnerung an ihre Abreise muß anhaltend gewesen sein, denn später wurden die beiden Molen des äußeren Hafens nach Barnabas und Paulus benannt. War ein Schiff zur Abreise bereit, schickte der Kapitän einen Schiffsjungen auf die Straße und durch die Tavernen am Hafen, der die Passagiere zusammenrief. Wahrscheinlich reisten die drei Männer auf einem kleinen Frachter, der regelmäßig zwischen Syrien und Zypern verkehrte, Manufakturartikel hinüberbrachte und mit Kupfer, Wein, Obst und Salz – Salamis liegt inmitten eines antiken Salzbergwerkgebietes – beladen zurückkehrte. Es war keine weite Fahrt; gut 200 Kilometer trennen Seleukia von Salamis auf Zypern, die höchsten Berge der Insel kann man bei klarem Wetter von der syrischen (heute türkischen) Küste aus sehen. Bei günstigem Wind ließ sich die Strecke in 24 Stunden zurücklegen.

Salamis, die Geburtsstadt des Barnabas, war damals die bedeutendste Stadt der Insel. Ihre Ruinen liegen nördlich von Famagusta im heute türkisch besetzten Teil Zyperns. Der Sage nach wurde sie unmittelbar nach dem Trojanischen Krieg von Teukros gegründet, dem Sohn des Königs Telamon, der ein Bruder des griechischen Helden Ajax war. Ihren Namen verdankt sie der Heimat der Siedler, der Insel Salamis vor der attischen Küste.

Seine günstige strategische Lage und sein Kupferreichtum brachten Zypern in den folgenden Jahrhunderten immer wieder unter Fremdherrschaft. Seit dem 8. Jahrhundert v. Chr. besetzten es nacheinander die Assyrer, Ägypter, Phönizier und Perser, bis es im 5. Jahrhundert v. Chr. mit Hilfe der Athener und Spartaner befreit wurde. Als Hauptstadt des Königs Euagoras und seiner Nachfolger erlebte Salamis im 4. Jahrhundert eine Blütezeit. Dann verleibte Alexander der Große Zypern seinem Reich ein, nach seinem Tod übernahmen die Ptolemäer die Macht. 58 v. Chr. wurde die Insel von der Römern erobert, die das an der Westküste gelegene Paphos zu ihrer Verwaltungshauptstadt machten. Die Ruinen des griechischen Theaters – mit 20.000 Sitzplätzen das größte der Insel –, seines mächtigen Zeustempels, seines Gymnasiums und der römischen *Agora* (des Marktes), die allesamt im 1. Jahrhundert n. Chr. erweitert wurden, zeugen von der Größe und Bedeutung der Stadt Salamis, als die beiden Apostel und Markus sie erreichten. Wo sich jedoch die „Synagogen der Juden" befanden, in denen sie zum ersten Mal das Evangelium verkündeten (Apg 13,5), ist unbekannt; die Archäologen förderten bislang keinen einzigen Hinweis auf eine jüdische Gemeinde zutage, obwohl ihre Existenz historisch belegt ist. Der Grund dafür mag ihr trauriges Schicksal sein. Als es in den Jahren 115 bis 117 n. Chr. zunächst in Ägypten, dann auch auf Zypern zu Aufständen der Juden kam, vertrieb sie der römische Kaiser Trajan von der Insel.

Wir wissen nicht, wie lange Barnabas, Paulus und Markus in Salamis blieben, und auch über ihren Weg durch Zypern gibt die Apostelgeschichte keinen Aufschluß. Wir erfahren nur, daß ihr Ziel Paphos, die römische Inselhauptstadt, war.

Um dorthin zu gelangen, mußte das Trio rund 150 Kilometer auf der Römerstraße zurücklegen, die beide Städte miteinander verband. Sie führte zunächst durch Limassol, die zweitgrößte Stadt der Insel und ihr wichtigster Hafen nach Süden hin, gen Ägypten. Dann durchquerte sie das Troodos-Gebirge, wo sie von hohen Pappeln mit silbrigen Stämmen, aber auch von Gärten mit Kirsch- und Apfelbäumen gesäumt wurde. Wahrscheinlich legten die Drei in Kurium, das für seinen Apollontempel und sein Theater berühmt war, eine Pause ein, bevor sie schließlich Paphos erreichten. Hier stand seit Urzeiten ein Tempel der Liebesgöttin Aphrodite, in dem kein Standbild, sondern ein konischer Stein als Symbol der Fruchtbarkeit verehrt wurde. Zweifellos handelte es sich dabei um ein Relikt aus der phönizischen Vergangenheit der Insel; die Griechen neigten schon immer dazu, fremde Götter mit den ihren zu identifizieren. Unweit von Paphos, nahe einem weißen Felsen, der als *Petra tou Rominou,* als „Felsen der Römer“ – der letzten, die ihn verehrten – bekannt ist, soll die *Schaumgeborene (aphros* = griech. „Schaum“) dem Meer entstiegen sein, eine Szene, die unzählige Künstler inspirierte. Als sie zypriotischen Boden betrat, so heißt es in einer Hymne von Hesiod, sprossen Anemonen und andere Wildblumen aus dem Boden, den ihre Füße berührten, um die Göttin mit dem schönsten Farbenschmuck zu umgeben. Noch heute wachsen diese Wildblumen zwischen den zerbrochenen Marmorquadern ihres Heiligtums. Homer ergänzt, daß der arkadische Held Agapenor nach dem Trojanischen Krieg das alte Paphos (heute: Palaipaphos bei Kouklia) gründete und der Göttin der Liebe und Schönheit einen Tempel weihte, der fortan, die gesamte Antike hindurch, die Pilger anzog. Der italienische Reisende Tommaso Parcacchi, der im 16. Jahrhundert Alt-Paphos besuchte, hörte noch eine Geschichte, die vom Besuch dieses Heiligtums durch die Apostel berichtet. Dort hätten sie gesehen, wie Männer und Frauen der Liebesgöttin nackt opferten. Empört sei Barnabas auf die Knie gefallen und habe so lange gebetet, bis der Tempel einstürzte und dem Skandal ein Ende bereitete. Der Flame Johann von Kootwyck, der 1599 Zypern bereiste, bestätigte die Erzählung und ergänzte sie durch den Zusatz, Barnabas habe daraufhin Epaphras zum Bischof der Stadt geweiht. Dann hätten sich die Apostel auf den Weg nach Neu-Paphos gemacht.

Die Provinzhauptstadt war sehr viel jüngeren Datums als Alt-Paphos und sein Heiligtum. Im Jahre 321 v. Chr. hatte Nikokles, der letzte König des alten Paphos, seine Hauptstadt um knapp 15 Kilometer nach Nordwesten verlegt, um eine geschützte Bucht als Hafen nutzen zu können. Damals entstand eine prachtvolle *Agora* (Marktplatz), ein großes Theater, zudem ein *Odeon* (überdachtes Theater), ein Tempel des Heilgottes Asklepios und eine Nekropole, die so monumental war, daß man ihre Überreste lange für die eines Königsgrabes hielt. Zwar war die Stadt des Nikokles im 1. Jahrhundert v. Chr. von einem Erdbeben zerstört worden, doch Kaiser Augustus ließ sie so prachtvoll wieder aufbauen, daß ihre Einwohner sie ihm zu Ehren zeitweise *Augusta* nannten. Großartige Mosaikböden – die schönsten von ganz Zypern – zeugen vom Reichtum der Provinzhauptstadt und der Kunstsinnigkeit ihrer Bewohner. Die prachtvollsten von ihnen, Darstellungen der olympischen Gottheiten und mythologische Szenen, fand man im Palast des Statthalters. Er liegt im Zentrum einer 90 mal 120 Meter großen Anlage. Hier residierte einst der berühmte Redner Cicero, als der römische Senat ihm die Insel anvertraute, aber auch jener Sergius Paulus, den der Völkerapostel zum Glauben bekehrte.

Die Geschichte der beiden Pauli ist eine der rätselhaftesten in der gesamten Apostelgeschichte. Sicher an ihr ist nur: Es hat einen Statthalter namens Sergius Paulus gegeben. Das beweist eine Inschrift, die 1877 in Silo, nur wenige Kilometer nördlich von Paphos, entdeckt wurde. In ihr heißt es: „Apollonius weihte seinem Vater (unlesbar) diese Befriedung und dieses Denkmal entsprechend den Wünschen seiner Familie. (Unlesbar) diente als Verwalter des Marktes, Präfekt, Stadtverwalter, Hohepriester und leitete das Stadtarchiv. Errichtet am 25. des Monats Demarchexusius im 13. Jahr (der Regierung des Claudius). Er veränderte auch den Senat, indem er Beisitzende einsetzte, in der Amtszeit des Prokonsuls Paulus."

Das Denkmal, offenbar als Grabmal für einen Verstorbenen errichtet, der nicht allseits beliebt war – sein Name wurde nachträglich gründlich ausgekratzt – stammt aus dem Jahre 54 n. Chr. Es beschreibt die Karriere eines ranghohen Beamten der Stadtverwaltung – heute würde man ihn als Stadtdirektor bezeichnen –, dessen Amtszeit zeitweise mit der des Sergius Paulus zusammenfiel, bevor er später in den wohlverdienten Ruhestand trat. Eine zweite Inschrift, sie stammt aus Kythraia in Nordzypern, enthüllt den vollständigen Namen des Prokonsuls, gemeißelt in blauen Marmor: (CLAUD)IUS CAESAR SEBASTOA ... (Q)UINTUS SER(GIUS PAULUS) – (Zur Amtszeit des) erhabenen Kaisers (Claud)ius ... (hat) (Q)uintus Ser(gius Paulus) ...

Beide Inschriften fand ein Veteran des amerikanischen Bürgerkrieges, General Louis Palma de Cesnola, der von 1865–1877 das US-Konsulat in Zypern leitete und sich in seiner Freizeit der Archäologie widmete. Er wurde später zum ersten Kurator des *Metropolitan Museums* in New York ernannt, wo sich die beiden Fragmente heute befinden.

Damit ist der „Prokonsul Sergius Paulus" der Apostelgeschichte (13,7) eindeutig als historische Persönlichkeit identifiziert. H. Halfmann (1982) datiert seine Amtszeit in die Jahre 46–48 n. Chr. Auch seinen Titel gibt Lukas korrekt wieder. Anders als Syrien und Judäa war Zypern eine Senatsprovinz, ihr Statthalter also kein kaiserlicher Legat oder Präfekt, sondern ein Mitglied einer Adelsfamilie vom Rang eines Prokonsuls. Was ihn für uns noch interessanter macht: Er trug denselben Beinamen wie der Völkerapostel!

Auch wenn der Volksmund behauptet, Saulus sei in Damaskus zum Paulus geworden, steht es ganz anders in der Apostelgeschichte. Lukas nennt ihn nämlich exakt so lange *Saulus,* bis der Mann aus Tarsus in Paphos vor seinem Namensvetter steht. Dann endlich liest man: „Saulus, der auch Paulus heißt ..." – und wundert sich über gleich zwei neue Entwicklungen. Denn fortan spricht Lukas nur noch von *Paulus.* Und er nennt ihn nicht mehr an zweiter Stelle, quasi als Begleiter des Barnabas, sondern plötzlich zuerst. Offenbar hat Paulus, vormals Saulus, in Paphos seine Bewährungsprobe bestanden – und ist ermutigt worden, künftig seinen römischen Namen einzusetzen.

Tatsächlich war das römische Namensrecht ziemlich eindeutig. Es legte fest, daß jedes eheliche Kind eines römischen Bürgers innerhalb von 30 Tagen nach seiner Geburt angemeldet werden mußte. In den Provinzen gab sein Vater oder dessen Beauftragter eine dementsprechende Erklärung *(professio)* beim zuständigen Staatsarchiv *(tabularium publicum)* ab. Damit wurde der Name des Kindes in das amtliche Geburtsverzeichnis aufgenommen. Als Beleg erhielt der Vater eine beglaubigte Abschrift in Form eines *Diptychons,* einer zusammenklappbaren Schreibtafel, die fortan als Paß diente. Auch Paulus wird ein solches Dokument auf seinen Reisen bei sich getragen haben. Es verzeichnete die *Tria nomina,* die (mindestens) drei Namen, die jeder römische Bürger trug: den *Praenomen* (Vornamen), den *Nomen gentile* (Familiennamen) und den *Cognomen* (Beinamen). Wie etwa Gaius Julius Caesar, Markus Tullius Cicero oder eben Quintus Sergius Paulus muß auch unser Apostel drei Namen getragen haben, von denen wir allerdings nur zwei kennen, eben den Vornamen *Saulus* (die latinisierte Form des hebräischen *Schaul)* und den Beinamen *Paulus.* Wüßten wir auch seinen Familiennamen, so würde uns das viel über die Umstände verraten, unter denen seine Eltern oder Großeltern römische Bürger wurden. Denn auch wenn keine Blutsverwandtschaft bestand, war es für Neubürger üblich, den Namen ihres Patrons anzunehmen. Das galt für freigelassene Sklaven – die den Familiennamen ihres einstigen Herrn wählten – ebenso wie für „Römer ehrenhalber". Hätte sein Großvater etwa die Bürgerrechte von Mark Anton erhalten, könnte der vollständige Name des Apostels Saulus Markus Antonius Paulus gelautet haben.

Paulus oder *Paullus* aber führt uns auf eine andere Spur, denn es war auch der Beiname zweier alter und bedeutender römischer Patrizierfamilien, der *gens Aemilii* und der *gens Sergii.* Da er soviel wie *klein* oder *zart* bedeutet, muß ihr jeweiliger Ahnherr von feinem Körperbau gewesen sein. Einer der *Aemilii,* der Konsul Marcus Aemilius Paullus, erweiterte 78 v. Chr. die damals schon 100jährige *Basilica Aemilia* am Forum Romanum, weshalb sie auch als *Basilica Pauli* bekannt wurde. Dabei handelte es sich um eine rund 100 Meter lange, dreischiffige Säulenhalle, die rein weltlichen Zwecken diente. Daß Konstantin der Große 312 n. Chr. dieses Architekturkonzept übernahm, als er dem Bischof von Rom seine erste Großkirche, die Lateranbasilika, schenkte, konnte zu diesem Zeitpunkt noch niemand ahnen. Noch weniger, daß einmal eine *Paulusbasilika* über dem Grab des Völkerapostels entstehen würde. Zumindest ist es möglich, daß der Vater des Saulus Paulus sein römisches Bürgerrecht durch Lucius Aemilius Paulus erhielt, den Konsul des Jahres 1 n. Chr., der mit Julia, der Enkelin des Kaisers Augustus, verheiratet war. Dann hätte der vollständige Name des Völkerapostels Saulus Aemilius Paulus gelautet.

Sergius Paulus, der Prokonsul, gehörte wiederum den *Sergii* an, deren berühmtester Vertreter der Verschwörer Catilina war. Ein Lucius Sergius Paulus wurde unter Claudius zum Kurator des Tiber *(curatores riparum et albei tiberis)* ernannt; seit Kaiser Tiberius hatten fünf verdiente Beamte die Aufgabe, den Zustand des Flusses zu überwachen und vor Hochwasser zu warnen. Sein Vorgesetzter, Paullus Fabius Persicus, ein Freund des Kaisers, wurde später Prokonsul der Provinz Asia mit Ephesus als Hauptstadt. Auch Lucius Sergius Paulus könnte es in die heutige Türkei verschlagen haben; jedenfalls wurde 1912 bei Yalvac, in den Ruinen des römischen Verwaltungszentrums Antiochia in Pisidien (nicht zu verwechseln mit Antiochia am Orontes), eine lateinische Inschrift entdeckt, die einen „L.(ucius) Sergius Paulus den Jüngeren, Sohn von L(ucius)" erwähnt. Wir können mit Sicherheit davon ausgehen, daß dieser Sergier ein Neffe, Cousin oder sogar Bruder des Statthalters von Zypern war, der in Antiochia in der römischen Verwaltung diente. Eine weitere Inschrift aus dem pisidischen Antiochia, diesmal in Griechisch, nennt eine „Sergia Paulla, Tochter des Lucius und Frau des Gaius Caristanius Fronto". Offensichtlich ist Lucius Sergius Paulus mit seiner Familie in Pisidien heimisch geworden.

Lukas beschreibt den Prokonsul und Statthalter von Zypern als „einen verständigen Mann" (Apg 13,7), und auch das bestätigen historische Quellen. Daß Plinius der Ältere (23–79 n. Chr.) ihn gleich zweimal, nämlich in Buch 2 und Buch 18 seiner *Naturgeschichte,* als Quelle zitiert, zeugt von einer ausgiebigen Korrespondenz zwischen den beiden Intellektuellen und der beachtlichen Bildung des Prokonsuls. Interessanterweise erwähnt Plinius im 30. Buch desselben Werkes auch jüdische Magier, die in Zypern ihr Unwesen trieben: „Es gibt auch noch eine weitere Sekte von Magiern, die ihren Ursprung auf Moses, Jannes und Lotapea zurückführen, und die Juden sind, doch viele tausend Jahre nach Zarathustra lebten; und die in jüngster Zeit auf der Insel Zypern auftraten."

Vielleicht hat er diese Information ebenfalls von Sergius Paulus erhalten. Jedenfalls hat sie ihre Parallele in der Apostelgeschichte, wo es heißt, in Paphos seien Barnabas und Paulus, eingeladen vom

Prokonsul, mit einem „Magier und falschen Propheten“ namens Barjesus zusammengestoßen, „der Jude war“ und „zum Gefolge des Prokonsuls“ (Apg 13,6-7) gehört hätte. Sein Name, „Sohn des Jesus“, mag uns erstaunen; tatsächlich aber war „Jesus“ einer der häufigsten jüdischen Vornamen. Nur wenige Zeilen später wird er als „Elymas, der Magier – so wird nämlich der Name Elymas übersetzt“ (Apg 13,8) bezeichnet. Wahrscheinlich handelt es sich bei diesem Titel um die griechische Transkription des aramäischen *halama* („Traumdeuter“), wovon auch das arabische *'Alim* („weiser Mann“) abgeleitet ist. Wenig verwunderlich dagegen ist, daß sich ein gebildeter römischer Prokonsul mit derart dubiosen Scharlatanen umgab, denn Magier waren damals in besseren Kreisen ähnlich populär wie heute Astrologen oder Esoteriker. So erwähnt Plinius etwa den Magier Osthanes, „der die Ehre hatte, Alexanders Begleiter zu sein“ – gemeint ist Alexander der Große. Der römische General Marius (155–86 v. Chr.) ließ sich von einer „jüdischen Prophetin“ beraten. Oder wir lesen bei Flavius Josephus, wie ausgerechnet der römische Statthalter von Judäa, Felix – ein Zeitgenosse des Paulus, der in der Apostelgeschichte eine wichtige Rolle spielt –, mit Hilfe der Magie eines anderen zypriotischen Juden das Herz der schönen, aber leider verheirateten Herodestochter Drusilla gewann: „Er schickte daher einen ihm befreundeten Juden mit Namen Atomos, der aus Zypern stammte und angab, Magier zu sein, zu ihr und ließ ihr zureden, ihren Gatten zu verlassen.“

In unserem Fall aber mußte Elymas fürchten, seinen Einfluß auf Sergius Paulus zu verlieren, und so trat er gegen die Apostel auf „und wollte den Prokonsul vom Glauben abhalten“ (Apg 13,8). Schließlich kam es zu einer Art „magischem Zweikampf“, der einen Leser unserer Zeit fast an *Herr der Ringe* oder *Harry Potter* erinnern könnte, mit dem Unterschied, daß hier die Fronten eindeutig sind: Paulus, der jetzt erstmals unter diesem Namen auftrat, beschimpfte den Magier als „Sohn des Teufels“, als Handlanger finsterer Mächte – und schlug ihn mit Blindheit.

Der Apostelgeschichte zufolge war Sergius Paulus so überwältigt von dieser Demonstration göttlicher Macht, daß er den christlichen Glauben annahm. Wurden auch schon der Kämmerer – heute würde man sagen: der Finanzminister – der äthiopischen Königin Kandake (Apg 8,27) und der römische Besatzungsoffizier Cornelius (Apg 10,1) getauft, so hatte dank Paulus das Christentum jetzt erstmals einen Anhänger aus den Reihen der römischen Aristokratie gefunden, der zugleich Statthalter einer Provinz war. Schon deshalb behaupten heute die Zyprioten stolz, ihr Land habe als Erstes zum Glauben gefunden. Dagegen mag man einwenden, daß ein Provinzgouverneur nur ein Verwaltungsbeamter und kein König war; sein Glaube war Privatsache, kein Grund für seine „Untertanen", ihm darin zu folgen. Tatsächlich ist auch nirgends in der Apostelgeschichte von Massenbekehrungen oder Massentaufen die Rede; nicht einmal von Sergius Paulus wissen wir, ob er tatsächlich getauft wurde oder als Ungetaufter fortan mit dem Evangelium sympathisierte. Jedenfalls verließen die Apostel Zypern bald darauf und reisten über Perge nach Pisidien, um ausgerechnet in Antiochia, wo Sergius Paulus Verwandte hatte, ihre Mission wieder aufzunehmen. Wir können sicher sein, daß dies kein Zufall war; wahrscheinlich hatten sie ein Empfehlungsschreiben des Prokonsuls in der Tasche. Paulus, der sein Charisma unter Beweis gestellt hatte, führte jetzt die Gruppe an, während Johannes Markus sie verließ und nach Jerusalem zurückkehrte (Apg 13,13). Wahrscheinlich war das Trio von der Gemeinde in Antiochia nur nach Zypern gesandt worden, war ihm mulmig angesichts der eigenmächtigen Entscheidung des Paulus, jetzt den Wirkungskreis zu vergrößern, ohne vorher Rücksprache zu halten. Zudem scheute er offenbar die lange und gefährliche Reise über die Berge in ein ihm völlig fremdes Land. Es dauerte lange, bis der Völkerapostel dem Evangelisten diese „Fahnenflucht" verzieh. Als Barnabas zwei Jahre später seinen Cousin wieder mitnehmen wollte, kam es zum Bruch mit Paulus; der suchte sich lieber andere Reisebegleiter als den jungen Leviten, der in seinen Augen versagt hatte. „Paulus bestand darauf, ihn nicht mitzunehmen, weil er sie in Pamphylien in Stich gelassen hatte, nicht mit ihnen gezogen war und an ihrer Arbeit nicht mehr teilgenommen hatte", berichtet Lukas, „Es kam zu einer heftigen Auseinandersetzung, so daß sie sich voneinander trennten" (Apg 15,38–39). Erst Jahre später verzieh er ihm, als er aus der Gefangenschaft in Rom an die Kolosser schrieb: „Es grüßt euch Aristarch, der mit mir im Gefängnis ist, und Markus, der Vetter des Barnabas. Seinetwegen habt ihr schon Anweisungen erhalten. Wenn er zu euch kommt, nehmt ihn auf!" (Kol 4,10).

Wegen des Streits mit Markus wollte Barnabas den Völkerapostel auf seiner zweiten Reise nicht mehr begleiten. Statt dessen kehrten die beiden Cousins im Jahre 49 nach Zypern zurück (Apg 15,39), durchquerten die Insel, predigten zu Juden und Heiden. Doch diesmal nahm die Mission keinen so glücklichen Verlauf, zumal Sergius Paulus wohl 48 n. Chr. als Statthalter abgelöst worden war. Schließlich gelang es dem *Elymas* Barjesus, der seit dem Vorfall in Paphos auf Rache sann, die Juden der Insel gegen Barnabas aufzuhetzen; er wurde gesteinigt. Markus begrub ihn im Jahre 61 in einem römischen Grab bei Salamis, zusammen mit einer Abschrift des Matthäusevangeliums, die er bei sich getragen und mit dessen Hilfe er Kranke geheilt hatte. Zur Zeit des byzantinischen Kaisers Zeno (474–491) wurden die Reliquien entdeckt, zusammen mit der Evangelienhandschrift. Im Tausch gegen die Gebeine des Apostels und das kostbare Manuskript erhielt die zypriotische Kirche ihre Unabhängigkeit und eine Reihe von Privilegien. Seitdem unterschreibt ihr Erzbischof, wie einst nur der Kaiser, mit roter Tinte, trägt einen Purpurrock mit Glöckchen und anstelle des Hirtenstabs das Zepter. Das Kloster, das über dem Apostelgrab errichtet wurde, war jahrhundertelang der heiligste Ort der Insel. Erst bei der Besetzung durch die Türken 1974 wurden die Mönche vertrieben, das Kloster geplündert und anschließend in ein Museum umgewandelt. Seitdem sind hier die Gebete verstummt.

Doch auch schon beim ersten Besuch war es zu Anfeindungen gekommen, wenn wir der Lokaltradition glauben, die oft genug die manchmal lückenhafte Berichterstattung der Apostelgeschichte ergänzt. Denn während uns Lukas verschweigt, wie Sergius Paulus überhaupt von seinem Namensvetter erfuhr, ging den örtlichen Legenden zufolge der Begegnung ein handfester Skandal voraus. So berichten uns westliche Pilger, die im 15. und 16. Jahrhundert nach Paphos kamen, noch von der Überlieferung, die Apostel seien zuerst verhaftet und ausgepeitscht worden, bevor sie dem Prokonsul vorgeführt wurden. Unter der alten Franziskanerkirche, in der Nähe der Festung auf dem Hügel, soll sich das Verlies befunden haben, in dem Paulus und Barnabas als Gefangene gehalten wurden. Seigneur de Villamont, der das damals türkisch besetzte *Baffo* 1589 besuchte, beschreibt sogar die Ketten, die Paulus damals trug und die seitdem verehrt wurden. Und General Louis di Cesnola, der archäologiebegeisterte amerikanische Konsul, ergänzte: „Als Paulus Paphos besuchte, wurde er von der Bevölkerung so schlecht behandelt, daß er die Bürger der Stadt als die schlechtesten Menschen der Welt bezeichnete." Noch heute steht 30 Meter vor der Kirche des hl. *Kyriaki Chrysopolitissa* eine 1,20 Meter hohe Säule, an die, wie es heißt, die Juden Paulus fesselten, um ihn auszupeitschen. Als Beleg wird auf den 2. Korintherbrief verwiesen, in dem der Apostel selbst berichtet: „Fünfmal erhielt ich von Juden die neununddreißig Hiebe" (11,24). Die Neununddreißig – wörtlich: „Vierzig-weniger-einen" – waren die gängige Synagogenstrafe für vermeintliche Unruhestifter, entsprechend dem Gesetz des Moses: „Vierzig Schläge darf er ihm geben lassen, mehr nicht. Sonst könnte dein Bruder, wenn man ihm darüber hinaus noch viele Schläge gibt, in deinen Augen entehrt werden" (Dtn 25,3). Der Delinquent wurde an eine Säule gebunden und mit mehrfach geschnittenen Kalbslederriemen auf die entblößte Brust und den Rücken gepeitscht. Um zu vermeiden, daß man sich verzählte, wurde vorsichtshalber auf den vierzigsten Schlag verzichtet. Der Brite David George Hogarth berichtet, jedes Jahr am Johannestag (dem 24. Juni) würde das gläubige Volk den Handabdruck des Paulus auf der Säule erkennen. Zudem galten Bruchstücke von ihr als wirksames Heilmittel gegen Malaria; ein Eisenzaun sollte damals verhindern, daß sie auch weiterhin abgeschlagen werden.

Es ist durchaus möglich, daß die Geschichte einen wahren Kern hat. Obwohl Lukas keine Synagoge in Paphos erwähnt, ist wahrscheinlich, daß es in der Provinzhauptstadt eine jüdische Gemeinde gab. Nach der örtlichen Tradition stand ihr Bethaus über der heutigen Höhlenkirche der hl. Solomoni (Hanna), der Mutter von sieben Kindern, die während der Judenverfolgung durch Antiochus Epiphanes im Jahre 186 v. Chr. getötet wurde. Sie befindet sich hinter dem *Fabrikas*-Hügel direkt neben dem Stadttor. Jedenfalls muß Sergius Paulus interveniert haben, als er erfuhr, daß ein römischer Bürger, zudem ein Namensvetter, in die Unruhen involviert war. Als ihm Paulus und Barnabas vorgeführt wurden, wird er dem Völkerapostel geraten haben, künftig seine „römische Karte" besser auszuspielen und unter seinem lateinischen *Cognomen* aufzutreten, um die Privilegien eines römischen Bürgers für seine Mission zu nutzen. Zu ihnen gehörte, daß es untersagt war, einen Römer auszupeitschen oder zu geißeln.

Lukas wird seinen Grund gehabt haben, daß er uns dieses Vorspiel verschweigt. Statt Paulus als ewigen Unruhestifter darzustellen, der wieder einmal mit den Behörden in Konflikt geriet, spielte

(1) Der Sarg des Apostels Paulus in St. Paul vor den Mauern

(2) Die Basilika St. Paul vor den Mauern in Rom

(3) Paulusstatue von Giuseppe Odici

(4) St. Paul vor den Mauern: Der Papstaltar mit dem Paulussarg und den Überresten der konstantinischen Apsis

(5) St. Paul vor den Mauern: Konstantinische Apsis

(6) Die Paulus-Platte unter dem Papstaltar

(7) Kopie der Paulus-Platte

(8) Vatikan-Archäologe Dr. Giorgio Filippi mit Rekonstruktion

(9) Die antike Nekropole auf dem Gelände vor der Basilika St. Paul vor den Mauern

(10) Das Taurus-Gebirge

(11) Tarsus, Paulustor

(12) Tarsus: Ausgrabung des Paulus-Hauses (2001)

(13) Der Paulus-Brunnen von Tarsus

(14) Jerusalem: Die mögliche Steinigungsstätte des Stephanus

(15) Damaskus: Das antike Osttor

(16) Ananias-Haus

(17) Zypern: Paulus-Säule vor der Kyriaki-Kirche in Paphos

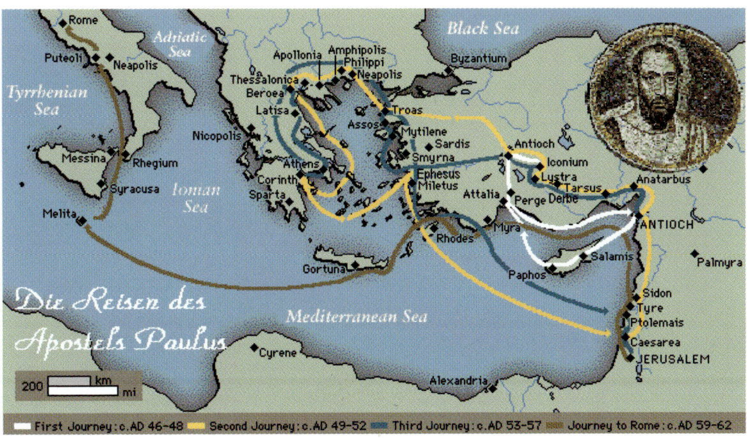

(18) Die Reisen des Apostels Paulus

(19) Antiochia in Pisidien,
Paulus-Basilika, 4. Jh. (o.);

(20) Inschrift des
L. Sergius Paulus (m.);

(21) Das Theater: Schauplatz der
Thekla-Legende (u.)

(22) Lystra: Heute nur ein Hügel

(23) Das hellenistische Stadttor von Perge

(24) Philippi: Blick auf das Forum und die Paulus-Basilika (6. Jh.)

(25) Kavalla: Hafen

(26) Philippi: Paulus-Gefängnis

(27) Philippi: „Taufstelle der Lydia“

(28) Paulus-Gefängnis Innenansicht

(29) Athen: Römisches Forum mit dem „Turm der Winde"

(30) Antike Agora

Athen:
(31) Stoa des Attalos;
(32) Hephaistos-Tempel und
(33) Apostelkirche, Areopag-Hügel

(34) Der Grundstein Europas: Areopag-Hügel

(35) Dionysios-Kirche zu seinen Füßen

(36) Korinth: Apollon-Tempel, Akrokorinth

(37) Bema auf dem Forum

(38) Gallio-Inschrift (Fragment)

(39) Erastus-Inschrift

(40) Menorah-Relief

(41) Türfries der Synagoge

(42) Korinth: Die antike Lechaion-Straße

(43) Kenchräa: Überreste des Isis-Tempels am Hafen

(44) Ephesus: Das antike Theater

er den Trumpf aus, daß sich ein römischer Statthalter, darüber hinaus ein Mitglied des Stadtadels und ein Mann, der überall für seine geistige Offenheit und Bildung bekannt war, bekehren ließ. Der erste große Missionserfolg des Paulus sollte, wie es scheint, durch keinen Makel getrübt werden.

Er wirkte offenbar nach. Im Herbst 1999 veröffentlichte der italienische Archäologe Filippo Giudice, dessen Team seit 1988 in Paphos Ausgrabungen durchführt, einen spektakulären Fund. Ein Marmorfragment, das in den Ruinen einer frühchristlichen Basilika entdeckt wurde, war mit den Buchstaben LOY – OSTO beschriftet, die Giudice als (PAU)LOY (AP)OSTO(LOY) rekonstruierte: der Apostel Paulus! Das erinnert zunächst einmal an die Marmorinschrift des Paulusgrabes in Rom, doch diese Zeilen sind vielleicht noch älter. Giudice, der Griechisch-Römische Kunstgeschichte an der Universität von Catania auf Sizilien lehrt, datiert sie anhand paläographischer Kriterien in das späte 1. oder das frühe 2. nachchristliche Jahrhundert. Sollte das tatsächlich zutreffen, so wäre die Paphos-Inschrift das älteste historische Zeugnis vom Wirken des Völkerapostels auf Zypern, ja die älteste Inschrift überhaupt, die seinen Namen trägt. Allerdings wurde die kleine Kirche, in deren Überresten das Marmorfragment entdeckt wurden, erst im 4. Jahrhundert über einem antiken Tempelkomplex aus der vorchristlichen Ptolemäerzeit erbaut. Hatte der Apostel hier gepredigt, wurde ihm zu Ehren an dieser Stelle eine Gedenkplatte angebracht? Sicher jedenfalls ist, daß sein Besuch auf Zypern nie mehr vergessen wurde. Doch er war nur der Anfang einer Titanenmission.

VII. Mission Galatien

Als das Trio von Paphos aus Perge in Pamphylien auf dem Festland erreichte, konnte Paulus nichts mehr aufhalten – weder der Ausstieg des Markus noch eine schwere Krankheit, über deren Natur sich die Apostelgeschichte ausschweigt, bei der es sich aber wahrscheinlich um Malaria handelte. Die Spätfolgen, die *Rezidive,* das mehrfach wiederholte Auftreten der Symptome nach beschwerdefreien Intervallen, sollten Paulus sein Leben lang begleiten. „Damit ich mich wegen der einzigartigen Offenbarungen nicht überhebe, wurde mir ein Stachel ins Fleisch gestoßen: ein Bote Satans, der mich mit Fäusten schlagen soll, damit ich mich nicht überhebe", beschrieb er den Korinthern (2 Kor 12,7–10) später sein Leiden, nicht ohne zu betonen, daß er auch sie „für Christus ertrage; denn wenn ich schwach bin, dann bin ich stark." So blieb Paulus auch jetzt unbeirrt: Er wollte, er mußte nach Antiochia in Pisidien, zur Familie des Sergius Paulus.

Die Seereise nach Perge dauerte zwei Tage. Pamphylien war ein schmaler Küstenstreifen zu Füßen des Taurusgebirges, das im Osten an Zilizien, die Heimat des Paulus, grenzte. Er wurde zuerst von den Hethitern besiedelt, bevor auch hier nach dem Trojanischen Krieg griechische Kolonien entstanden. Die Seher Mopsos, Kalchas und Archilochus gelten als Gründer von Perge, obwohl schon hethitische Staatsverträge aus dem 13. Jahrhundert v. Chr. einen Ort namens *Parcha* erwähnen. Im Jahre 334 nahm Alexander der Große die zuvor persisch besetzte Stadt ein, im 3. Jahrhundert v. Chr. errichtete König Antiochus ihre mächtige, durch Marmor, Nischen und Statuen reich geschmückte Stadtmauer. 133 v. Chr. kam Perge als Teil des Königreiches Pergamon unter römische Herrschaft. Sein Hafen war seit dem 2. Jahrhundert v. Chr. Attalia, das heute bei Touristen so beliebte Antalya an der türkischen Riviera. Doch da der Fluß Kestrus (Aksu), der südlich von Perge verlief, vom Meer ab befahrbar war, ist anzunehmen, daß die Apostel und Markus diesen Weg nahmen. Den apokryphen *Barnabas-Akten* zufolge blieben sie zwei Monate in der Hauptstadt Pamphyliens. Die Zeit hätte also gereicht, um die neu erbaute Säulenhalle des Claudius zu besuchen oder vor dem nahe der Stadt auf einer Anhöhe gelegenen Heiligtum der Artemis zu predigen, in dem, wie Strabo berichtet, alljährlich ein großes Tempelfest gefeiert wurde, das zahlreiche Pilger anzog. Doch wahrscheinlich war die Erkrankung des Paulus der Grund für den langen Aufenthalt. „Ihr wißt, daß ich krank und schwach war, als ich euch zum erstenmal das Evangelium verkündigte“ schrieb er drei Jahre später an die Galater (4,13). Vielleicht sah Markus darin ein Zeichen, daß sie umkehren sollten. Noch war es früh genug, ein Schiff zurück nach Seleukia zu nehmen. Doch auch für das Vorhaben des Paulus wurde die Zeit knapp. Der Weg ins pisidische Antiochia war fast 200 Kilometer lang und führte quer durch die westlichen Ausläufer des Taurusgebirges. Man mußte es auf jeden Fall passieren, bevor der erste Schnee fiel – am besten aber noch vor Oktober, dem Beginn des Herbstregens. Das war schon für einen gesunden Mann eine Strapaze, für einen Schwerkranken aber glatter Selbstmord. Man soll Gott nicht versuchen, mag ihm Markus vorgehalten haben. Doch der Völkerapostel ließ sich nicht beirren und zog los, zusammen mit Barnabas, der ihn nicht auch noch im Stich lassen konnte – was glatter Mord gewesen wäre.

Paulus mag auch an diesen zweiwöchigen Gewaltmarsch gedacht haben, als er den Korinthern schrieb: „Ich war oft auf Reisen, gefährdet durch Flüsse, gefährdet durch Räuber … Ich erduldete Mühsal und Plage, durchwachte viele Nächte, ertrug Hunger und Durst, häufiges Fasten, Kälte und Blöße“ (2 Kor 11,26–27).

Im Normalfall erwartete die Apostel ein ausgezeichnetes Straßennetz. Wann immer die Römer ein Gebiet besetzten, war es ihr erster Schritt, Straßen zu bauen. Sie wurden zu den Nervenbahnen eines Weltreiches, die seinen entferntesten Winkel mit dem Machtzentrum Rom verbanden. Wo immer es ging, durchschnitten diese Straßen schnurgerade die Landschaft. Doch dort, wo sie auf natürliche Hindernisse stießen, folgten sie notgedrungen dem kurvigen Verlauf der Flüsse oder paßten sich Gebirgspässen an. Generell wurde zwischen *Viae publicae,* den „Staatsstraßen“ (auch *Viae militaris,* „Heerstraßen“ genannt), und den *Viae vicinales,* „Provinzstraßen“, unterschieden. Die Staatsstraßen wurden von Rom aus geplant, mit staatlichen Mitteln finanziert und durch ranghohe Beamte betreut. Oft trugen sie den Namen ihrer Planer – Censoren oder Konsuln zur Zeit der römischen Republik, Kaiser zur Kaiserzeit. Bei den Bauarbeiten wurden in der Regel Sträflinge eingesetzt, die zu Zwangsarbeit verurteilt worden waren. Durch die Provinzstraßen wurden auch kleinere Städte an dieses Verkehrsnetz angebunden. Ihr Bau und Unterhalt war Aufgabe der Statthalter.

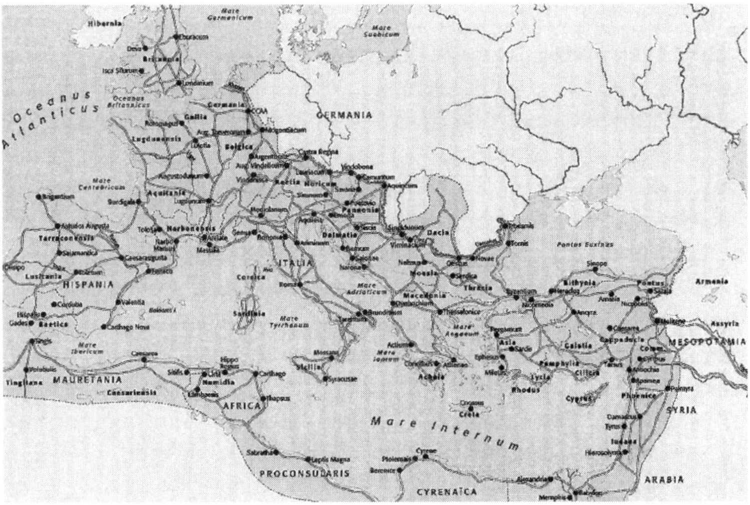

Das römische Straßennetz

Eine römische Straße bestand aus mehreren Schichten. Als Unterbau diente gestampfter Lehm, durch Kalkstein und Mörtel verfestigt. Dann folgten zwei Schichten Kies, auf denen ein Kopfsteinpflaster auflag. Zu den Seiten hin war die Fahrbahndecke abgerundet, so daß Regenwasser in die eigens dafür angelegten Rinnen abfließen konnte. Meilensteine entlang der Straße gaben die Entfernung zur nächsten größeren Stadt an, nannten aber auch die Namen derer, die den Auftrag zum Ausbau der Straße erteilt hatten. Manchmal wurden sie durch Hinweise auf Transportvorschriften ergänzt. Zudem wurden alle 15 Kilometer Pferdewechselstationen *(mutationes)* für den kaiserlichen Kurierdienst und alle 30–40 Kilometer Raststationen *(mansiones)* für die Reisenden gebaut, die hier nach einem Tagesmarsch übernachten konnten.

Was auf den ersten Blick modern und komfortabel klingt und tatsächlich für antike Reisende einen beachtlichen Fortschritt darstellte, hatte jedoch auch seine Schattenseiten. Zwar schwärmte

Plutarch, die Straßen zur Zeit des Kaisers Augustus seien „weit, in gutem Zustand und frei von Straßenräubern", doch tatsächlich wurden sogar aus Italien, dem Kernland des Reiches, immer wieder Überfälle gemeldet; in den Provinzen waren sie an der Tagesordnung. Auch die Raststationen waren noch weniger einladend als manche südländische Autobahnraststätte. Sie galten als schmutzig und gefährlich. Da die Reisenden in Schlafsälen nächtigten, war ein tiefer Schlaf stets mit dem Risiko, ausgeraubt zu werden, verbunden. In einer apokryphen Apostelgeschichte mußte der heilige Johannes erst einmal die Wanzen aus einem Zimmer verscheuchen, als er in einem Gasthaus an der Straße von Ephesus nach Laodizea übernachtete. Am nächsten Tag, so wird erzählt, standen die Tierchen brav vor der Tür und warteten geduldig darauf, in ihr Heim zurückkehren zu dürfen. Doch in den meisten Fällen waren sie weniger rücksichtsvoll. Bei solchen Zuständen zogen es viele Reisende vor, privat zu wohnen. Hatten sie keine Freunde in einer unbekannten Stadt, suchten sie im Tempel ihrer Heimatreligion, im Stadtviertel ihrer Landsleute oder bei der Zunft ihres Handwerks nach gastfreundlichen Gleichgesinnten. Zur Zeit des Paulus unterhielten die meisten Synagogen eigene Herbergen. Doch wir können davon ausgehen, daß er bei ihnen kein gern gesehener Gast war. So war es von großem Vorteil, wenn es in einer Stadt bereits Christen oder zumindest Verwandte von Glaubensbrüdern gab.

Wie die meisten Reisenden dieser Zeit waren Paulus und Barnabas die meiste Zeit zu Fuß unterwegs. Pferdewagen benutzten nur die Wohlhabenden, Ochsenkarren die Händler. Allenfalls einen Esel oder ein Maultier für das Proviant dürften sie bei sich gehabt haben. Gutes Schuhwerk war ebenso nötig wie ein breitkrempiger Hut gegen die brennende Sonne und den Regen oder ein Umhang mit Kapuze, dazu ein warmer Mantel im Herbst und Winter. Einen solchen Mantel, den er, weil wohl gerade die warme Jahreszeit anbrach, „in Troas bei Karpus" zurückließ, erwähnt Paulus in seinem 2. Brief an Timotheus (4,13). Sein Geld verwahrte er in einer Börse, befestigt an seinem Gürtel oder an einer Kordel um den Hals, wichtige Schriften und seinen „Römerpaß" in einer ledernen Umhängetasche. Ein Stock gab ihm auf steinigen Pfaden Halt, bot Schutz vor wilden Hunden, Wölfen und Bären und diente, wenn nötig, auch mal als Waffe gegen Straßenräuber. In der Regel reiste man nicht allein, sondern schloß sich einer Gruppe von Reisenden an, die in die selbe Richtung zogen, weil Einzelgänger leichter überfällen wurden.

Kleinasien wurde von West nach Ost von fünf Straßen durchzogen, weitere vier durchkreuzten die Provinzen in nord-südlicher Richtung. Zwar lag Antiochia an der *Via Sebaste* (lat.: *Via Augusta),* die Pisidien und das restliche südliche Galatien durchquerte, doch der kürzeste Weg dorthin von Perge aus führte quer durch die Berge, auf einer Provinzstraße, die dem Verlauf des Flusses Kestrus folgte, überwiegend von Nomaden benutzt wurde und heute unter dem wenig einladenden Namen *Kirk Gecitler,* „Vierzig Pässe" bekannt ist. Die unzähligen Übergänge in den Schluchten ließen den Weg selbst im trockenen Herbst lebensgefährlich werden.

Nach einer anstrengenden Woche muß die Gruppe, der sich Paulus und Barnabas angeschlossen hatten, endlich die anatolische Hochebene erreicht haben. Dort, in 1000 Metern Höhe, erwarteten sie geradezu paradiesische Zustände: gute, klare Luft, eine fast baumlose Ebene, die sich bis ins Unendliche zu erstrecken schien, weite Flächen fruchtbaren Ackerlandes und kristallklare Seen, in denen sich der mal tiefblaue, mal wolkenverhangene Himmel widerspiegelte. Nach der drückenden Hitze an der Küste und den rauhen Böen in den Bergen konnten sie endlich aufatmen. Nur wenige Kilometer nordöstlich des spiegelglatten *Limnai*-Sees (heute: *Egerdir)* lag ihr Ziel, die *Colonia Caesarea Antiochaea,* auch *Antiochia ad Pisidiam* genannt. Wie die anderen Antiochias war sie ursprünglich von König Seleukos I. um 300 v. Chr, gegründet worden. Nach der Niederlage der Seleukiden 190 v. Chr. wurde sie von den Galatern übernommen, die eigentlich Gallier waren: die Nachkommen von 20.000 keltischen Söldnern vom Stamm der *Volcae,* die 278 v. Chr. von König Nikomedes von Bithynien angeworben wurden. Ein Jahr zuvor hatten Ausläufer der keltischen Wanderung durch Europa auch die Küsten Kleinasiens erreicht. Nikomedes nutzte die Gelegenheit und verbündete sich mit den kräftigen Kriegern aus dem Norden, um seinen usurpierenden Bruder Zipoites vom Thron zu stürzen. Später führte er sie in den Krieg gegen König Antiochos. Erst als der Seleukide Kriegselefanten einsetzte, konnte ihr Vormarsch gestoppt werden. Nachdem ein Waffenstillstand vereinbart worden war, erhielten die Kelten als Lohn für ihren Söldnerdienst weite Landstriche in Nordphrygien, dem heutigen Nordanatolien, als neues Siedlungsgebiet, das sie im Laufe der Jahrhunderte immer wieder in südliche Richtung erweiterten. Schließlich verbündeten sie sich mit Rom. Nach dem Tod ihres letzten Königs Amyntas 25 v.Chr. wurde Galatien, das sich mittlerweile über einen Großteil Zentralanatoliens erstreckte, römische Provinz. Ihre Hauptstadt war Ancyra, das heutige Ankara.

Als Paulus und Barnabas nach Antiochia kamen, war die Stadt längst völlig romanisiert. Wie jede *Colonia* stellte sie ein kleines Abbild der Hauptstadt dar, mit jährlich wechselnden Magistraten, den *Duoviri* oder *Praetores,* einem Stadtrat oder *Consilium* und Priesterschaften. Um die Sicherheit in der neuen Kolonie zu gewährleisten hatte Kaiser Augustus Veteranen in Antiochia angesiedelt, die in der Legion *Alauda* unter Cäsar in Gallien gedient hatten. Die bürgerliche Mittelschicht bestand aus Griechen, die Mehrzahl der Bevölkerung jedoch aus Phrygiern, deren Tempel, dem Mondgott Men und der Muttergöttin Kybele geweiht, das Umland der Stadt dominierten. Auch eine jüdische Gemeinde gab es in Antiochia, die jedoch nicht allzu groß gewesen sein wird. Trotzdem ist sie archäologisch belegt. Im Museum von Yalvac unweit der Ruinen von Antiochia befindet sich eine Grabinschrift aus dem 2. Jahrhundert, die an eine jüdische Bürgerin namens Debora erinnert, die mit einem Pamphylius aus Apollonien verheiratet war. Sie wird als „Tochter namhafter Eltern" bezeichnet, ihre Vorfahren, so heißt es, hätten „viele Ehrungen empfangen". Insgesamt lebten vielleicht um die 10.000 Menschen im pisidischen Antiochia.

Seit der britische Kaplan Francis V. J. Arundell die Stätte 1833 identifizierte, haben Generationen von Archäologen die Ruinen der antiken Stadt freigelegt, die glücklicherweise nie überbaut worden war. Noch vor dem Ersten Weltkrieg nahm ein Team der Universität Michigan die Arbeit auf, ab 1924 konnte sie fortgesetzt werden. Die meisten antiken Bauwerke, auf die man stieß, darunter der Augustustempel an der höchstgelegenen Stelle der Stadt, der säulengesäumte *Cardo,* das Tiberius-Forum, das römische Theater und das *Nymphaeum* – eines der größten erhaltenen Bäder der Antike –, waren gerade im Bau oder unlängst fertiggestellt, als die Apostel hier predigten. Girlandengeschmückte Friese zeugen davon, wie prachtvoll die Stadt einmal war.

Heute ist das Ausgrabungsgelände archäologische Zone und kann auch von Touristen besucht werden, auch wenn es nur wenige von den Urlaubsgebieten im Süden auf die windige Hochebene verschlägt. Ich passiere den Eingang, spare mir die guterhaltene römische Säulenstraße – den *Cardo* – für den Rückweg auf und halte mich links. Vor mir erheben sich auf einer künstlichen Plattform die Trümmer einer einst mächtigen byzantinischen Basilika. *St. Paul Kilisesi,* verkündet ein Schild, „Kirche des hl. Paulus", errichtet im Jahre 325 über den Ruinen der jüdischen Synagoge. Mit 70 Metern Länge war sie damals eine der größten Kirchen der Welt, viermal so lang wie die Memorialbasilika, die Kaiser Konstantin über dem Grab des Völkerapostels errichten ließ und etwa genauso groß wie die Lateranbasilika, immerhin die Hauskirche des Papstes, des Bischofs von Rom. Das allein zeugt davon, welch weltgeschichtliche Bedeutung dem Ereignis von Antiochia in Pisidien zugebilligt wurde, von dem uns die Apostelgeschichte berichtet: Es war nicht weniger als der offizielle Beginn der bislang vernachlässigten Heidenmission.

Lukas schweigt darüber, ob Paulus tatsächlich Gast der *Sergii Pauli* war oder ob Lucius Sergius Paulus zu diesem Zeitpunkt bereits in Rom weilte. Doch es gibt archäologische Hinweise, die nicht nur auf eine Begegnung, sondern sogar auf eine erfolgreiche Mission schließen lassen. Immerhin erwähnen ganze 23 römische Inschriften ein *Collegium quod est in domo Sergiae Paullinae,* also einen „Hausverein", dessen Gründer Lucius Sergius Paulus jr. war und in dem einige Experten eine christliche Hausgemeinde sehen. Dieses *Collegium* wurde später von seiner Tochter Sergia Paulla weitergeführt, die mit Cornelius Severus verheiratet war, dem Konsul des Jahres 112. Ihre Tochter heiratete M. Acilius Glabrio, Konsul des Jahres 124 und Sohn jenes Acilius Glavrio, der während der Christenverfolgung des Domitian (81–96) wegen seines Glaubens hingerichtet wurde.

Statt dessen berichtet die Apostelgeschichte, wie Paulus und Barnabas am ersten *Schabat* nach ihrer Ankunft, wie es sich für gläubige Juden gehört, die Synagoge besuchten. Nach der Lesung aus der *Torah* und einem der Bücher der Propheten forderte der Synagogenvorsteher die Besucher auf, die Predigt zu halten. Laienpredigten waren üblich im Judentum, jeder männliche Jude war mit seiner *Bar Mitzwa* dazu autorisiert. Vielleicht spielte der *Archisynagogi* – übrigens ein für das 1. Jahrhundert historisch bezeugter Titel – auf den Namen des Barnabas, „Sohn des Trostes", an, als er die Apostel bat: „Brüder, wenn ihr ein Wort des Trostes für das

Volk habt, so redet“ (Apg 13,15). Doch statt des älteren Leviten ergriff Paulus das Wort. Obwohl er kein Augenzeuge war, rekonstruiert Lukas fast vollumfänglich den Wortlaut seiner Predigt, einschließlich der Kernaussage paulinischer Theologie, die ein Jahrzehnt später ihr Manifest im Römerbrief finden sollte:

„Ihr sollt also wissen, meine Brüder: Durch diesen (Jesus) wird euch die Vergebung der Sünden verkündet, und in allem, worin euch das Gesetz des Moses nicht gerecht machen konnte, wird jeder, der glaubt, durch ihn gerecht werden“ (Apg 13,38–40).

Die beeindruckende Verkündigung verfehlte ihre Wirkung nicht. Tiefbewegt luden die Juden Paulus ein, am nächsten *Schabat* wieder zu ihnen zu sprechen. Etliche Juden und Proselyten – also zum Judentum konvertierte Einheimische – schlossen sich Paulus und Barnabas an. Die Kunde vom Evangelium verbreitete sich wie ein Lauffeuer, und am nächsten *Schabat* strömte „fast die ganze Stadt“ – also auch die heidnische Mehrheit – zu der Synagoge.

Das freilich mißfiel den Juden, sahen sie doch die Exklusivität ihrer kleinen Gemeinde gefährdet. Eifersüchtig auf den Erfolg des fremden Predigers widersprachen sie ihm, kommentierten abfällig seine Worte. Da fiel der Schlüsselsatz der ganzen Apostelgeschichte: „Euch mußte das Wort Gottes zuerst verkündet werden. Da ihr es aber zurückstoßt und euch des ewigen Lebens unwürdig zeigt, wenden wir uns jetzt an die Heiden. Denn so hat uns der Herr aufgetragen: Ich habe dich zum Licht für die Völker gemacht, bis an das Ende der Erde sollst du das Heil sein“ (13,46–47).

Dieser *Schabat* irgendwann Mitte Oktober des Jahres 46 wurde damit zum Wendepunkt der frühen Kirchengeschichte. Denn fortan verfuhr man zweigleisig: Zwar wurde nach wie vor zuerst den Juden und *Gottesfürchtigen* in den Synagogen das Evangelium verkündet. Doch wenn diese sich weigerten, es anzunehmen, rekrutierte man die Gläubigen eben aus den Reihen der Heiden. Der Exklusivität des Judentums wurde damit eine Absage erteilt: Gott ist Mensch geworden, nicht um die Juden zu befreien, sondern um alle Völker zu erlösen.

Die neue Strategie war erfolgreich. Zahlreiche Heiden schlossen sich der neuen Gemeinde an, die Paulus und Barnabas gerade gegründet hatten. In der ganzen Region war ihre Predigt Tagesgespräch. Den Juden von Antiochia ging das entschieden zu weit. Sie machten ihren Einfluß geltend, „hetzten die vornehmen gottesfürchtigen

Frauen und die Ersten der Stadt auf" (Apg 13,50) – tatsächlich war das Judentum auch in den besseren Kreisen Roms zeitweise ziemlich beliebt, sogar Neros Gattin Poppaea war Proselytin – und bewirkten die Ausweisung der beiden Apostel. „Diese aber schüttelten gegen sie den Staub von ihren Füßen" (13,51) – eine Geste der Verachtung, entsprechend den Worten Jesu: „Wenn ihr aber in eine Stadt kommt, in der man euch nicht aufnimmt, dann stellt euch auf die Straße und ruft: Selbst den Staub eurer Stadt, der an unseren Füßen klebt, lassen wir euch zurück; doch das sollt ihr wissen: Das Reich Gottes ist nahe" (Lk 10,10–11) – und zogen in die nächste Stadt, nach Ikonion, das heutige Konya.

Der Weg dorthin war wenig beschwerlich. Sie konnten jetzt die *Via Sebaste* benutzten, die römische Staatsstraße, die im Jahre 6 v.Chr. von dem Magistraten Corbutus Aquila erbaut und dem Kaiser Augustus (griech.: *Sebastos)* gewidmet war. Die Entfernung betrug keine 90 Kilometer, nach zwei Tagen hatten sie ihr Ziel erreicht. Zur Zeit des Paulus war Ikonion eine griechische Siedlung, die unter Kaiser Claudius zur römischen Kolonie *Claudiconium* geworden war; ein Name, der sich allerdings bei der Bevölkerung nie durchsetzte. Glauben wir der Apostelgeschichte, so verbrachten Paulus und Barnabas hier eine „längere Zeit", wahrscheinlich sogar den ganzen Winter 46/47, und „predigten freimütig im Vertrauen auf den Herrn; er legte Zeugnis ab für das Wort seiner Gnade, indem er durch die Hände der Apostel Zeichen und Wunder geschehen ließ" (14,3). Wir erfahren auch, daß Ikonion eine Synagoge hatte, daß „eine große Zahl vom Juden und Griechen" gläubig wurde und daß die Mission das Volk spaltete – die eine Hälfte hielt zu den Juden, die andere zu den Aposteln. Als sie schließlich erfuhren, daß „die Heiden und die Juden zusammen mit ihren Führern entschlossen waren, sie zu mißhandeln und zu steinigen" (14,5), flohen Paulus und Barnabas.

Nichts, aber auch gar nichts zeugt heute noch von ihrem Wirken. Das moderne türkische Konya steht ganz im Zeichen des Islam, seit sich der große persische Mystiker Celaleddin Rumi, genannt *Mevlana* („unser Meister"), im 13. Jahrhundert dort niederließ und seine berühmte Schule der tanzenden Derwische gründete. Das *Mevlana*-Kloster mit dem charakteristischen Grünen Turm, der über seinem Grab errichtet wurde, zieht noch heute muslimische Pilger aus allen Teilen des Landes an. An dem mächtigen Sarkophag, auf dem noch immer Rumis Turban ruht, verrichten sie ihre Gebete. Nirgendwo sonst in der offiziell laizistischen Türkei tragen so viele Frauen das Kopftuch, nirgendwo sonst ertönt die Stimme des Muezzins, der fünfmal am Tag zum Gebet ruft, so laut.

Vom alten Ikonion dagegen zeugt nur noch ein Hügel im Stadtpark, unter dem seine Ruinen ruhen. Sie wurden bis heute noch nicht freigelegt. Bis zur gewaltsamen Vertreibung der Griechen aus der Türkei 1923 war Konya immerhin noch griechisch-orthodoxer Bischofssitz. Heute bewahren italienische Ordensschwestern in der neugotischen St. Pauls-Kirche in der Nähe des Stadthügels sein christliches Erbe. Dort zeugt ein Bild der hl. Thekla davon, daß Ikonion auch der Schauplatz einer bis ins Mittelalter beliebten Geschichte aus den apokryphen *Paulus-Akten* war.

„Als Paulus nach der Flucht aus Antiochia nach Ikonion hinaufzog", so beginnt sie, sei er dort bereits von einem Mann namens Onesiphorus erwartet worden. Titus, ein Schüler des Paulus, der vorausgeeilt war, hatte ihm den Apostel ziemlich genau beschrieben, und so erkannte er ihn sofort und lud ihn in sein Haus ein. Paulus nahm die Einladung an und verbrachte die nächsten Tage damit, das Evangelium zu verkünden. Dabei kam die Rede immer wieder auf die große Bedeutung, die er der Keuschheit beimaß, und das Gefallen, das Gott am reinen Leben einer Jungfrau fand.

Der Apostel ahnte nicht, daß er belauscht wurde. Die Tochter eines Nachbarhauses, Thekla, hatte die Versammlungen im Haus des Onesiphorus bemerkt und verfolgte Tag für Tag vom Fenster ihres Zimmers aus die Predigten des Paulus. Erfüllt von dem Verlangen, ihm nachzufolgen, löste sie ihre Verlobung mit einem jungen Mann namens Thamyrus und verließ ihr Elternhaus.

Enttäuscht und eifersüchtig schwor Thamyris auf Rache und zeigte Paulus bei dem römischen Statthalter Castellius an: Der Apostel sei ein Zauberer, der die Frauen verderbe und die Massen aufwiegle! Der Prokonsul ließ ihn vorführen und nach einem kurzen Verhör ins Gefängnis werfen. Thekla aber bestach die Wachen, um ihn besuchen zu können und von ihm mehr über die großen Taten Gottes zu erfahren. Als Castellius davon erfuhr, ließ er Paulus geißeln und zur Stadt hinauswerfen, Thekla aber, die ihr Verlobungsgelübde gebrochen hatte, verurteilte er als abschreckendes Beispiel zum Feuertod. Während Paulus und seine Begleiter aus der Ferne für sie beteten, wurde Thekla nackt auf den Scheiterhaufen geführt.

Doch als sie ihre Arme in Kreuzform ausbreitete, konnten ihr die Flammen nichts anhaben, bis schließlich ein Platzregen das Feuer löschte.

Sofort eilte die gerade gerettete Jungfrau zu Paulus und bat darum, ihm folgen zu dürfen. Zuerst wies der Apostel sie ab, zweifelte, daß sie stark genug sei, um allen Versuchungen zu widerstehen, doch dann erlaubte er ihr doch, sie zu begleiten. Als sie schließlich das pisidische Antiochia erreichten, begegneten sie einem jungen Syrer, der sich sofort unsterblich in das hübsche Mädchen verliebte. Zuerst sprach er Paulus auf sie an, der sie verleugnete, dann umarmte er sie auf offener Straße. Empört stieß sie ihn weg, zerriß ihm das Obergewand, warf den Kranz mit dem Götterbild, den er auf dem Kopf trug, in den Schmutz. Sie ahnte nicht, daß der zudringliche Syrer einer der einflußreichsten Männer der Stadt war. Beleidigt zeigte er sie beim Statthalter an, der Thekla zum Tierkampf im Zirkus verurteilte. Bei einer Parade durch die Stadt wurde sie an einen Löwenkäfig gebunden, doch die wilde Löwin, die darin gefangen war, leckte ihr nur die Füße. Obwohl sich eine Königin namens Tryphäna für die Verurteilte einsetzte, wurde das Urteil vollstreckt. Im Zirkus von Antiochia, dessen Ruinen man noch heute besichtigen kann, hetzte man Löwen und Bären auf sie, doch die Löwin beschützte sie. Daraufhin wurde in die Arena Wasser eingelassen, um Thekla den Robben zum Fraß vorzuwerfen, die man in der Antike für gefährliche Tiere hielt. Doch das Mädchen tauchte nur begeistert in die Fluten, um sich selbst zu taufen. Schließlich band man sie an vier wilde Stiere, an deren Geschlechtsteile glühende Eisen gehalten wurden, um sie zu vierteilen. Dabei aber entzündete sich ein Feuer und brannte die Stricke durch. Als Tryphäna, die eine Verwandte des Kaisers war, in Ohnmacht fiel, ließ der Statthalter die Spiele beenden und Thekla freilassen. Nachdem sie Tryphäna im Glauben unterwiesen hatte, suchte die Gerettete im ganzen Land nach Paulus. Als sie erfuhr, daß er gerade in Myra predigte, verkleidete sie sich als Mann und eilte zu ihm. Tief beeindruckt vernahm er ihre Geschichte. Dann entließ er sie in die Heimat, nach Ikonion, wo sie für ihren Glauben Zeugnis ablegte, bevor sie in Seleukia als Missionarin zu wirken begann.

Tatsächlich handelt es sich bei der Geschichte von Thekla um nichts anderes als einen antiken, frühchristlichen Roman. Der nordafrikanische Kirchenschriftsteller Tertullian kannte offenbar sogar seinen Verfasser, als er um 200 in seinem Buch über die Taufe schrieb: „Wenn manche die Akten des Paulus, die diesen Titel zu Unrecht tragen, verteidigen im Hinblick auf das Recht der Frauen, (nach Theklas Beispiel) zu lehren und zu taufen, mögen sie Folgendes wissen: Als der Presbyter in Asien, der diese Schrift zusammengestellt hat, um gleichsam die Autorität des Paulus durch die seinige zu vervollständigen, überführt worden war und gestanden hatte, er habe das nur aus Liebe zu Paulus getan, legte er sein Amt nieder".

Doch trotzdem ist es durchaus möglich, daß dieser Roman einen wahren Kern hat. Zumindest Tryphäna ist eine historische Persönlichkeit: sie war die Mutter des Königs Polemon II. von Pontus und tatsächlich eine Verwandte des Kaisers Claudius; daß sie in Antiochia gelebt hat, ist zumindest gut möglich. Und vielleicht gab es unter den Vielen, die sich in Ikonion der Lehre des Paulus verschrieben, tatsächlich ein Mädchen namens Thekla, das bereit war, ihm überall hin zu folgen. Jedenfalls sollte die Geschichte noch viele christliche Jungfrauen inspirieren, deren Vorbild die furchtlose Thekla war.

Jetzt aber flohen Paulus und Barnabas (der im Thekla-Roman völlig ignoriert wird) „in die Städte von Lykaonien, Lystra und Derbe, und in deren Umgebung", wie die sehr viel zuverlässigere Apostelgeschichte (14,6) berichtet. Da auch Lykaonien zur römischen Provinz Galatien gehörte, war es nur die Flucht in eine andere *Regio,* einen anderen Verwaltungsbezirk. Lesern aus späterer Zeit muß die Formulierung des Lukas unverständlich erschienen sein, denn spätestens seit dem 2. Jahrhundert gehörte auch Ikonion zu Lykaonien. Zur Zeit der Apostel aber wurden die Bezirksgrenzen nicht geographisch, sondern ethnisch definiert; da in Ikonion vorwiegend Phryger lebten, rechnete man es zu Phrygien. Antike Autoren, die Zentralanatolien bereisten, bestätigten die Angaben des Lukas, während Zeitgenossen, die keine Ortskenntnisse besaßen, etwas anderes behaupteten. Lukas' Quelle muß daher über die Ortskenntnisse eines Augenzeugen verfügt haben.

Lystra, nur 30 Kilometer oder eine Tagesreise von Ikonion entfernt, war schon zur Zeit des Augustus römische Kolonie geworden. Seine Bewohner waren dreisprachig: Amtssprache war Latein, Umgangssprache Griechisch, die angestammte anatolische Bevölkerung aber sprach Lykaonisch, den lokalen Dialekt. Als Paulus und Barnabas hier das Evangelium verkündeten, ereignete sich ein Vorfall von unfreiwilliger Komik; Monty Python hätte ihn nicht besser inszenieren können. Ein Gelähmter lauschte der Predigt des Paulus vor den Toren der Stadt, war fasziniert und hoffte wohl insgeheim auf ein Wunder. Da schaute ihm der Apostel tief in die Augen, befahl ihm, aufzustehen – und der Gelähmte konnte laufen. Ungläubig staunend verfolgte die Menge das Geschehen, bis einer in der Landessprache rief: „Die Götter sind in Menschengestalt zu uns herabgestiegen!" (Apg 4,11). Ein Tumult brach aus. Immer lauter, immer aufgeregter wurden die Stimmen, bis einer den anderen davon überzeugt hatte, Zeuge des Unglaublichen geworden zu sein. Ja, wahrhaftig, sie waren mitten unter uns! Der große, kräftige mit den lockigen Haaren und dem kurzgeschnittenen Bart, der nur wenig sagte, mußte Zeus sein. Der kleine, schmale, jüngere, der das Wort führte, war zweifellos Hermes, der Götterbote!

So schnell er konnte, lief einer der Einheimischen zum nahegelegenen Tempel des „Zeus vor der Stadt" und rief die Priester des Gottes. Die brachten gleich einen mit Blumenkränzen geschmückten Ochsen mit, um den himmlischen Besuchern im Beisein der aufgeregten Menge ein Opfer darzubringen.

Paulus und Barnabas, die den lykaonischen Dialekt wahrscheinlich nicht verstanden, verfolgten immer skeptischer die unerwartete Wendung des Geschehens, bis sie begriffen, was das alles zu bedeuten hatte. Als es ihnen endlich klar war, zerrissen sie vor aller Augen ihre Kleider – eine jüdische Geste des Protestes gegen eine Gotteslästerung, die auch der Hohepriester Kajaphas vollzog, als sich Jesus als der Messias und Sohn Gottes offenbarte (siehe Mk 14,63) – „sprangen unter das Volk und riefen: Männer, was tut ihr? Auch wir sind nur Menschen, von gleicher Art wie ihr; wir bringen euch das Evangelium, damit ihr euch von diesen nichtigen Göttern zu dem lebendigen Gott bekehrt ..." (Apg 14,14–15). Doch auch das hinderte die Männer von Lystra nicht, den Ochsen zu schlachten, um die beiden vermeintlichen Götter würdig zu begrüßen.

Was wie eine Szene aus einer Komödie klingt, hat durchaus einen historischen Hintergrund im antiken lokalen Volkesglauben. Der Dichter Ovid erzählt in seinen *Metamorphosen* eine uralte Legende, die das seltsame Verhalten der Männer von Lystra erklärt. Danach waren Zeus und Hermes einst im phrygischen Hochland unterwegs. Als sie eines Nachts eine Unterkunft suchten, fanden sie überall verschlossene Türen. Nur das Ehepaar Philemon und Baukis, das eine kleine, strohbedeckte Hütte bewohnte, nahm sie gastfreundlich auf, bekostigte sie mit dem letzten Stück Fleisch und dem besten, das man sich aufgespart hatten. Am nächsten Morgen erst offenbarten die Fremden ihre Identität. Dann retteten sie Philemon und Baukis nicht nur vor einer Flut, die sie über das ungastliche Tal hereinbrechen ließen, sie schenkten ihnen auch einen Tempel als neues Heim und erfüllten ihnen den Wunsch, in derselben Stunde zu sterben.

Die schöne Geschichte ließ viele Heiden wachsam werden. So war der Vorfall von Lystra kein Einzelfall. Als Apollonius von Tyana, einem heidnischen Wundermann des 1. Jahrhunderts, vor dem Kaiser Domitian der Prozeß gemacht wurde, warf man ihm unter anderem vor, zugelassen zu haben, daß man ihn als Gott verehrte. Auch der griechische Satyriker Lukian berichtet von einem Wunderheiler, der zu Anfang des 1. Jahrhunderts in einer Provinzstadt für einen Gott gehalten wurde. So ist die Schilderung des Lukas, im historischen Kontext betrachtet, durchaus realistisch.

Trotzdem hat Lystra seine letzten Geheimnisse noch nicht enthüllt. Daß wir zumindest seinen Standort kennen, ist das Ergebnis einer spannenden Suche. Als erster nahm der Entdecker von Antiochia in Pisidien, der Brite F. Arundell, sie 1833 auf, damals noch erfolglos. Er glaubte, wie viele seiner Zeitgenossen, die Ruinen der antiken Stadt müßten sich schon aufgrund der Namensverwandtschaft irgendwo bei Illistra, dem heutigen Yollarbasi, 17 Kilometer westlich von Karaman, befinden. Doch ein halbes Jahrhundert später, 1885, entdeckte der amerikanische Archäologe J. R. Sitlington Sterret auf einer Anhöhe namens *Zoldera* unweit des Dorfes Gökyurt bei Hatunsaray, 35 Kilometer südwestlich von Konya, einen antiken Gedenkstein mit einer lateinischen Inschrift, der sich heute im Museum von Konya befindet: DIV AUG(ustum) COL(onia) JUL(ia) FELIX GEMINA LUSTRA CONSECRAVIT D(ecreto) D(ecurionem) – „Dem göttlichen Augustus weihte die doppelt glückliche julianische Kolonie Lystra (diesen Altar) auf Beschluß des Stadtrats." Bei genauerer Betrachtung zeigte sich, daß der Zoldera-Hügel von Steinen und Fragmenten römischer Töpferwaren übersät war. Inschriftenfragmente bezeugten eine besondere Verehrung der Götter Zeus und Hermes. Weiter fand Sitlington die Ruinen einer kleinen Kirche und, unweit davon, die Überreste eines Brunnens, zu dem noch in seiner Zeit die griechisch-orthodoxen Christen aus Konya pilgerten. Am Rande des Dorfes Gökyurt befindet sich eine Siedlung namens Kilistra, die, gut getarnt, in den Fels geschlagen wurde. Eine kleine Kapelle deutet darauf hin, daß sich hier während der Verfolgungen vom 2. bis ins frühe 4. Jahrhundert Christen versteckten. Sie gehörten der blühenden Gemeinde von Lystra an, die einst von Paulus und Barn abas begründet wurde. Doch wie Ikonion wartet auch diese antike Stadt noch immer darauf, endlich ausgegraben zu werden. Vielleicht gelingt es dann den Archäologen, auch den Tempel des *Zeus Propolis* („vor der Stadt") zu identifizieren und damit den Bericht des Lukas eindrucksvoll zu bestätigen.

Doch mit der Predigt des Paulus über die Verehrung falscher Götter endet diese Episode noch nicht. Just in dem Moment nämlich, als sich Paulus und Barnabas eher wirkungslos entmystifizierten, schlug die Stimmung um. Juden aus Antiochia und Ikonion, die offenbar die Apostel verfolgt hatten und gerade in Lystra eintrafen, hetzten die aufgeregte Volksmenge auf. Die ersten Steine flogen, trafen Paulus, der zu Boden ging und das Bewußtsein verlor. In der Annahme, daß er tot sei, schleiften die Männer von Lystra ihn aus der Stadt. Erst als „die Jünger" – offenbar Neuchristen aus Antiochia und Ikonion, die ihn und Barnabas nach Lystra begleitet hatten, vielleicht auch die ersten Bekehrten aus Lykaonien – sich seiner annahmen, kam er wieder zu Bewußtsein.

Nicht nur im 2. Korintherbrief bestätigt Paulus, „einmal gesteinigt" (11,25) worden zu sein; auch sein rätselhafter Hinweis im Galaterbrief, „denn ich trage die Zeichen Jesu an meinem Leib" (6,17) könnte sich, wenn nicht auf eine mystische Stigmatisation, dann vielleicht auf die Narben beziehen, die er bei der so knapp überlebten Steinigung davontrug.

Einer von denen, die Paulus in Sicherheit brachten, war wohl der spätere Apostelschüler Timotheus, der, wie die Apostelgeschichte ausdrücklich vermerkt, aus Lystra stammte. Als der Apostel auf seiner zweiten Missionsreise zwei Jahre später in die Stadt zurückkehrte, in der er beinahe umgebracht worden wäre, erwartete ihn dort bereits „ein Jünger namens Timotheus, der Sohn einer gläubig gewordenen Jüdin und eines Griechen" (16,1). Tatsächlich belegen Grabinschriften aus dem 1. Jahrhundert, die 1912 bei Lystra gefunden wurden, daß jüdisch-heidnische Mischehen – die anderswo undenkbar waren – in dieser entlegenen Region häufiger vorkamen. In seinem 2. Brief an eben diesen Timotheus erwähnt Paulus nicht nur dessen Großmutter Lois und Mutter Eunike (2 Tim 1,5), die ebenfalls Christen geworden waren, sondern dankt ihm ausdrücklich, ihm „in den Verfolgungen und Leiden, denen ich in Antiochia, Ikonion und Lystra ausgesetzt war" (3,11), gläubig gefolgt zu sein. Vielleicht war es auch Timotheus, der als Augenzeuge Lukas von dem Zwischenfall in Lystra berichtete.

Von Derbe erfahren wir nur, daß Paulus, der sich nach ein paar Tagen wohl wieder erholte, auch dort „das Evangelium verkündet und viele Jünger gewonnen hatte" (Apg 14,21). Da seine Feinde ihn längst für tot hielten, verlief die weitere Missionsarbeit wahrscheinlich ohne weitere Zwischenfälle. Doch wo lag Derbe? Bis ins 20. Jahrhundert war man allein auf Mutmaßungen angewiesen. Der umtriebige Brite Francis Arundell konnte diese Frage nicht mehr beantworten; er hatte die Hochebene von Anatolien Ende des Jahres 1833 wegen eines verfrühten Wintereinbruchs nahezu fluchtartig verlassen müssen. Der Amerikaner J. R. Sitlington Sterret, der Entdecker von Lystra, hielt einen Hügel 30 Kilometer westlich von Karaman für das antike Derbe. Einige Jahre später glaubte der Anatolienforscher Sir William Ramsay, es weiter westlich, nahe der heutigen Ortschaft Gudelisin, gefunden zu haben. H. V. Morton, der den Hügel inspizierte, bestätigte, daß hier Unmengen antiker Scherben lagerten. Doch erst als Michael Ballance bei Kerti Hüyük, 22 Kilometer nordöstlich von Karaman, eine griechische Inschrift entdeckte, die Derbe erwähnt, schien das Rätsel gelöst. Der Kalksteinblock, der wohl als Sockel einer Statue diente, ist heute im Museum von Konya ausgestellt. Seine Aufschrift, die in die Mitte des 2. Jahrhunderts datiert wird, lautet: „(Vom) Rat und dem Volk von Claudio-Derbe zur Zeit des Cornelius Dexter, dem Statthalter (errichtet)". Ein zweites Inschriftenfragment, das 1962 im nahegelegenen Dorf Suduraya auftauchte, bestätigte diese Entdeckung. Es stammt aus dem 5. Jahrhundert und erwähnt „den gottliebenden Michael, Bischof von Derbe".

Trotzdem hat bis heute noch kein Archäologe hier seinen Spaten angesetzt. Dabei hat Derbe durchaus eine interessante Geschichte. Hier residierte im 1. Jahrhundert v. Chr. der Tyrann Antipater, *der Pirat,* den Cicero in seiner Funktion als Statthalter der benachbarten Provinz Zilizien aufsuchte. In römischer Zeit war es die letzte Stadt im Osten und damit Zollstation. Wie Lystra wurde seine Bevölkerung beim Arabereinfall im 7. Jahrhundert bedeutend dezimiert, bevor beide Städte im Jahre 1402 von den Mongolen unter Timur Lenk restlos zerstört wurden.

Hier endete auch die erste Missionsreise des Paulus. Hätte er von Derbe aus den Taurus überquert, hätte er auf direktem Weg seine Geburtstadt Tarsus erreichen können. Doch wahrscheinlich war es dazu noch zu früh – Cicero meinte, die Zilizische Pforte könne erst von Anfang Juni an passiert werden. Zudem war es Paulus wohl wichtiger, den neugegründeten Gemeinden in Galatien zu beweisen, daß er die Steinigung überlebt hatte und die Arbeit weiterging.

Es zeugt von einem bewundernswerten Mut, daß sich die Apostel noch einmal zurück in die „Höhle des Löwen" wagten. Doch es war auch unerläßlich, um ihre Mission zum Erfolg zu führen. So sprachen sie den Gläubigen in Lystra, Ikonion und Antiochia „Mut zu und ermahnten sie, treu am Glauben festzuhalten: Durch viele Drangsale müssen wir in das Reich Gottes gelangen" (Apg 14,22). Zudem setzten sie in jeder Gemeinde *Presbyter* („Älteste") ein „und empfahlen sie mit Gebet und Fasten dem Herrn, an den sie nun glaubten" (14,23). Vorbild für die Gemeindeordnung wird die jüdische Synagogenordnung gewesen sein.

Der Rückweg nach Perge war jetzt weniger beschwerlich; es war längst Frühling, zudem ging es dieses Mal bergab. Schließlich verkündeten Paulus und Barnabas noch einmal in Pamphylien das Wort Gottes, bevor sie in Attalia (Antalya) an Bord gingen. Heute hält hier die katholische St. Nikolaus-Gemeinde die Stellung. Ein ehemaliges Internet-Café dient dem *eingetragenen Verein* als Kirche; religiöse Gemeinschaften dürfen in der Türkei keinen Grundbesitz erwerben. Die wenigen Christen des Badeortes vertrauen darauf, daß sie auch hier, in der Diaspora, nicht auf verlorenem Posten arbeiten. Ihr Vorbild ist der hl. Paulus, der unter noch schwierigeren Bedingungen so erfolgreich wirkte.

Als ihr Schiff langsam den Hafen verließ und die Gipfel des Taurusgebirges in der Ferne auftauchten, war es für die Apostel an der Zeit, Bilanz zu ziehen. Paulus hatte allein auf dieser Reise an die 2000 Kilometer zurückgelegt, eine Malaria und eine Steinigung überstanden. In Perge, Antiochia, Ikonion, Lystra und Derbe war das Wort Gottes, trotz aller Widerstände, auf fruchtbaren Boden gefallen. Jetzt keimte der Samen einer neuen Welt. Doch auch die frühe Kirche selbst hatte, seit er zu den Heiden predigte, ihr Gesicht verändert. Er konnte noch nicht ahnen, daß eben dieser größte Erfolg seiner Missionsarbeit bald zu ihrer ersten großen Zerreißprobe führen würde.

VIII. Jerusalem: Geburtsstunde einer Weltreligion

Begeistert werden die Apostel daheim in Antiochia von ihnen Missionserfolgen auf Zypern, in Pamphylien und Galatien erzählt haben. Gott selbst hatte jetzt „den Heiden die Tür zum Glauben geöffnet“ (Apg 14,27), waren sie überzeugt. Doch wie sollte mit den neuen Anhängern des *Weges* weiter verfahren werden? Welche Bedingungen mußten sie erfüllen, um als vollwertige Christen zu gelten und zur Taufe zugelassen zu werden? Denn bei allen Erfolgen seiner Mission – getauft hat Paulus bislang wohl noch kein einziges Mitglied der von ihm begründeten Gemeinden. Die Apostelgeschichte jedenfalls erwähnt nichts davon, und selbst im Thekla-Roman muß sich die Heldin im Angesicht des Todes selber taufen, weil Paulus sie bislang nur vertröstet hatte. Offenbar war der Völkerapostel zu diesem Zeitpunkt zwar von der Jerusalemer Urgemeinde autorisiert worden, das Wort Gottes zu verkünden, nicht aber zu taufen.

Tatsächlich war man sich nicht einmal einig darüber, ob die Taufe allein zum Heil genügte. Ein beachtlicher Teil der frühen Christen bezweifelte dies, war überzeugt: wer Christ werden will, wer das Sakrament der Taufe begehrt, müsse zuerst einmal in das *Auserwählte Volk* aufgenommen, sprich: Jude werden. Das hieß, im Klartext: Er mußte nicht nur fortan die strengen Regeln des mosaischen Gesetzes peinlich genau einhalten, er mußte sich als Mann auch beschneiden lassen. Da dieser Akt angesichts der hygienischen Verhältnisse damals nicht nur extrem schmerzhaft, sondern vor allem lebensgefährlich war – es drohten bakterielle Infektionen –, ist es nur allzu menschlich und völlig verständlich, daß viele zögerten. Paulus lehnte diese Forderung ab. Dabei ging es ihm nicht einmal darum, es den Neuzugängen aus den Reihen der Heiden besonders leicht zu machen. Für ihn war es vielmehr eine Frage des Prinzips, der theologischen Erkenntnis schlechthin, die er aus seiner eigenen Bekehrung, seinem Damaskus-Erlebnis, gewonnen hatte. Deren Quintessenz lautete: Mit dem Opfertod Jesu ist das Gesetz des Moses zweitrangig geworden, denn Gott hat längst einen neuen Bund mit den Menschen geschlossen. In ihm zählt nicht mehr die peinlich genaue Einhaltung religiöser Vorschriften, nicht mehr der Zwang und die Absonderung. An die Stelle der 613 Speise-, Reinheits- und Verhaltensvorschriften, denen auch er als Pharisäer einst nachgeeifert war, sind jetzt drei Imperative getreten: Glaube, Hoffnung und Liebe – der Glaube an die Rettung durch Jesus Christus, die Hoffnung auf seine Wiederkunft und das kommende Gottesreich und die Liebe zu Gott und den Nächsten. Die Liebe aber, so schrieb Paulus acht Jahre später im 1. Korintherbrief (Kap. 13), ist „am größten unter ihnen", ist die dominierende Kraft im Neuen Bund mit Gott.

Während Paulus und sein Kreis daheim in Antiochia freimütig diese neue Offenheit praktizierten und die Tore weit für alle öffneten, die sich nach Christus sehnten, regte sich bald Widerstand. Die Situation eskalierte, als im Winter 47/48 Juden aus Jerusalem, Angehörige der Urgemeinde, nach Antiochia kamen und dort eine Art Kulturschock erlebten. Daß hier bekehrte Juden und Heidenchristen offen und frei miteinander verkehrten, erschien ihnen als skandalös. Hatte nicht Jesus ausdrücklich gelehrt: „Denkt nicht, ich sei gekommen, um das Gesetz und die Propheten aufzuheben. Ich bin nicht gekommen, um aufzuheben, sondern um zu erfüllen. Amen, das sage ich euch: Bis Himmel und Erde vergehen, wird nicht der kleinste Buchstabe des Gesetzes vergehen" (Mt 5,17–18)?

In der heftigen Diskussion, die jetzt ausbrach, berief sich Paulus gerade auf jene Taten und Worte des historischen Jesus von Nazareth, an denen auch er, als er noch strenggläubiger Pharisäer war, Anstoß genommen hatte. Hatte nicht Jesus selbst mit „unreinen" Personen wie Zöllnern und Sündern gegessen, sich von Aussätzigen und einer Sünderin berühren lassen? Hatte er nicht die Sabbatregeln ignoriert, als er seinen Jüngern erlaubte, Kornähren zu ernten, und selbst einen Gelähmten und eine Besessene an diesem Tag heilte? Hatte er nicht den Formalismus und die Heuchelei der Pharisäer angeprangert und in seinem Gleichnis vom Hochzeitsmahl die ungeladenen Gäste den Geladenen vorgezogen? War nicht „das ganze Gesetz samt den Propheten" von ihm selbst auf die Kernsätze von der Gottes- und Nächstenliebe reduziert worden?

Es half nichts. Beide Seiten konnten überlieferte Jesus-Worte zitieren, ohne auch nur einen Schritt weiterzukommen. Schließlich ging es nicht um theologische Spitzfindigkeiten, sondern um nichts weniger als die Zukunft und das Selbstverständnis des *Weges:* Wollte man weiterhin ein Sonderweg des Judentums, sprich: eine messianische jüdische Sekte sein, gebunden an die Exklusivität des Heilsversprechens an Israel, oder würde man in Zukunft eigene Wege gehen und ein neues *Volk des Bundes* zusammenstellen, rekrutiert aus den Reihen der Juden und der Heiden?

Da das Problem auf lokaler Ebene kaum lösbar war, beschloß man, die Apostel und Ältesten der Urgemeinde in Jerusalem um eine verbindliche Entscheidung zu bitten. Das Gremium, das sich jetzt mit der Frage befaßte, sollte als *Apostelkonzil* in die Kirchengeschichte eingehen. Paulus und Barnabas erschienen dabei, zusammen mit „einigen anderen", als offizielle Vertreter der Christengemeinde von Antiochia.

Schon dieser Umstand beweist, daß es um eine Sachfrage und nicht um Paulus als Person ging. Er saß keineswegs auf der Anklagebank, sondern vertrat eine Meinung, die viele andere teilten. Es ging nicht um eine Verurteilung, sondern um die Lösung eines Konflikts und darum, einen für alle Seiten annehmbaren Kompromiß zu finden.

Wahrscheinlich fand das Apostelkonzil in der Synagoge der Urchristen, der *Kirche der Apostel* auf dem Zionsberg statt, mitten in jenem Stadtviertel also, das König Herodes der Große einst den Essenern als Dank für ihre Unterstützung überlassen hatte. So nennt der jüdische Historiker Flavius Josephus das Stadttor an der Südwestecke Jerusalems ausdrücklich *Essenertor.* Tatsächlich stieß der Benediktinerpater und Archäologe Bargil Pixner hier bei Ausgrabungen im Jahr 1977 auf die Überreste eines Stadttores aus herodianischer Zeit. In seiner unmittelbaren Nähe entdeckte er die Ruinen zweier Ritualbäder, die denen der Klosteranlage von Qumran glichen – ein eindeutiger Hinweis auf eine essenische Präsenz. Offenbar dienten sie der rituellen Reinigung vor dem Betreten des Essenerviertels, wie sie die *Gemeinderegel* von Qumran ausdrücklich verlangte. Eine Zisterne, eine Zuleitung und ein Abwasserkanal sorgten für fließendes Wasser, ganz wie es in der Regel stand. Genau hier aber, nur wenige Meter hinter dem *Essenertor,* mitten im Essenerviertel also, lokalisiert die christliche Tradition seit frühester Zeit den Saal, in dem Jesus von Nazareth mit seinen Jüngern das Letzte Abendmahl feierte und der später der Urgemeinde als „Kirche“ diente.

Dafür, daß er im Obergeschoß eines Essener-Gästehauses lag, spricht zweierlei. Da wäre zunächst einmal der Termin des ersten Gründonnerstags. Der Prozeß Jesu fand in aller Eile statt, weil am *nächsten Tag* das Paschafest gefeiert wurde. So weigerten sich die jüdischen Hohepriester etwa, das Prätorium des Pilatus zu betreten, „damit sie nicht unrein würden, sondern das Paschamahl essen könnten“ (Joh 18,28). Jesus starb schließlich in der neunten Stunde, als im Tempel die Paschalämmer geschlachtet wurden. Warum aber heißt es bei Markus, daß er seine Jünger „am ersten Tag der Ungesäuerten Brote“ (Mk 14,12) nach Jerusalem schickte, um einen „Herrn des Hauses“ zu finden, den sie fragen sollten: „Wo ist der Raum, in dem ich mit meinen Jüngern das Paschalamm essen kann“ (Mk 14,14)? War Jesus nicht zu dem Zeitpunkt, zu dem dies üblich war, bereits tot, gestorben am Kreuz? Des Rätsels Lösung sind die beiden unterschiedlichen Kalender, die in Jerusalem damals Anwendung fanden. Das offizielle Jerusalem, die Hierarchie des Tempels, benutzte einen Mondkalender, nach dem der erste Tag des Paschafestes, an dessen Vorabend das Paschamahl gefeiert wurde, im Jahre 30 n. Chr. auf einen *Schabat* fiel. Bei den Essenern aber galt nach wie vor der alte Sonnenkalender, nach dem das Fest bereits am Mittwoch begann. So ergibt der Bericht der Evangelien wieder einen Sinn, werden scheinbare Widersprüche aufgeklärt: Am Mittwoch, dem „ersten Tag der Ungesäuerten Brote“ nach dem Essenerkalender, fragten die Jünger Jesu, wann und wo sie denn das Paschafest feiern würden. Er schickte sie an den einzigen Ort in Jerusalem, an dem dies bereits möglich war, ohne ein Tabu zu brechen: ins Essenerviertel. Wenn er einen Mann erwähnte, noch dazu den „Herrn des Hauses“, der am *Schiloah*-Teich Wasser holen würde, verstanden sie den Hinweis. Wasserholen war und ist im Orient eigentlich Frauensache. Ein Mann, der Wasser trug, muß aufgefallen sein. Er konnte eigentlich nur einem zölibatären Männerorden angehört haben, wie es die Essener waren.

Daß Jesus das Letzte Abendmahl im Essenerviertel feierte, war mehr als nur eine angesichts der bevorstehenden Passion sinnvolle Terminplanung. Die Essener erwarteten einen priesterlichen und einen königlichen Messias aus der Nachkommenschaft des ersten Hohepriesters Aaron und des Königs David, unterhielten enge Beziehungen zu beiden Familien. Jesus, der aus dem Hause Davids stammte, muß mit ihnen schon früh in Kontakt gekommen sein. Dafür spricht schon eine wenig beachtete Episode aus dem Johannesevangelium. Als seine „Brüder" ihn aufforderten, mit ihnen zum Laubhüttenfest nach Jerusalem zu ziehen, ließ er sie alleine gehen. Erst als sie bereits unterwegs waren, „zog auch er hinauf, jedoch nicht öffentlich, sondern heimlich" (Joh 7,10). Offenbar wählte er den „offiziellen", nicht den essenischen Termin des Festes. Er wollte nicht als Messias einer Sekte auftreten, sich in kein Schema hineinpressen lassen, wollte sich keinen vorgefaßten Erwartungen anpassen. Die Essener waren eine elitäre Vereinigung, extremer noch als die Pharisäer, Jesus dagegen verkündete das Gottesreich allen Menschen. Schon deshalb kam es immer wieder zu Konflikten mit seinen Brüdern, die offenbar den Essenern nahestanden. So mußte etwa der Evangelist Johannes einräumen: „Auch seine Brüder glaubten nämlich nicht an ihn" (Joh 7,5). Das zwang ihn wiederum, sich zeitweise von seiner Familie zu distanzieren: „Wer ist meine Mutter, wer sind meine Brüder?" (Mk 3,33), fragte er provokant in Kafarnaum. Erst als er von den Toten auferstand, als er den Emmaus-Jüngern und seinem Bruder Jakobus (1 Kor 15,7) erschien, erkannten auch sie, daß er der Messias war.

Wer waren diese „Brüder Jesu"? In der ostkirchlichen Tradition hält man sie für Söhne Josephs, der ein Witwer war, aus erster Ehe und beruft sich dabei auf das apokryphe *Protoevangelium des Jakobus* aus dem frühen 2. Jahrhundert. Nach katholischer Deutung dagegen waren sie seine Cousins, was wohl wahrscheinlicher ist. Jedenfalls würden sie dann im Aramäischen und Hebräischen, wo es kein eigenes Wort für Vettern gab, ebenfalls als „Brüder" bezeichnet werden. Jesus hätte kaum seine Mutter dem Lieblingsjünger Johannes anvertraut (Joh 19,26–27), wenn sie noch Stiefsöhne gehabt hätte.

Markus zählt die Namen der Herrenbrüder als „Jakobus und Joses und Judas und Simon" (Mk 6,3) auf. Nun erwähnt Johannes, daß unter dem Kreuze Jesu neben seiner Mutter Maria auch deren „Schwester", die ebenfalls Maria hieß, stand. Diese zweite Maria – wahrscheinlich die Schwägerin der Gottesmutter – war die „Frau des Klopas" (oder Kleophas) (Joh 19,25) sowie die „Mutter des Jakobus dem Kleinen und Joses“ (Mk 40; Mt 27,56). Die frühchristlichen Autoren Clemens von Alexandrien (3. Jh.) und Hegesippus (ca. 180 n. Chr.) bezeichnen Klopas als „Bruder des Joseph“ (des Stiefvaters Jesu) und zudem als „Vater des Symeon“ oder Simon, der nach dem Tod des Jakobus die Gemeinde von Jerusalem leiten sollte. Jedenfalls stammten auch die *Brüder Jesu* aus dem *Hause Davids,* der Königsfamilie der Juden, was noch 96 n. Chr. von Kaiser Domitian so ernst genommen wurde, daß er zwei *Herrenverwandte* (nämlich Enkel des oben genannten Judas) vorladen ließ, weil er fürchtete, einer von ihnen könne einen Aufstand gegen Rom planen. Als sich herausstellte, daß sie als einfache Bauern lebten, wurden sie wieder freigelassen.

Die Apostelgeschichte läßt keinen Zweifel daran, daß die Jerusalemer Urgemeinde zwölf Jahre lang von Petrus und Johannes geleitet wurde. Petrus nahm schon zu Lebzeiten Jesu eine Führungsrolle ein, er war der Fels, auf dem die Kirche Christi errichtet werden sollte und dem „die Schlüssel des Himmelreiches“ (Mt 16,18–19) anvertraut wurden. Johannes, der jüngste der Apostel, wird als „Lieblingsjünger“ bezeichnet. Zwischen ihm und Jesus muß eine Art Meister-Schüler- oder Vater-Sohn-Verhältnis bestanden haben; er durfte beim Letzten Abendmahl zur Rechten des Gottessohnes liegen (man speiste damals auf Liegebänken), er harrte als einziger der Jünger unter dem Kreuz aus, ihm vertraute Jesus seine Mutter an. Erst als Petrus nach Rom fliehen mußte, wurde die Position des Leiters der Urgemeinde neu besetzt: Petrus bestimmte den *Herrenbruder* Jakobus zu seinem Nachfolger.

Das war gewiß eine gute Wahl, denn Jakobus stand auch bei den Juden in hohem Ansehen. Nicht einmal König Herodes Agrippa, der den gleichnamigen Johannesbruder Jakobus hinrichten und Petrus einkerkern ließ, konnte es sich politisch erlauben, gegen einen Nachkommen Davids vorzugehen; zu groß war die Gefahr, daß das Volk ihn als Märtyrer sah und gegen den illegitimen Herodianer aufbegehrte. Die Tradition beschreibt Jakobus als gesetzestreuen Juden und lebenslangen *Nasiräer,* also als Asketen. Hegesippos zufolge war er „heilig schon vom Mutterleib an. Wein und geistige Getränke nahm er nicht zu sich, auch aß er kein Fleisch. Eine Schere berührte nie sein Haupt, noch salbte er sich mit Öl oder nahm ein Bad. Jakobus allein war es gestattet, das Heiligtum zu betreten; denn er trug kein wollenes, sondern ein leinenes Gewand. Allein pflegte er in den Tempel zu gehen, und man fand ihn auf den Knien liegend und für das jüdische Volk um Verzeihung flehend. Seine Knie wurden hart wie die eines Kamels, da er ständig auf den Knien lag, um zu Gott zu beten und ihn um Verzeihung für sein Volk zu bitten. Wegen seiner hervorragenden Gerechtigkeit wurde er als ‚der Gerechte' und ‚Stütze und Halt seines Volkes' beschrieben." Auch der jüdische Historiker Flavius Josephus erwähnt „den Bruder des Jesus, der Christus genannt wird, mit Namen Jakobus", und betont, welch großer Beliebtheit er sich beim Volk erfreute. Als der jüdische Hohepriester Ananus, ein Sohn des Hannas, des Schwiegervaters von Joseph Kajaphas, ihn als unliebsamen Rivalen im Jahre 62 steinigen ließ, löste dies eine Welle der Empörung aus. Ananus war unmittelbar nach dem Tod des römischen Statthalters Festus ins Amt gekommen und hatte das Machtvakuum genutzt, um ein Exempel zu statuieren und alte Rechnungen zu begleichen. „Das aber erbitterte auch die eifrigsten Beobachter des Gesetzes", schrieb Josephus. Die einen protestierten beim König Herodes Agrippa II., andere schickten dem neuberufenen Prokurator Albinus eine Delegation entgegen, um ihn über die Situation zu informieren. Noch vor seiner Ankunft in Cäsarea sprach dieser im Namen Roms ein Machtwort und drohte Ananus „die gebührende Strafe" an. Der König schließlich enthob ihn nach nur drei Monaten seines Amtes. Als acht Jahre später Titus Jerusalem einnahm und der Tempel in Flammen aufging, sahen – so Josephus – viele Juden darin die gerechte Strafe Gottes für den hohepriesterlichen Justizmord an Jakobus.

Paulus war dem Herrenbruder schon bei seinem ersten Besuch in Jerusalem nach seiner Bekehrung im Jahre 37 begegnet (Gal 1,19). Die beiden Männer vereinte, daß sie beide erst zum Glauben fanden, als ihnen der auferstandene Christus begegnete. Das war aber auch das einzige, was sie miteinander verband. Denn Paulus, zuvor gesetzestreuer Pharisäer, war durch das Damaskus-Ereignis zu dem Schluß gekommen, daß Gott jetzt einen neuen Bund mit den Menschen geschlossen hatte, der an die Stelle des alten Bundes und der mosaischen Gesetze trat. Für Jakobus dagegen bedeutete die Auferstehung Jesu den Beginn des messianischen Zeitalters, einer Zeit der Buße und der Rückkehr zum Gesetz Gottes.

Glücklicherweise existiert neben dem Bericht des Lukas in der Apostelgeschichte noch ein zweites Zeugnis über das Apostelkonzil von Jerusalem, das aus der Feder des Paulus selber stammt. Wir finden es im 2. Kapitel des Galaterbriefes, der nur ein Jahr später verfaßt worden ist. Dabei weicht Paulus in einigen Punkten so stark von der Schilderung des Lukas ab, daß diverse Exegeten schon glaubten, er müsse sich auf ein anderes Ereignis beziehen. Doch dagegen spricht schon die Datierung. Lukas zufolge fand das Apostelkonzil nach der ersten Missionsreise von 46/47 und vor der zweiten Missionsreise von 49–51, also im Jahre 48, statt. Das Treffen mit „der Gemeinde und im besonderen den Angesehenen" in Jerusalem, auf das er sich im Galaterbrief bezieht, datiert Paulus in das 14. Jahr (Gal 2,1: „vierzehn Jahre später ging ich wiederum nach Jerusalem hinauf") nach seiner Bekehrung, also ebenfalls auf 48. Daß er zwischen seinem Jerusalembesuch im Jahre 37 und dem Apostelkonzil laut Lukas gleich zweimal zusammen mit Barnabas Spenden überbrachte, verschweigt er, denn es tut in diesem Zusammenhang nichts zur Sache. Ein separates Konzil aber von so entscheidender Bedeutung hätte er nicht unerwähnt gelassen.

Laut Lukas wurden Paulus und Barnabas feierlich von der Gemeinde in Antiochia verabschiedet. Sie wählten den Landweg „durch Phönizien und Samarien" (Apg 15,3), was für einen Termin zu Anfang des Jahres, noch im Winter, spricht. Bei ihrer Ankunft in Jerusalem wurden sie „von der Gemeinde und von den Aposteln und Ältesten" empfangen. Wir erfahren nicht, ob tatsächlich alle Zwölf anwesend waren; namentlich erwähnt werden nur Jakobus, Petrus und Johannes (Gal 2,9), die als „Säulen" des neuen Tempels Gottes galten. Zunächst berichteten Paulus und Barnabas von ihren Missionserfolgen in Syrien, auf Zypern, in Pamphylien und Galatien und stellten wohl die allesentscheidende Frage: Wie sollte weiter mit den neuen Gemeinden verfahren werden? Damit sich die Apostel und Ältesten vom Glaubenseifer der Frischbekehrten überzeugen konnten, hatte Paulus gleich einen von ihnen mitgenommen: Titus, der griechischer Abstammung war (der Tradition nach stammten seine Vorfahren aus Kreta), in Antiochia lebte und zum Glauben gefunden hatte. Einige Gemeindemitglieder, konvertierte Pharisäer, forderten: „Man muß sie beschneiden und von ihnen fordern, am Gesetz des Moses festzuhalten“ (Apg 15,5). Paulus entgegnete: „Es kommt nicht darauf an, ob einer beschnitten oder unbeschnitten ist, sondern darauf, daß er neue Schöpfung ist“ (Gal 6,15). Als daraufhin der Streit erst so richtig losbrach, ergriff Petrus das Wort. Er verwies auf seine eigene Heidenmission, auf den Traum, der ihn veranlaßt hatte, den Centurio Cornelius und seine Familie zu taufen. Gott selbst, so betonte er, habe durch die Sendung des Heiligen Geistes diese Entscheidung abgesegnet: „Er macht keinen Unterschied zwischen uns und ihnen; denn er hat ihre Herzen durch den Glauben gereinigt. Warum stellt ihr also jetzt Gott auf die Probe und legt den Jüngern (gemeint sind die Heidenchristen) ein Joch auf den Nakken …?“ (Apg 15,9–10). Schließlich pflichtete ihm auch Jakobus bei, nicht ohne die Propheten Amos und Jeremia zu zitieren: Gott wolle die „zerfallene Hütte Davids“ wieder aufrichten, aus dem Hause Davids einen Messias senden, „damit die übrigen Menschen den Herrn suchen, auch alle Völker, über denen mein Name ausgerufen wird“ (Apg 15,16–17). Nur vier Tabus sollten fortan auch für die Heidenchristen gelten: „Götzenopferfleisch, Blut, Ersticktes und Unzucht zu meiden“ (Apg 15,29). So stand es wörtlich in einem Sendschreiben, das Jakobus verfaßte und durch zwei „führende Männer unter den Brüdern“, Judas, genannt Barsabbas, und Silas, der Gemeinde von Antiochia überbringen ließ.

Im Galaterbrief ergänzt Paulus das „offizielle Protokoll“ durch ein paar persönliche Anmerkungen und Kommentare. So sei ihm „von den Angesehenen … nichts auferlegt“ worden; seine Missionsarbeit konnte so weitergehen wie bisher. Mehr noch, man hatte ihn auf eine Stufe mit Petrus gestellt, ihm fortan erlaubt zu taufen und mit den anderen Aposteln eine Art „Arbeitsteilung“ vereinbart: „Wir sollten zu den Heiden gehen, sie zu den Beschnittenen“ (Gal 2,6–9), also den Diasporajuden. Daß eine solch strikte Trennung wenig praktikabel war, da natürlich auch in den Städten der Heiden Juden lebten, wird bald zur Relativierung dieser Regel geführt haben. Trotzdem mied Paulus fortan die Missionsgebiete der anderen Apostel und konzentrierte sich, soweit es ging, auf missionarisches Neuland.

Wahrscheinlich hatte er den Vertretern der Urgemeinde in Jerusalem klargemacht, welche Vorteile der Aufbau einer Länder- und Völker überspannenden Christengemeinschaft auch für Jerusalem hätte. Ähnlich wie die Juden in der Tempelstadt von den reichen

Verwandten in der Diaspora unterstützt wurden (wie heute Israel speziell durch die amerikanischen Juden), stellte er Spenden aus den Missionsgebieten für die Armen Judäas in Aussicht. Auch dieses Angebot nahm Jakobus als erster „Bischof von Jerusalem" dankbar an.

So wurde, was zunächst nach einer Zerreißprobe für die junge Kirche aussah, zu einem weltgeschichtlichen Wendepunkt. Gemeinhin gilt das Pfingstfest des Jahres 30 als Geburtsstunde der Kirche. Doch erst auf dem Apostelkonzil 18 Jahre später entwuchs sie den Kinderschuhen, stellte sie sich auf eigene Füße, wurde sie erwachsen. Was als Sonderweg des messianischen Judentums begonnen hatte, erschien jetzt als die Keimzelle einer weltumspannenden Gemeinschaft. Das Christentum war zu einer eigenständigen Religion geworden. Während das Judentum einem einzigen Volk das Heil versprach, richtete sich das Evangelium an alle Völker. Was folgte, war ein oft schmerzhafter Abnabelungsprozeß. Doch er war notwendig. Ohne ihn hätte man die große jüdische Krise nach der Zerstörung Jerusalems 22 Jahre später, der gleich zwei jüdische „Parteien", die Sadduzäer und die Essener, zum Opfer fielen, vielleicht nie überstanden.

So aber waren es Christen, die auf den Ruinen Jerusalems ein erstes Gotteshaus errichteten, während ihr Betreten Juden bei Todesstrafe untersagt war. Die Urgemeinde folgte einer Vision des *Herrenbruders* Simon oder Symeon, der nach der Hinrichtung des Jakobus sein Amt übernommen hatte, und verließ im Jahre 64, kurz vor Ausbruch des Jüdischen Aufstands, die Stadt. Nur drei Jahre nach ihrer Zerstörung durch die Römer, 73 n. Chr., kehrte sie zurück, um den Zionsberg neu zu besiedeln und auf den Ruinen des Abendmahlssaales ein Bethaus zu bauen.

Durch die Entscheidung von Jerusalem hatte die frühe Kirche den Schritt in die *Globalisierung* gewagt. Sie war jetzt wirklich *katholisch,* d. h. *allumfassend,* geworden. Doch sie hatte sich gleichzeitig von ihren Wurzeln entfernt. War der *Weg Christi* jetzt für Heiden eher begehbar, wurde er für strenggläubige Juden zur Provokation. Wie weit man sich vorgewagt hatte, wurde speziell Petrus erst bewußt, als auch er ein paar Monate später nach Antiochia kam, wohl beeindruckt von den Berichten über die Missionserfolge in der syrischen Metropole. Fast sieben Jahre, so weiß die Tradition, also von 48 bis 54, wirkte er als erster Bischof von Antiochia, bevor er nach Korinth in Griechenland ging, wo Paulus ebenfalls den Boden bereitet hatte.

Der *antiochenische Zwischenfall,* wie ihn die Kirchengeschichte nennt, muß Lukas so peinlich gewesen sein, daß er ihn ganz verschweigt. Nur Paulus selbst nimmt, sehr viel zeitnäher, im Galaterbrief ausführlich Stellung. Am Orontes eingetroffen, wird sich Petrus zunächst darum bemüht haben, die gespaltene Gemeinde zu einigen. Jedenfalls unterhielt er gute Beziehungen zu beiden Seiten, Juden- wie Heidenchristen. So speiste er auch „zusammen mit den Heiden" (Gal 2,12), was eigentlich die *Torah* einem Juden untersagte, weil die Gefahr bestand, sich durch nichtkoscheres Essen kultisch zu verunreinigen. Erst als eine Delegation aus Jerusalem – „Leute aus dem Kreis um Jakobus", wie Paulus ausdrücklich vermerkt – eintraf, änderte er sein Verhalten schlagartig: Er zog sich „von den Heiden zurück und trennte sich von ihnen, weil er die Beschnittenen fürchtete" (Gal 2,12). Andere, darunter selbst Barnabas, folgten seinem Beispiel. Paulus, der das Herz stets auf der Zunge trug, aufbrausend und kompromißlos wie immer, stellte ihn schließlich öffentlich zur Rede, warf ihm Inkonsequenz vor, bezichtigte ihn der Heuchelei. Die Anerkennung *des Weges* als eigenständige Strömung im Judentum sei ihm wohl wichtiger als das Prinzip, warf er ihm vor.

Hatte Petrus tatsächlich einen Rückzieher gemacht? Wir wissen aus den Evangelien, daß er oft genug die offene Konfrontation scheute, nicht immer Rückgrat bewies. Doch hier legte er etwas an den Tag, was Paulus zeitlebens fehlte: Diplomatie. Er vermied einfach jede Provokation, wollte verhindern, daß der „vorkonziliare" Streit wieder entflammt. Vielleicht sah er auch ein, daß er mit seinem liberalen Verhalten in Antiochia zu weit vorgeprescht war. In Jerusalem hatte man ihn mit der Judenmission betraut, und schon deshalb hatte er sich so zu verhalten, daß er bei Juden keinen Anstoß erregte. Nichts hätte dem Christentum so sehr geschadet wie der Eindruck, es wäre eine Sekte abgefallener Juden; ein Vorwurf, der schließlich 15 Jahre später Jakobus das Leben kosten sollte.

Paulus aber hielt nichts von Kompromissen. Enttäuscht von Petrus, den er zuvor als Vorbild empfunden hatte, zog es ihn in die Ferne. Er hatte gehört, daß Judenchristen aus Jerusalem, die von allen Christen die Beschneidung verlangten, in seine jungen Gemeinden in Galatien gekommen waren, also nach Antiochia in

Pisidien, Ikonion, Lystra und Derbe. Sofort schrieb er, um sie zu warnen und seinen Standpunkt zu vertreten, seinen ältesten uns erhaltenen Brief, den *Galaterbrief*. Er muß unmittelbar nach der Konfrontation und vor dem Aufbruch zu seiner zweiten Missionsreise, also wahrscheinlich Anfang des Jahres 49, entstanden sein, denn er erwähnt nur einen einzigen Besuch in der Provinz Galatien (Gal 4,13). Dann entschied er sich, persönlich hinzureisen, um jene, die ihm am Herzen lagen, wieder auf den rechten Weg zu bringen. Barnabas wäre gerne mitgekommen, doch er wollte auch Markus dabeihaben. Paulus weigerte sich und erwählte Silas aus Jerusalem, der wie er römischer Bürger war und den Beinamen *Silvanus* trug, zu seinem neuen Begleiter.

Die Tatsache, daß er sich ausgerechnet einen der beiden „Botschafter“ des Jakobus und „führenden Männer unter den Brüdern“ (Apg 15,22) zum Begleiter wählte, zeigt, daß es keineswegs zu einem Bruch mit Jerusalem gekommen war. Im Gegenteil, vielleicht hoffte Paulus, auch seine Kritiker zu überzeugen, würden sie erfahren, welche Wunder der Heilige Geist durch ihn wirkt. So zog er, zuvor noch mit dem Segen der Gemeinde von Antiochia versehen, los. Diesmal wählte er den Landweg durch Syrien und Zilizien über den Taurus.

Es muß Sommer gewesen sein, denn von Cicero wissen wir, daß die Zilizische Pforte, der Weg durch das Gebirge nach Norden neben der Schlucht des Kestras-Flusses, erst ab Juni passierbar war. Sie gehörte zu den längsten und schwierigsten Pässen der Welt, an einigen Stellen nur wenige Meter breit. Nur ein schmaler Spalt zwischen den beiden Steinwänden der Klamm ließ etwas Tageslicht hindurch. Paulus und Silas müssen aufgeatmet haben, als sie, durchnäßt und durchfroren, endlich die staubiggraue anatolische Hochebene erreichten, die Straße nach Derbe vor ihnen lag.

In Lystra, ihrer zweiten Station, schloß sich ihnen Timotheus an. Im Haus seiner Mutter Eunike, einer Jüdin, war bereits die erste Christengemeinde von Lystra entstanden. Bei ihr werden Paulus und Silas gewohnt haben. Doch bevor sie ihn mitnahmen, bestanden Paulus und Silas darauf, daß Timotheus sich beschneiden ließ (Apg 16,3). Was auf den ersten Blick wie ein Rückzieher des Völkerapostels aussieht, war in Wirklichkeit eine kluge Strategie. Denn Timotheus war durch seine Mutter bereits Jude, auch wenn sein Vater Grieche war. So konnte Paulus den Juden zeigen, daß er keineswegs aus Prinzip Gegner der Beschneidung war; nur die Heidenchristen sollten von dieser Hürde befreit werden. Ausdrücklich erwähnt Lukas, daß der Völkerapostel allen Neubekehrten „die von den Aposteln und den Ältesten in Jerusalem gefaßten Beschlüsse“ überbrachte und „ihnen auftrug, sich daran zu halten“ (Apg 16,4). Als er alle seine Gemeinden „im Glauben gestärkt“ hatte, suchte Paulus nach einem neuen Missionsgebiet. Zuerst wollte er in die Provinz Asia, wahrscheinlich in ihre Hauptstadt, nach Ephesus. Doch das wurde ihm, wie Lukas betont, „vom Heiligen Geist verwehrt“. Also durchzog er, „an Mysien entlang“, das phrygische Hochland im Nordwesten Galatiens auf der alten „Königsstraße“. Doch auch die Weiterreise nach Bithynien „erlaubte ihnen der Geist Jesu nicht“ (Apg 16,6–7). Vielleicht erfuhren Paulus und Silas, daß in beiden Provinzen bereits andere Apostel wirkten; schließlich hatte man in Jerusalem strikte „Arbeitsteilung“ vereinbart. Auf jeden Fall hatte der Heilige Geist mit ihnen andere Pläne.

So erreichten sie Troas, wo Paulus, ermutigt durch eine Vision, seine folgenschwerste Entscheidung fällte. Er brachte das Evangelium nach Griechenland und begründete eine Zivilisation – das christliche Europa!

IX. Philippi: Wie das Christentum nach Europa kam

Als der Perserkönig Xerxes 480 v. Chr. gegen Griechenland zog, unterbrach er den Aufmarsch seines Heeres vor den Ruinen des antiken Troja, um seinen Göttern 1000 Ochsen zu opfern. 334 v. Chr. kam Alexander der Große auf seinem Weg nach Asien an Troja vorbei, nachdem er mit 42.000 Männern den Hellespont überquert hatte; auch er hielt hier inne, um an den Gräbern des Achilles und des Patroklos zu opfern. Einer der Erben seines Reiches, Antigonos, errichtete auf den Überresten der sagenhaften Stadt einen Athenatempel. 25 Kilometer südlich aber gründete er 310 v. Chr. eine neue Stadt, die er zunächst *Troas Antigonos* nannte; sein Nachfolger Lysimachos änderte ihren Namen in Erinnerung an den großen Mazedonier in *Alexandria Troas* um. Troas ist der Name der uralten Kulturlandschaft an der Küste der Dardanellen, deren Hauptstadt einst *Ilium,* das mythische Troja, war.

Ihre verkehrstechnisch günstige Lage an der Grenze zweier Kontinente und an einem Seeweg, der zwei Meere miteinander verband, verhalf der Stadt bald zu ihrem Aufstieg. Von ihrem Hafen aus ließ sich Rom gleich auf zweierlei Weise erreichen – auf dem Seeweg um Griechenland herum, aber auch durch eine Kombination von See- und Landwegen. Schließlich bestand ein regelmäßiger Pendelverkehr zum mazedonischen Neapolis (heute: Kavalla), wo die *Via Egnatia* ihren Anfang nahm. Sie durchquerte Mazedonien und Illyrien bis nach Dyrrhachion an der Adria. Von dort aus gab es einen Pendelverkehr nach Brundisium, dem heutigen Brindisi, wo die *Via Appia* begann, die berühmteste Straße in die Hauptstadt der antiken Welt.

Obwohl Troas nie vollständig ausgegraben wurde, zeugen freistehende Ruinen – so etwa die Bögen der Thermen des Herodes Atticus – noch immer von seinem einstigen Glanz. Gleich zweimal wäre es fast zum Mittelpunkt der Welt geworden: Erst Cäsar und später Konstantin der Große spielten mit dem Gedanken, die strategisch so günstig gelegene Stadt zu ihrer Hauptstadt zu machen. Ihr Niedergang begann mit einem schweren Erdbeben im Jahre 267 n. Chr. Als die Türken im 14. Jahrhundert über das Land herfielen, nannten sie die Ruinen von Troas, die ihnen bald als Steinbruch dienten, *Eski Stambul,* das alte Istanbul.

Paulus, Silas und Timotheus trafen in Troas einen alten Bekannten aus Antiochia, den Arzt (siehe Kol 4,13) Lukas, der in seiner Heimat zum Glauben gefunden hatte. Viele Ärzte zogen damals von Stadt zu Stadt, um ihre Heilkünste anzubieten, und Lukas muß ein solcher Wanderarzt gewesen sein. Daß er sich in Troas dem Trio anschloß, erkennt man daran, daß der Autor der Apostelgeschichte plötzlich als „Wir"-Erzähler auftritt. Seine Schilderungen aus der Perspektive eines Beteiligten sind so lebensnah und detailreich, wie man es von einem Augenzeugen erwartet.

Obwohl Paulus immer wieder nach Troas zurückkehrte, zeugt dort rein gar nichts mehr von seinem Wirken. Das ist wenig verwunderlich, denn nur ein kleiner Teil dieser einst so wichtigen antiken Stadt wurde bislang ausgegraben. Der Großteil der Ruinen aber ist von Unkraut überwuchert.

Hier, am äußersten Nordwestende Asiens, hatte Paulus einen Traum. Ein Mazedonier erschien ihm und bat ihn: „Komm herüber nach Mazedonien, und hilf uns!" (Apg 16,9). Am nächsten Morgen wußte er, daß Gott ihm ein Zeichen gegeben hatte. Es war sein Auftrag, fortan auch in Europa das Evangelium zu verkünden. „So brachen wir von Troas auf und fuhren auf dem kürzesten Weg nach Samothrake und am folgenden Tag nach Neapolis", berichtet Lukas (Apg 16,11). Ein günstiger Südostwind machte die schnelle Überfahrt erst möglich.

Bei klarem Wetter ist der majestätische Höhenzug des heiligen Berges Athos, der heute nur von Mönchen besiedelt ist, von der Küste Kleinasiens aus zu sehen. Was dieser Berg heute den Christen bedeutet, war für die Heiden der Antike der Gipfel der *heiligen Insel* Samothrake. Dort, in einem Waldtal, lag das Heiligtum der *Großen Götter,* der *Kabiren,* eine Mysterienstätte, die zahlreiche Pilger anzog. Doch statt hier zu predigen, übernachteten die vier Missionare bloß auf dem Eiland. Ihr Ziel war Neapolis (Kavalla), der wichtigste Hafen des nördlichen Mazedoniens. Während die Stadt ihren heutigen Namen einer Station des türkischen Pferdepostdienstes verdankt, nannten die Byzantiner sie *Christopolis,* die

Stadt Christi. Denn mit Paulus erreichte das Evangelium erstmals das griechische Festland.

Noch heute wird Kavalla von seinem Hafen geprägt, um den sich, einem griechischen Theater gleich, in Terrassen verwinkelte Häuser scharen. Auf seiner Uferpromenade liegen Fischernetze, im klaren Hafenwasser schaukeln kleine Boote, benannt nach griechischen Heiligen. An den Apostelbesuch erinnert noch die *Hagios Nikolaos-Kirche,* die vor der Türkenzeit dem hl. Paulus geweiht war, in der Nähe des Hafens. Hinter ihr sind die Überreste einer antiken Säulentrommel in den Bürgersteig eingelassen. Der Überlieferung nach markieren sie die Stelle, an der die vier Missionare europäischen Boden betraten.

Wie die meisten Reisenden, die in Neapolis an Land gingen, schlug auch das apostolische Quartett den Weg über die *Via Egnatia* ein. Sie führte zunächst über das *Pangaion*-Gebirge, das in der Antike für seine Goldminen bekannt war, dann hinab in ein fruchtbares, damals noch dicht bewaldetes Tal. Sein Holz war für die Menschen, die hier lebten, fast so wertvoll wie Edelmetall, denn Holz brauchte man zum Schiffbau, und auf den war Griechenland in Krieg und Frieden gleichermaßen angewiesen.

Nach einem halben Tagesmarsch erreichten sie Philippi, „eine Stadt im ersten Bezirk von Mazedonien, eine Kolonie", wie Lukas schreibt (Apg 16,12). Reste der alten Römerstraße sind noch heute erhalten, ebenso Brücken, die kurz vor der Stadt über ein Sumpfgebiet führten. Die moderne Autostraße, die ich benutze, verläuft parallel zu ihr.

Philippi wurde 358 v. Chr. von Philipp II. von Mazedonien, dem Vater Alexanders des Großen, gegründet. Er befestigte die Stadt und machte sie zum Ausgangspunkt seiner Feldzüge gegen die Thraker. 168 v. Chr. wurde sie von den Römern besetzt. Doch weltgeschichtliche Bedeutung erlangte Philippi erst, als hier 42 v. Chr. die Truppen Oktavians und Mark Antons die Legionen der Mörder Cäsars, Brutus und Cassius, schlugen. Damals wurde an den Ufern des Flusses Gangites (jetzt: Zigakti), der heute durch üppige Tabakplantagen fließt, ein neues Zeitalter geboren. Nach der verlorenen Schlacht begingen die Cäsarenmörder Selbstmord, während die Sieger Philippi zu einer römischen Stadt erklärten. Seitdem wurde in der *Colonia Augusta Julia Philippiensis,* wie es jetzt offiziell hieß, Latein gesprochen, galt Steuerfreiheit und das römische Recht. Fortan wurden hier Veteranen der römischen Legionen angesiedelt.

Glücklicherweise wurde Philippi in späteren Jahrhunderten nie überbaut. So konnte die antike Stadt von Experten des *Französischen Archäologischen Institutes* in Athen fast vollständig ausgegraben werden. Ich parke meinen Mietwagen am Straßenrand und betrete das Ruinenfeld durch die Überreste des Osttores, das einst *Neapolis-Tor* hieß und durch das auch Paulus und seine Männer gekommen sein müssen. Zu meiner Rechten erhebt sich zu Füßen eines kahlen Hügels das antike Theater, das noch aus der Zeit Philipps II. stammt. Links erkenne ich die Ruinen der römischen Thermen, an die sich das Forum und eine Markthalle anschließen. Sie werden überragt von den beeindruckenden Mauern einer frühchristlichen Basilika aus dem 4. Jahrhundert.

Ein Stück vom Westtor Philippis, dem *Krenides-Tor,* entfernt, jenseits der Ruinen eines antiken Friedhofs, erhebt sich, von dürren, winterkahlen Bäumen umgeben, eine kleine griechisch-orthodoxe Taufkapelle. Hier, am Ufer des Gangites, dessen Wasser ein Jahrhundert zuvor rot vom Blut der Gefallenen war, soll im Herbst des Jahres 49 die erste Griechin getauft worden sein.

Offenbar lebten nur wenige Juden im antiken Philippi; nicht einmal jene zehn Männer, die benötigt wurden, um eine Synagoge zu gründen. Nur zwei Grabsteine, die man in den Ruinen fand, tragen jüdische Namen; sie stammen aus nachpaulinischer Zeit. In der Hoffnung, trotzdem auf Glaubensbrüder zu treffen, gingen Paulus und seine Begleiter am *Schabat* „durch das Stadttor hinaus an den Fluß, wo wir eine Gebetsstätte vermuteten" (Apg 16,13). Schließlich kannten sie die Gewohnheiten ihrer Landsleute. Wenn es in einer Stadt keine Synagoge gab, trafen sich die Juden an einer *Proseuché,* einer provisorischen Gebetsstätte. Eine solche lag gewöhnlich an einem Fluß, denn dort konnten die rituellen Reinigungen vorgenommen werden, die das Gesetz des Moses vorschreibt. Und tatsächlich fanden sich dort einige Frauen ein, mit denen Paulus und seine Freunde ins Gespräch kamen. Eine von ihnen war „eine Frau namens Lydia, eine Purpurhändlerin aus der Stadt Thyatira", die ausdrücklich nicht als Jüdin, sondern als *Gottesfürchtige* bezeichnet wird. Die Geschäftsfrau war von den Worten des Paulus so tief bewegt, daß sie sich mitsamt ihrem Haushalt – also wahrscheinlich ihren zahlreichen Sklaven – taufen ließ. Als energische

Unternehmerin duldete sie keinen Widerspruch, und so ließ sie den vier Missionaren gar keine andere Wahl, als gleich auch bei ihr einzuziehen. Paulus wußte wohl, daß es manchmal klüger ist, sich dem Willen einer starken Frau zu beugen.

Daß ausgerechnet der erste Täufling des Völkerapostels, den wir namentlich kennen, zudem noch die erste Christin auf griechischem Boden, eine Frau ist, läßt uns aufhorchen. Gilt der Völkerapostel nicht gemeinhin als „Frauenfeind"? Schrieb er nicht in seinen Briefen „Ihr Frauen, ordnet euch euren Männern unter" (Kol 3,18) und „die Frauen (sollen) in der Versammlung schweigen" (1 Kor 14,34)? Wer das Paulus vorwirft, vergißt allerdings schnell, daß die erste Forderung doch nur aus dem *Buch Genesis* und damit aus der *Torah* abgeleitet ist („Du hast Verlangen nach deinem Mann; er aber wird über dich herrschen", Gen 3,16), und die zweite aus der jüdischen Synagogenordnung stammt, die den Christen bei der Organisation der ersten Kirchen als Vorbild diente. In beiden Fällen dachte Paulus also durch und durch jüdisch. Andererseits handelte er oft genug ganz anders. Immer wieder besetzte er verantwortungsvolle Positionen in den jungen Gemeinden mit Frauen. Obwohl er zeitlebens im Zölibat lebte, hätte er am liebsten eine weibliche Reisebegleitung gehabt, verzichtete aber darauf, um einen Skandal zu vermeiden, und klagte dann im 1. Korintherbrief: „Haben wir nicht das Recht, eine gläubige Frau mitzunehmen, wie die übrigen Apostel und die Brüder des Herrn und wie Kephas?" (9,5), die allerdings schon verheiratet waren, als sie ihre Berufung empfingen. Sein Verhältnis zu Frauen war jedenfalls ganz unverkrampft, denn er wußte, daß die befreiende Botschaft Jesu vor Gott alle Menschen gleich werden ließ.

Lydia, die wahrscheinlich verwitwet war, muß eine wohlhabende Frau gewesen sein, denn das Purpur, mit dem sie handelte, war in der Antike kostbarer als Gold. Nur der Kaiser und die Senatoren Roms durften purpurgesäumte Gewänder tragen, eine Regel, an die sich jedoch speziell in den Provinzen kein Neureicher hielt. So blühte der Handel mit dem ursprünglich farblosen Sekret aus den Kiemendrüsen der Purpurschnecke, das sich erst unter Einwirkung von Luft und Licht purpurn verfärbt. Noch heute zeugen ganze Müllhalden voller Schneckenhäuser, wie man sie etwa in der Phönizierstadt Sidon fand, von der geradezu industriellen Purpurgewinnung der Antike. Thyatira, das heutige Akhisar in der Türkei, galt als ein weiteres Zentrum des Purpurhandels. Inschriftenfunde belegen, daß es im 1. Jahrhundert über eine beachtliche jüdische Gemeinde und eine große Anzahl von *Gottesfürchtigen* und *Proselyten* verfügte. Daß seine Bürger bis nach Philippi kamen, beweist eine Inschrift, die Professor Mertzides 1872 in den Ruinen der antiken Stadt entdeckte: „Die Stadt ehrt unter den Purpurhändlern einen hervorragenden Bürger, Antiochus, den Sohn des Lykus, einen Bürger der Stadt Thytira, als Wohltäter".

Nach der örtlichen Tradition lag das Haus der Lydia dort, wo sich heute das nach ihr benannte Dorf befindet, einige hundert Meter westlich der antiken Stadt, unweit der *Via Egnatia* und einen Fußweg von der Taufkapelle entfernt. Die Taverne *Lydia* erhebt sogar den Anspruch, die Stelle zu markieren. Archäologen dagegen verweisen gerne auf ein Gebiet östlich des Ausgrabungsgeländes, wo sie die Überreste römischer Villen aus dem 1. Jahrhundert freilegen konnten. Auch dort, gleich außerhalb des *Neapolis-Tores,* zog sich einst ein Fluß, von dem heute noch ein ausgetrocknetes Flußbett zeugt. Direkt an seinen Ufern stieß der Archäologe S. Pelekanides im Jahre 1956 auf die Grundmauern einer dreischiffigen Basilika aus dem 4. Jahrhundert. Offenbar lokalisierten die frühen Christen Philippis die Taufstelle der Lydia also vor dem Osttor der Stadt.

Vor dem Westtor dagegen fanden die Ausgräber zwar einzelne Gebäudereste, vor allem aber antike Gräber und keinerlei Hinweis auf ein frühchristliches Heiligtum. Da den Juden Friedhöfe als unrein galten, ist es auch eher unwahrscheinlich, daß sie hier ihre Gebetsstätte hatten. Doch das hinderte den griechisch-orthodoxen Erzbischof von Philippi, Neapolis und Thassos, Alexandros, nicht, hier 1972 die moderne „Taufkapelle der heiligen Lydia" zu errichten, deren eindrucksvolle Glasfenster den Völkerapostel und seinen ersten Täufling zeigen. Jedes Jahr am 20. Mai, dem Festtag der hl. Lydia, kommen Tausende Pilger. Hinter der Kapelle führen Treppen hinab zum Zigakti, den die Griechen liebevoll *kleiner Jordan* nennen. Umgeben von hohen, schattenspendenden Bäumen umfließt er sprudelnd eine kleine Insel, auf der ein schneeweißer Altar steht. In den Fluß führen moderne Stufen; noch heute tauft hier die griechisch-orthodoxe Kirche unter freiem Himmel erwachsene Gläubige. Es ist ein würdiger, ein heiliger Ort, der uns den Geist des Völkerapostels spüren läßt, ob er nun hier taufte oder nicht.

In den nächsten Wochen zog es Paulus und seine Begleiter jeden *Schabat* an die *Proseuché* der Juden, bis ihr Schicksal eben dort eine unerwartete Wende nahm. Lukas berichtet: „Als wir einmal auf dem Weg zur Gebetsstätte waren, begegnete uns eine Magd, die einen Wahrsagegeist hatte und mit der Wahrsagerei ihren Herren großen Gewinn einbrachte. Sie lief Paulus und uns nach und schrie: Diese Menschen sind Diener des höchsten Gottes; sie verkünden euch den Weg des Heils. Das tat sie viele Tage lang. Da wurde Paulus ärgerlich, wandte sich um und sagte zu dem Geist: Ich befehle dir im Namen Jesu Christi: Verlaß diese Frau! Um im gleichen Augenblick verließ er sie“ (Apg 16,16–18).

Die Frau war keine Jüdin, noch nicht einmal *gottesfürchtig;* der Begriff, den Lukas benutzt – *theos hypsistos* – bezeichnet im griechisch-heidnischen Kontext Zeus. Der Titel ist lokal bezeugt; wir finden ihn etwa auf einer zwischen 38 und 45 n. Chr. entstandenen Inschrift, die unweit von Philippi entdeckt wurde. Auch der Begriff „Weg des Heils“, *Soteria,* war aus den Mysterienreligionen der Antike bekannt. So drohte hier ein gefährlicher Synkretismus, worauf Paulus, gewiß leicht entnervt, reagieren mußte.

Der Exorzismus hatte seine Folgen. Denn die Griechen schätzten Wahrsagerei; die Besessenheit durch einen „Wahrsagegeist“ – wörtlich heißt es im Urtext: einem *Python* – galt als besondere Gabe. Nicht umsonst läßt der Name Assoziationen mit dem berühmten Orakel von Delphi aufkommen, wo einst Apollon den Drachen Python tötete und wo die Seherin *Pythia* als sein Medium mit dunklem Raunen die Fragen der Ratsuchenden beantwortete. Die Römer waren skeptischer und vermuteten Bauchrednerei – so Plutarch, wenn er schrieb, denselben Begriff wie die Apostelgeschichte benutzend: „Es ist einfältig und geradezu kindisch zu glauben, daß der Gott selbst, wie die Bauchredner, die man früher Euykleis nannte, jetzt aber Python nennt, in die Körper der Propheten eingeht und aus ihnen spricht …“ Paulus als gläubiger Jude dagegen glaubte an das Wirken der Geister, wußte aber auch, daß magische Praktiken nach dem mosaischen Gesetz verboten waren, wo es heißt: „Wenn in einem Mann oder in einer Frau ein Totengeist oder Wahrsagegeist ist, so sollen sie getötet werden“ (Lev 20,27). Als Christ bevorzugte er nach dem Vorbild Jesu eine andere Methode: Er trieb den „unreinen Geist“ einfach aus.

Doch eben das erregte den Unwillen der Männer, die mit der weissagenden Sklavin viel Geld verdient hatten. Obwohl diese Form der Wertminderung in keinem Gesetzbuch Erwähnung fand, schleppten sie Paulus und Silas vor Gericht, um sie zumindest mit einer anderen Anklage zu belasten: „Diese Männer bringen Unruhe in unsere Stadt. Es sind Juden, sie verkünden Sitten und Bräuche, die wir als Römer weder annehmen können noch ausüben dürfen" (Apg 16,20–21).

Der Markt – das *Forum* – mit den „Stadtbehörden", die Lukas erwähnt, ist längst ausgegraben. Er befindet sich in der Südhälfte der Stadt, die durch die West-Ost-Achse der *Via Egnatia* geteilt war. Zwar stammt der Großteil der heute sichtbaren Bauwerke aus dem 2. Jahrhundert, doch kann angenommen werden, daß sie nur ältere Bauten mit gleichen Funktionen ersetzten. Die Gebäude der Stadtverwaltung im Westen, die Säulenhalle *(Stoa)* im Süden und ein Einkaufszentrum, das der Bibliothek vorgelagert war, im Osten umgaben einen 100 Meter langen und 50 Meter breiten, rechteckigen Platz, der mit Marmorplatten ausgelegt war. Zwei Passagen an der Nordseite stellten eine Verbindung zur Hauptstraße, eben der *Via Egnatia,* her. In der Mitte des Platzes befindet sich noch heute ein 8,60 mal 4,35 Meter großes Podest, die *Bema* (griech.: „Stufe). Auf dieser Tribüne, die ihr Gegenstück in der *Rostra* auf dem römischen Forum hatte, sprachen die Redner zum Volk, wurden öffentliche Bekanntgaben verlesen, wurde Gericht gehalten. Hier müssen Paulus und Silas angeklagt worden sein.

Die Beschuldigung, sie seien jüdische Unruhestifter, ergibt nur einen Sinn, wenn man sie im historischen Kontext betrachtet. Denn im Römischen Reich galt das Judentum als *Religio licita,* als staatlich zugelassene Religion; normalerweise wurde niemand behelligt, nur weil er Jude war. Doch der Vorfall ereignete sich irgendwann zu Ende des Jahres 49. Im selben Jahr hatte Kaiser Claudius die Juden aus Rom ausgewiesen, weil es zu Unruhen gekommen war.

Von diesem Vorfall berichtete der römische Historiker und Archivar Sueton (70–130) gut 70 Jahre später in seinen *Kaiserviten:* „Claudius vertrieb die Juden aus Rom, da sie auf Antrieb des Chrestus beständig Unruhe stifteten" (Claud. 25,4). Über diese Worte ist viel gerätselt worden. Zwar ist *Chrestus,* „der Nützliche", ein, wenn auch nicht gerade häufiger, römischer Name gewesen, der gerne auch Sklaven verliehen wurde. Doch da kein jüdischer

Aufwiegler dieses Namens bekannt ist, vermutet die Mehrheit der Historiker, daß Sueton *Christus* gemeint haben muß. Die Verfasser der Kanzleiakten, aus denen er seine Informationen überwiegend bezog, hatten wohl *Chrestus* einfach für das lateinische Äquivalent des griechischen *Christos* gehalten, ohne näher über seine Bedeutung zu sinnieren. Wann aber kam es wegen Christus zu Unruhen in der jüdischen Gemeinde Roms? Da Sueton leider auf Zeitangaben verzichtet, müssen wir auf andere Quellen zurückgreifen. So erwähnt Cassius Dio, ein Geschichtsschreiber des frühen 3. Jahrhunderts, daß Claudius bereits in seinem ersten Regierungsjahr, also 41 n. Chr., den Juden ein Versammlungsverbot auferlegte, da „ihre Vertreibung aus Rom unweigerlich zu Tumulten geführt hätte" (LX,6). Obwohl ein Versammlungsverbot eben keine Vertreibung ist, behaupten einige Exegeten, Sueton und Cassius Dio bezögen sich auf das gleiche Ereignis. Dagegen erklärte der Historiker Paulus Orosius, der seine *Historiae adversus paganos* um 417/18 veröffentlichte: „In seinem neunten Jahr wurden die Juden nach dem Bericht des Josephus aus der Stadt Rom vertrieben", was das Ereignis ziemlich exakt in den Zeitraum zwischen dem 25. Januar 49 und dem 24. Januar 50 datieren würde.

Obwohl in den uns erhaltenen Schriften des Flavius Josephus ein solcher Hinweis fehlt, erscheint dieses Datum realistischer. Denn tatsächlich zeigte sich Claudius in seinen ersten Jahren den Juden gegenüber äußerst tolerant. Er ließ ihren König Herodes Agrippa in seine Heimat zurückkehren und Judäa regieren, das bislang von römischen Präfekten verwaltet wurde. Er schrieb an die Juden Alexandrias und bestätigte ihnen ihre alten Privilegien, ohne auch nur Mißstimmungen in Rom anzudeuten. Noch im November 42 versicherte er ihnen in einem Sendschreiben, von dem 1921 eine Abschrift auf Papyrus entdeckt wurde, seine Freundschaft und Verbundenheit. Erst Jahre später verschärfte sich der Ton.

Wir können nur spekulieren, ob vielleicht der Rundbrief des Jakobus nach dem Apostelkonzil von Jerusalem zu Konflikten zwischen Juden und Judenchristen geführt hat. Vom Zeitpunkt her ist das durchaus möglich. Auch die Apostelgeschichte erwähnt das Claudius-Edikt in Zusammenhang mit den beiden Judenchristen Aquila und Priszilla, die gerade „vor kurzem aus Italien gekommen" waren, als Paulus im Spätsommer des Jahres 50 in Korinth eintraf. Lukas wörtlich: „Claudius hatte nämlich angeordnet, daß alle Juden Rom verlassen mußten" (Apg 18,2). Wobei mit „alle Juden" wohl kaum die komplette, 50.000 Mann starke jüdische Gemeinde Roms gemeint war, sondern vielleicht nur jene, die kein römisches Bürgerrecht besaßen.

Den „obersten Beamten" von Philippi – gemeint sind die *Duoviri* („Zwei Männer") oder *Praetores,* die der römischen *Colonia* vorstanden – waren die Vorgänge in Rom mit Sicherheit bekannt. So genügten die Stichworte „Juden" und „Unruhen", vielleicht noch der Hinweis, daß es auch hier um Botschaften dieses Chrestus ging, um dem Vorbild der Hauptstadt zu folgen und hart durchzugreifen. Ohne daß ihnen auch nur die Chance gegeben wurde, sich zu verteidigen, ließen die Prätoren Paulus und Silas „die Kleider vom Leib reißen und befahlen, sie mit Ruten zu schlagen". Das heißt, daß die *Liktoren* ans Werk gingen, die beiden Vollstreckungsbeamten, die den *Duumvirn* beigestellt waren und als Zeichen ihres Amtes die *Fasces,* das Rutenbündel (und in Rom auch das Henkersbeil), trugen. Dann, nach „vielen Schlägen" (Apg 16,22–23), warf man sie ins Gefängnis.

Das Gebäude, das seit ältester Zeit als „Gefängnis des Paulus" verehrt wird, ist eine alte Zisterne auf der anderen Seite der *Via Egnatia.* Seine Nähe zum Forum ist wenig erstaunlich; der römische Architekt Vitruvius schreibt, daß antike Gefängnisse gewöhnlich unweit der Foren gebaut wurden. Ich klettere über antike Mauern und erreiche das vom Einsturz bedrohte Gemäuer, dessen Zugang durch einer Gittertür geschützt ist. Tatsächlich besteht es, wie es in der Apostelgeschichte heißt, aus zwei Räumen, einem Vorraum und dem „inneren Gefängnis" (16,24). An seinen Wänden waren einst Ketten befestigt, an denen schon andere Gefangene lagen. Um zu verhindern, daß Paulus und Silas flohen, schloß der Gefängniswärter ihre Füße in einen schweren Holzblock.

Während ihre blutigen Rücken noch höllisch schmerzten, stimmten die beiden Missionare Loblieder an und priesen Gott, als plötzlich, etwa um Mitternacht, ihre Gebete unterbrochen wurden: Ein Erdbeben, nicht selten in dieser Region, erschütterte die Stadt, ließ die Grundmauern des Gefängnisses wanken, seine Türen, die nur durch einen Bolzen verschlossen waren, aufspringen, die Ketten von den zerberstenden Wänden fallen. Als der Gefängniswärter aufwachte und die offenen Türen sah, wollte er sich in sein Schwert stürzen; nach römischem Recht haftete er mit seinem Leben für die sichere Verwahrung der Gefangenen.

„Tu dir nichts an! Wir sind alle noch da" (Apg 16,28), rief Paulus ihm zu, bevor auf das äußere Beben eine innere Erschütterung folgte. Zitternd und zu Tränen gerührt leuchtete der Wärter mit einer Fackel in die Zelle, und als er sah, daß der Apostel die Wahrheit sagte, fiel er vor Dankbarkeit und Erleichterung auf die Knie. Noch in derselben Nacht ließ er sich und seine ganze Familie von Paulus taufen. Dann wusch er den beiden Missionaren die Striemen, führte sie in seine Wohnung hinauf und ließ sie fürstlich bewirten.

Am nächsten Morgen standen bei ihm die *Liktoren* vor der Tür und überbrachten die Anweisung der *Duumvirn,* Paulus und Silas unverzüglich freizulassen. Immerhin hatten sie ihre Strafe, eine öffentliche Auspeitschung und eine Nacht im Kerker, ja erhalten. Jetzt sollten sie nur noch aus der Stadt verschwinden. Doch Paulus weigerte sich, so einfach zu gehen. Ihm war Unrecht zugefügt worden, jetzt wollte er eine Entschuldigung, schließlich seien er und Silas römische Bürger. Als die *Liktoren* ihren Vorgesetzten diese Nachricht überbrachten, wurde diesen klar, daß ihnen ein peinlicher Fehler unterlaufen war. Römer, so stand es im Gesetz, durften um keinen Preis einer so demütigenden Strafe wie der öffentlichen Auspeitschung ausgesetzt werden. Schließlich erschienen sie persönlich vor der Tür des Gefängniswärters und entschuldigten sich. Um einen öffentlichen Skandal zu vermeiden, baten sie die beiden Missionare darum, Stillschweigen zu wahren und dennoch die Stadt zu verlassen. Nach einem kurzen Besuch bei Lydia, von der sie sich verabschiedeten, machten sich Paulus und Silas auf den Weg. Lukas und Timotheus, die nie angeklagt worden waren, ließen sie zurück; ihre Aufgabe war es, die neue Gemeinde in Philippi aufzubauen. Damit endet zunächst die „Wir"-Erzählung in der Apostelgeschichte.

„Ihr habt den gleichen Kampf zu bestehen, den ihr früher an mir gesehen habt und von dem ihr auch jetzt hört" (Phil 1,30), erinnerte Paulus sich anderthalb Jahrzehnte später, als er an die Philipper schrieb. Dabei betont er, wie eng er zeitlebens mit dieser Gemeinde verbunden war, die ihn offenbar während seiner gesamten weiteren Mission – etwa bei seinem Wirken in Korinth, siehe 2 Kor 11 – auch finanziell unterstützte: „Ihr wißt selbst, ihr Philipper, daß ich beim Beginn der Verkündigung des Evangeliums, als ich aus Mazedonien aufbrach, mit keiner Gemeinde durch Geben und Nehmen verbunden war außer mit euch und daß ihr mir in Thessalonich und auch sonst das eine und andere Mal etwas geschickt habt, um mir zu helfen" (4,15–16). So war sein Wirken in der römischen Kolonie trotz oder vielleicht gerade wegen der Leiden, die er dort erdulden mußte, äußerst erfolgreich. Und trotzdem blieb immer ein bitterer Nachgeschmack, etwa als er nur gut ein Jahr nach den Ereignissen den Thessalonichern schrieb: „Wir hatten vorher in Philippi viel zu leiden und wurden mißhandelt, wie ihr wißt ..." (1 Thess 2,2).

Die Orte seines Leidens, so scheint es, blieben der Gemeinde auf ewig in Erinnerung. Schon im 4. Jahrhundert, als die Verfolgung der Christen im ganzen Römischen Reich ein Ende hatte, wurde auf der Ostseite des Marktes zuerst eine Kapelle, dann eine dreischiffige Basilika, und schließlich, im 5. Jahrhundert, eine achteckige Kirche errichtet. Inschriftenfunde belegen, daß sie dem hl. Paulus geweiht war. Um 600 entstand eine Monumentalbasilika als neue Bischofskirche auf der Südseite des Forums, genau gegenüber der *Bema*. Sie ersetzte die bisherige Kathedrale von Philippi, deren Ruinen von den Archäologen als *Basilika I* bezeichnet werden. Mit ihrem Bau war um 490 begonnen worden, doch nach nur 100 Jahren wurde sie von einem schweren Erdbeben zerstört. Von ihrem Eingang aus führte eine Treppe hinunter zum „Gefängnis des hl. Paulus", dessen „innere Zelle" schon früh mit herrlichen Fresken ausgemalt wurde. Sie zeigten Szenen vom Wirken, der Verhaftung, der Verurteilung, Auspeitschung und Befreiung des Apostels. Bereits um 333 erwähnte ein Pilger aus dem französischen Bordeaux eine Paulus-Gedenkstätte in seiner einstigen Zelle.

Vielleicht hatte der Völkerapostel ursprünglich vorgehabt, von Philippi aus über die *Via Egnatia* direkt nach Rom zu reisen. Doch die Nachrichten vom Claudius-Edikt und der Verbannung der Juden aus Rom ließen ihn diesen Plan schnell wieder aufgeben. Statt dessen zog es ihn in den Süden, hin zu einer anderen römischen Metropole auf griechischem Boden, in das reiche Korinth. Doch der Weg dorthin war lang. Er führte Paulus und Silas zunächst einmal auf der *Via Egnatia* über Amphipolis und Apollonia nach Thessalonich, wo es eine jüdische Gemeinde und eine Synagoge gab (Apg 17,1). Dort nahmen sie ihre Missionsarbeit wieder auf.

Thessaloniki, das antike Thessalonich, ist heute mit fast einer Million Einwohnern das wirtschaftliche, politische und kulturelle Zentrum des griechischen Nordens. Es hat den wichtigsten Hafen der nördlichen Ägäis, einen gut frequentierten Flughafen und zwei Universitäten. Zugleich gilt es als spirituelles Zentrum der griechisch-orthodoxen Kirche. Immer wieder stößt hier der Besucher auf Spuren einer großen Vergangenheit. Denn zu Ende des 3. Jahrhunderts, während der Vier-Kaiserherrschaft *(Tetrarchie)* des Diokletian, war Thessaloniki Residenz des Kaisers Galerius und Hauptstadt für den gesamten Nordosten des Reiches. Die Reste des Kaiserpalastes, der Triumphbogen des Galerius und das kreisrunde Mausoleum des Kaisers, das später zu einer Kirche und noch später zu einer Moschee umfunktioniert wurde, zeugen noch immer von dieser Zeit, die freilich auch ihre Schattenseiten hatte: Galerius ging als einer der letzten großen Christenverfolger in die Geschichte ein. Unter seiner Herrschaft erlitt der junge römische Offizier Dimitrios, Sohn des Millitärkommandanten von Thessaloniki, das Martyrium, weil er sich weigerte, Christen hinrichten zu lassen. Über seinem Grab entstand die Kathedrale der Stadt, seine Reliquien sollen noch heute wohlriechende Myrrhe aussondern, die von den Gläubigen als wundertätig verehrt wird.

Von Paulus dagegen zeugen hier nur wenige Spuren. Die englischen Reisenden Richard Pococke und Connybeare berichteten im 18. und 19. Jahrhundert, die Dimitrios-Kathedrale sei auf den Ruinen der Synagoge errichtet worden, in der einst Paulus predigte. In spätbyzantinischen Quellen wird in der Gegend der römischen *Agora* (des Marktes), dort etwa, wo sich heute die Achiropiiten-Kirche befindet, eine Paulus-Kirche genannt, die von der Archäologin E. Marki mit der antiken Synagoge in Verbindung gebracht wird. In der Rundkirche des hl. Georg befindet sich noch heute angeblich ein Teil der Kanzel, von der er sprach; die andere Hälfte, so heißt es, befindet sich in der Pantaleimonkirche. Das Kloster Vlattadon in der Oberstadt soll sich schließlich über dem Haus des Jason erheben, das die Apostelgeschichte erwähnt. Ein Kreis im Innern des Klosters zeigt an, wo Paulus gesprochen haben soll. Gleich zwei Kirchen tragen seinen Namen, doch sie sind neueren Datums. Hinter der kleineren, die aus dem 19. Jahrhundert stammt, befindet sich, von hohen Zedern umgeben, eine *Paulushöhle,* davor ein *Paulusbrunnen.* Hier, außerhalb der alten Stadtmauer, soll sich der

Apostel heimlich mit Gläubigen getroffen und getauft, hier soll er, als ihm der Pöbel auf den Fersen war, Zuflucht gefunden haben.

In unmittelbarer Nähe der Kirche der Gottesmutter von Chalcedon wurde eine zweisprachige Stele aus dem 4. Jahrhundert gefunden, deren Aufschrift die *Torah* zitiert. Auch sie könnte auf die Lage der antiken Synagoge von Thessalonich hinweisen, die das erste Ziel von Paulus und Silas in Thessalonich war. Die Grabinschrift eines Juden namens *Marcus Aurelius Iakob Eutychios,* der das römische Bürgerrecht besaß, spricht sogar von „Synagogen" im Plural, doch sie stammt aus dem 3. Jahrhundert und ist damit für die Apostelzeit irrelevant.

„Nach seiner Gewohnheit", so betont Lukas in der Apostelgeschichte, ging Paulus jedenfalls am nächsten *Schabat* in die lokale Synagoge, um zunächst den Juden und *Gottesfürchtigen* das Evangelium zu verkünden. An den nächsten beiden Samstagen kehrte er zurück. Immer wieder zitierte er Schriftstellen vom leidenden Gottessohn, der von den Toten auferstehen mußte, um aufzuzeigen, daß Jesus tatsächlich der Christus, der Messias ist. Die Missionsarbeit war erfolgreich. Schon in der dritten Woche schlossen sich einige Juden sowie „eine große Schar gottesfürchtiger Griechen, darunter nicht wenige Frauen aus vornehmen Kreisen" (Apg 17,4) dem Apostel an. Das aber stieß auf den Unwillen anderer Juden. Sie wiegelten den Pöbel auf und führten ihn zum Haus des Jason – offenbar eines der Bekehrten –, wo die Menge den Apostel lautstark aufforderte, vor die Tür zu treten. Doch weder Paulus noch Silas waren gerade dort. So schleppten die „Demonstranten" eben „Jason und einige Brüder vor die Stadtpräfekten und schrien: Diese Leute, die die ganze Welt in Aufruhr gebracht haben, sind jetzt auch hier, und Jason hat sie aufgenommen. Sie alle verstoßen gegen die Gesetze des Kaisers, denn sie behaupten, ein anderer sei König, nämlich Jesus" (Apg 17,6–7).

Der erste Teil der Anklage bezog sich zweifellos auf die Nachrichten aus Rom. Vielleicht befürchteten die Juden von Thessalonich, daß es ihnen ähnlich wie ihren Glaubensbrüdern in der Hauptstadt gehen könnte. So holten sie zu einem Präventivschlag aus, mit dem sie gleichzeitig ihre Kaisertreue unter Beweis stellten. Mit demselben juristischen Winkelzug, der Umdeutung des spirituellen Messiastitels zu einem weltlichen Machtanspruch, war einst Jesus von Nazareth ans römische Kreuz gebracht worden. In einer Stadt, die den verstorbenen Kaiser Augustus in einem eigenen Tempel als Gott verehrte, konnten sie auf Anklang hoffen.

Dabei war Thessalonich keine römische *Colonia* wie Philippi, sondern genoß die Privilegien einer *Civitas libera,* einer freien Stadt. Wenn in der *Einheitsübersetzung der Heiligen Schrift* von „den Stadtpräfekten“ die Rede ist, benutzt Lukas im griechischen Original den Titel *Politarchai,* der ansonsten in der griechischsprachigen Literatur unbekannt war und daher vielen Exegeten Rätsel aufgab; kritische Stimmen hielten ihn sogar für eine Erfindung des Evangelisten. Dann veröffentlichte Carl Schuler 1960 eine Liste von 32 griechischen Inschriften, auf denen von *Politarchen* die Rede war; 19 davon stammten aus Thessalien, vier aus der Zeit des Paulus. Seitdem konnte die Liste um eine ganze Reihe von Beispielen erweitert werden. Heute steht eindeutig fest, daß der Titel, den Lukas nennt, tatsächlich zwischen dem 2. Jahrhundert v. Chr. und dem späten 1. Jahrhundert n. Chr. ausschließlich in Mazedonien und Thessalien Verwendung findet. Er bezeichnete eine Art Stadtrat aus sieben Beamten, die vom Volk gewählt wurden und dem römischen Statthalter gegenüber für Sicherheit und Ordnung verantwortlich waren. Als Hauptstadt der senatorischen Provinz Mazedonien war Thessalonich Sitz eines *Prokonsuls.*

So ist nur allzu verständlich, daß die *Politarchen* nervös wurden, als sie die Anklagen des aufgehetzten Pöbels hörten. Trotzdem reagierten sie besonnen. Sie verlangten von Jason und seinen Glaubensbrüdern nur eine Bürgschaft – und ließen sie frei. Paulus und Silas aber verließen die Stadt noch in derselben Nacht und zogen weiter nach Beröa.

Ein halbes Jahr später erinnert Paulus in seinem 1. Thessalonicherbrief, den er wohl in Korinth schrieb, an seine Zeit in der mazedonischen Hauptstadt. Seine Worte sind aufschlußreich und ergänzen den Bericht des Lukas. Einerseits bestätigt er die Schikanen, denen Jason und seine Glaubensbrüder ausgesetzt waren, bezeichnet sie als „große Bedrängnis“ (1 Thess 1,6) und vergleicht sie mit den Verfolgungen der Jerusalemer Urgemeinde durch die Sadduzäer (2,14). Andererseits erfahren wir auch, daß der Völkerapostel offenbar sehr viel länger in Thessalonich war, als es die Apostelgeschichte anzudeuten scheint. Während dort nur von den drei Wochen die Rede ist, in denen er in der lokalen Synagoge predigte, scheint er tatsächlich gleich ein paar Monate in der Stadt geblieben zu sein. In dieser Zeit lebte er nicht mehr allein von den Spenden der wohlhabenden Philipper (Phil 4,16), sondern ging seinem Beruf als Zeltmacher nach: „Bei Tag und Nacht haben wir gearbeitet, um keinem von euch zur Last zu fallen ..." (1 Thess 2,9). Die Werkstatt, in der er arbeitete, könnte sogar auf der römischen *Agora* gelegen haben, dem antiken Markt, der von den Archäologen ausgegraben wurde. Wahrscheinlich ließ ihm seine Tätigkeit genug Zeit, um auch im lokalen Handwerker-Milieu zu missionieren und eine Gemeinde zu gründen. Dazu passen seine Aufforderungen an die Thessalonicher: „Setzt eure Ehre darein, ruhig zu leben, euch um die eigenen Aufgaben zu kümmern und mit euren Händen zu arbeiten, wie wir euch aufgetragen haben" (1 Thess 4,11). Hier gab es keine wohlhabenden Gastgeber für die Hausgemeinden, hier mußte jeder etwas mitbringen, um am gemeinsamen Essen nach der Eucharistiefeier teilnehmen zu dürfen: „Denn als wir bei euch waren, haben wir euch die Regel eingeprägt: Wer nicht arbeiten will, soll auch nicht essen" (2 Thess 3,10). Weiter läßt er uns in seinem Brief wissen, daß der Großteil der Proselyten von Thessalonich keineswegs Juden, sondern Heiden waren, die er „von den Götzen zu Gott bekehrt" (1 Thess 1,9) habe. Das macht einen interessanten Rückschluß auf seine Missionsstrategie möglich.

Denn die Handwerker und „kleinen Leute" von Thessalonich verehrten einen jungen Gott, der von seinen Brüdern ermordet wurde, doch irgendwann aus dem Totenreich zurückkehren sollte, um die Machtlosen zu befreien. Dieser Gott hieß *Kabiros,* sein Symbol war der Hammer, und sein Segen wurde erbeten, wenn es darum ging, eine begonnene Arbeit erfolgreich zu Ende zu führen. In römischer Zeit, unter Augustus, wurde der Kabiros-Kult zu einer Art offiziellen Stadtreligion und damit zum Instrument des Establishments. Durch diesen „sozialen Aufstieg" des Gottes verlor die Unterschicht ihren traditionellen Heilsbringer. Schließlich glaubten die Menschen der Antike, daß die Götter sich von den großen Opfern der Reichen beeindrucken ließen und wenig Interesse an den kleinen Leuten hatten. Das war eine Chance für Paulus, gezielt die so entstandene Lücke zu füllen. Auch er verkündete einen ermordeten Gott, der von den Toten auferstand und durch den eine neue Ordnung galt, in der es keine sozialen Unterschiede mehr gab. So trat anstelle des Hammers das Kreuz.

Paulus konnte zufrieden sein, denn was er im Winter 49/50 in Mazedonien aufgebaut hatte, erwies sich als dauerhaft. Als er Timotheus gegen Mitte des Jahres 50 nach Thessalonich schickte, um nach der dortigen Gemeinde zu sehen, berichtete ihm dieser, „daß ihr uns stets in guter Erinnerung bewahrt und euch danach sehnt, uns zu sehen“ (1 Thess 3,6). Schon von Beröa aus wollte er zunächst in die Stadt zurückkehren, „aber der Satan hat uns daran gehindert“ (2,18) – man ließ ihn wissen, daß es nicht sicher war. Erst sechs Jahre später konnte er diesen Plan verwirklichen.

Die Entscheidung, in der 70 Kilometer oder zwei Tagesreisen von Thessalonich entfernten Stadt, dem heutigen Verroi, Zuflucht zu suchen, erwies sich als glückliche Fügung. Beröa, das erstmals im 5. Jahrhundert v. Chr. erwähnt wird, wurde zunächst von Thrakern, dann von Mazedoniern bewohnt. Als die Römer 168 v. Chr. das Land besetzten, bauten sie es zu einer der bedeutendsten Städte ihrer neuen Provinz aus; unter Nero residierte hier sogar der mazedonische Landtag. Noch heute zeugen die großartigen Marmorstatuen, die ein kleines Museum mehr lagert als ausstellt, von der Blütezeit Beröas. Seine kleine jüdische Gemeinde, die eine Synagoge unterhielt, erwies sich als freundlicher, liberaler und offener als viele andere. „Mit großer Bereitschaft nahmen sie das Wort auf und forschten Tag für Tag in den Schriften nach, ob sich dies wirklich so verhielte“, was immerhin die Existenz einer gutsortierten Bibliothek voraussetzt. „Viele von ihnen wurden gläubig, und ebenso nicht wenige der vornehmen griechischen Frauen und Männer“, berichtet Lukas (Apg 17, 11–12). Heute markiert ein modernes Monument mit einem Mosaikbild des Völkerapostels den überlieferten Standort der Synagoge, die zum Zentrum der paulinischen Mission wurde. Hier muß auch Timotheus, von Philippi aus, wieder zu Paulus und Silas gestoßen sein, denn plötzlich wird er wieder erwähnt (17,14). Doch der Frieden währte nicht lange: „Als aber die Juden von Thessalonich erfuhren, daß Paulus auch in Beröa das Wort Gottes verkündete, kamen sie dorthin, um das Volk aufzuwiegeln und aufzuhetzen“ (17,13). Wieder mußte Paulus fliehen. Schnell brachten ihn seine Freunde zum Hafen Dion, wo er das nächste Schiff nach Athen bestieg. Silas und Timotheus versprachen, sich um die Gläubigen in Thessalonich und Beröa zu kümmern und dann so bald wie möglich nachzukommen. Jetzt war Paulus auf dem Weg in das Herz Europas.

X: Athen: Die Geburt einer Zivilisation

Es dauert lange, bis man das moderne Athen zu lieben beginnt. Davor aber haben die Götter den Flughafen gesetzt. Wer heute auf dem Venizelos-Airport landet, taucht zunächst in eine leicht gräuliche Dunstdecke ein. Dann muß er endlose Vorstädte durchqueren, gesäumt von häßlichen Plattenbauten und grellen Leuchtreklamen, bevor er in einem der unvermeidlichen Staus steckt. Die Geruchskulisse wird dadurch nicht verbessert, der Lärm geht an die Nerven, die neugriechischen Straßenschilder verwirren, man verfährt sich. Irgendwann begreift man, daß eine Odyssee zum Athener Initiationsritual gehört. Erst wenn man das Panathinaikos-Stadion passiert, in dem 1896 die ersten Olympischen Spiele der Neuzeit eröffnet wurden, weiß man, daß man sein Ziel bald erreicht hat. Über breite Einfallstraßen führt der Weg ins Herz der Stadt. Irgendwann, wenn die Säulen des hadrianischen Zeustempels zur Rechten liegen und sich links, nur durch ein paar Straßen getrennt, die Akropolis am Horizont erhebt, atmet man auf. Jetzt genügt nur noch ein Gang durch die malerischen Gassen der Altstadt von Plaka und Monastiraki, und man liebt diese Stadt, die als Wiege der westlichen Zivilisation, als geistige Urquelle Europas gilt.

Paulus muß sie gehaßt haben. Denn während der moderne Bildungsbürger (eine leider vom Aussterben bedrohte Spezies) griechische Tempel zu würdigen weiß und staunend im Archäologischen Nationalmuseum vor jeder Marmor- oder Bronzestatue des Zeus und der Hera, des Ares und der Athena, des Hermes und der Aphrodite stehenbleibt, waren sie für den Völkerapostel nur kalte Götzen, Manifestationen eines frivolen und dekadenten Heidentums, das es durch das Wort Christi zu überwinden galt. Paulus „erfaßte heftiger Zorn; denn er sah die Stadt voll von Götzenbildern", schreibt Lukas (Apg 17,16). In Athen waren sie allgegenwärtig wie sonst nirgendwo. Auf jedem Platz, an jeder Straßenecke und am Straßenrand standen, in grellen Farben bemalt (selbst die Akropolis war bunt, wie Wissenschaftler anhand von Farbresten bewiesen haben), marmorne Götzen, brannten Opfergaben auf den Altären, stieg Weihrauch aus den Tempeln zum Himmel empor, berührten Vorbeigehende zärtlich priapische Statuen mit überbetonten Phalli oder die nur keck mit einer Hand bedeckte Scham der Aphrodite, um sich Fruchtbarkeit zu wünschen. Die Athener seien „frommer als andere Menschen, denn sie besäßen sogar Altäre, die sie der Sittsamkeit, dem Gerücht und dem Trieb geweiht hätten", schreibt Pausanias, der im 2. Jahrhundert mit seiner *Beschreibung Griechenlands* so etwas wie einen antiken Reiseführer verfaßte. Spötter sagten sogar, daß es zur Römerzeit in Athen „einfacher war, einem Gott als einem Menschen zu begegnen" (so Neros Hofsatiriker Petronius). Das war nicht ganz übertrieben, denn nur ca. 5000 Menschen lebten damals in der Stadt, während man über 3000 Götterstauen zählte.

Die berühmteste, die zehn Meter hohe Statue der Athena *Promachos* des Bildhauers Phidias, die den Aufgang zur Akropolis bewachte, war bereits vom Meer aus sichtbar, so als wolle sie die Reisenden begrüßen. Wenn die vergoldete Spitze ihrer Lanze in der Sonne glänzte, wirkte sie wie ein Leuchtfeuer. Immer wieder muß Paulus an das erste Gebot der *Torah* gedacht haben: „Du sollst neben mir keine anderen Götter haben. Du sollst dir kein Gottesbild machen ..." (Ex 20,3–4).

Als der Völkerapostel nach Athen kam, konnte die Stadt bereits auf eine 2000jährige Geschichte zurückblicken. Schon in neolithischer Zeit war der Akropolis-Hügel besiedelt, gegen 1500 v. Chr. errichteten hier die mykenischen Griechen eine ummauerte Stadt, in deren Zentrum ein Athenatempel und der Königspalast standen. Theseus, ihr berühmtester König, befreite Athen von der Tributpflicht an das minoische Kreta und machte es zum Zentrum eines Stadtstaates. Im 7. Jahrhundert v. Chr. übernahm der Stadtadel die Macht, 595 v. Chr. beauftragten die Athener Solon, einen der sieben Weisen des Altertums, mit der Neuregelung ihres Staatswesens: er schuf die Grundlage für die erste Demokratie der Geschichte. Nicht einmal 100 Jahre später erhielt Athen nach Reformen, die Kleisthenes vorgeschlagen hatte, eine demokratische Verfassung. Die folgenden anderthalb Jahrhunderte erlebte die Stadt ihre Blütezeit. Unter Themistokles wurde sie zur Seemacht, stand dem *Delischen Seebund* vor, leistete erfolgreich den Persern Widerstand, die immer wieder nach Europa vorzudringen versuchten, und wurde zur bedeutendsten *Polis* (Stadtstaat) des Landes. Unter Perikles blühten Kunst und Kultur, wurde die Akropolis erbaut. Athen war die Heimat der großen Philosophen Sokrates, Platon und Aristoteles, die auf einzigartige Weise die europäische Geisteswelt prägten. Seitdem zehrt die Stadt von der Erinnerung an diese einstige Größe.

Denn mit der Niederlage gegen das kriegerische Sparta begann der allmähliche Niedergang Athens. Erst wurde es von Philipp II., dem Vater Alexanders des Großen, dann von den Römern besetzt. Es dauerte lange, bis es sich von der Plünderung durch die Soldaten des römischen Feldherrn Sulla 86 v. Chr. wieder erholte. Die Demütigung saß tief, der gekränkte Stolz führte zu einem inneren Rückzug, einer Abkapselung nach außen, einem Leben in der Vergangenheit. Doch noch immer zog es Philosophen, Dichter und Denker geradezu magisch an. So galt Athen in römischer Zeit als die Universitätsstadt schlechthin, mehr noch, als Symbol für den Geist der Antike. Ein Römer, der nicht in Athen studiert hatte, galt nicht als gebildet; als Banause, wer der Wiege der abendländischen Kultur nicht zumindest einen Besuch abstattete.

Als Theodor Heuss, der erste Bundespräsident und ein überzeugter Liberaler, in den 1950er Jahren gefragt wurde, was für ihn *Europa* bedeutete, antwortete er: Europa baut auf drei Hügeln – dem *Areopag* (dem Symbol für griechisches Denken und die Demokratie), dem *Kapitol* (römischem Recht und der Idee der Republik) und *Golgotha* (dem christlichen Menschenbild). Als Paulus im Spätsommer 50 nach Athen kam, fand eine Begegnung von welthistorischer Bedeutung statt, die als Geburtsstunde des christlichen Europas gelten muß: *Areopag meets Golgotha,* die Botschaft Christi erreichte das klassische Griechenland, das Evangelium traf auf die Philosophie.

Wir wissen nicht, in welchem der drei Athener Häfen das kleine Schiff aus Dion anlegte, auf dem Paulus Attika erreichte. Wahrscheinlich aber ist es Phaleron gewesen; die kleine orthodoxe Theodoros-Kapelle markiert noch heute, wo einst der Altar des *Unbekannten Gottes* stand, den Paulus später in seiner Rede vor dem Areopag erwähnte. Auch bei Pausanias lesen wir, daß es auf dem Weg von Phaleron nach Athen Altäre gab, „die unbekannten Göttern geweiht waren". Philostrat, ein Autor des 3. Jahrhunderts, bestätigt in seiner Biographie des Wundermannes Apollonius von Tyana, daß man in Athen „sogar den unbekannten Göttern Altäre errichtet hat". Apollonius besuchte die Philosophenstadt nur ein Jahrzehnt später als Paulus. Oecumenius, ein christlicher Autor des 5. Jahrhunderts, erwähnt einen Athener Altar, der „den Göttern Asiens und Europas und Libyens (Afrikas), den unbekannten und fremden Göttern" geweiht war. Als Papst Innozenz III. im Jahre 1208 Athen besuchte, will er noch einen Altar mit der Aufschrift „Dem unbekannten Gott" gesehen haben. Leider ist er seitdem verschollen. Doch seit der deutsche Archäologe Wilhelm Dörpfeld 1909 in Pergamon einen Altar mit der Aufschrift *Theois agn(ostois)* („Dem unbekannten Gott") fand, gilt auch die Existenz des Athener Gegenstücks als ziemlich wahrscheinlich.

Da Lukas nur am Rande erwähnt, daß Paulus „in der Synagoge mit den Juden und Gottesfürchtigen" (Apg 17,17) sprach, wird sein Missionserfolg nicht überwältigend gewesen sein. Die Gemeinde, die auch Philo von Alexandria kannte, war wohl eher klein, und entsprechend spärlich sind ihre Zeugnisse. Zumindest im 5. Jahrhundert lag ihre Synagoge in einem der beiden nördlichen Räume des *Metroons* auf der *Agora,* dem antiken Markt (siehe Apg 17,17), wo Archäologen eine mit Menora und Palmzweig verzierte Marmorplatte entdeckten. Auf jeden Fall konzentrierte sich Paulus bald lieber auf die traditionellen Treffpunkte der Athener Philosophen und Wahrheitssucher in der Umgebung.

Die Athener *Agora* war das pulsierende Herz der Stadt, allenfalls vergleichbar mit dem *Forum Romanum* in Rom. Sie lag zu Füßen der Akropolis und ist glücklicherweise in den letzten 70 Jahren fast vollständig ausgegraben worden. So gehört ein Gang über das antike Stadtzentrum heute zum Pflichtprogramm jedes Athen-Besuchs.

Zur Zeit des Paulus teilte die *Stoa* des Attalos, eine langgezogene Säulenhalle aus dem 2. vorchristlichen Jahrhundert, die *Agora* in einen West- und einen Ostteil. Sie wurde 1953 von den Amerikanern, finanziert durch John D. Rockefeller, in einer gelungenen Rekonstruktion wieder aufgebaut und vermittelt uns einen guten Eindruck von der Architektur des antiken Athen; vielleicht hat Paulus auf ihren Stufen gelehrt. Der Ostteil der Agora, das *Römische Forum,* verdankt seine heutige Gestalt den Bauaktivitäten Cäsars, des Augustus und Hadrians. Im Schatten des berühmten *Turmes der Winde,* einer gigantischen, marmornen Wasser- und Sonnenuhr, die Andronikos Kyrrestes im 2. Jahrhundert v. Chr. konstruierte, pulsierten der Handel und das öffentliche Leben.

Der Westteil bestand aus einer Ansammlung von weiteren Säulenhallen, Brunnenhäusern, Altären und Tempeln entlang des alten Prozessionsweges hinauf zur Akropolis. Hier standen auch die einstigen Versammlungshäuser der demokratischen Institutionen, die unter der römischen Herrschaft längst ausgedient hatten. So war die westliche Agora zur Zeit des Paulus zu einer Art Freiluftmuseum geworden, das überwiegend von den Philosophen für ihre Dispute genutzt wurde, erinnerte es sie doch nur zu gut an die Vergänglichkeit allen Seins.

Schon in seiner Heimat Tarsus war Paulus mit den beiden großen Philosophenschulen seiner Zeit in Kontakt gekommen, den Epikureern und den Stoikern. Sie stammten beide aus Athen. Die *Stoa* verdankte ihren Namen jener *bemalten Säulenhalle* an der Nordwestecke der *Agora,* in der Zenon von Kition, ihr Begründer, gegen 300 v. Chr. seine Lehrtätigkeit aufnahm; ihre Überreste wurden erst 2005 teilweise freigelegt. Wie seine Nachfolger, so forschte auch Zenon nach dem Platz des Menschen innerhalb einer göttlichen Weltordnung und lehrte Selbstbeherrschung und innere Gelassenheit. Sein Zeitgenosse Epikur dagegen war rein diesseitig ausgerichtet. Er glaubte nicht, daß die Götter in das

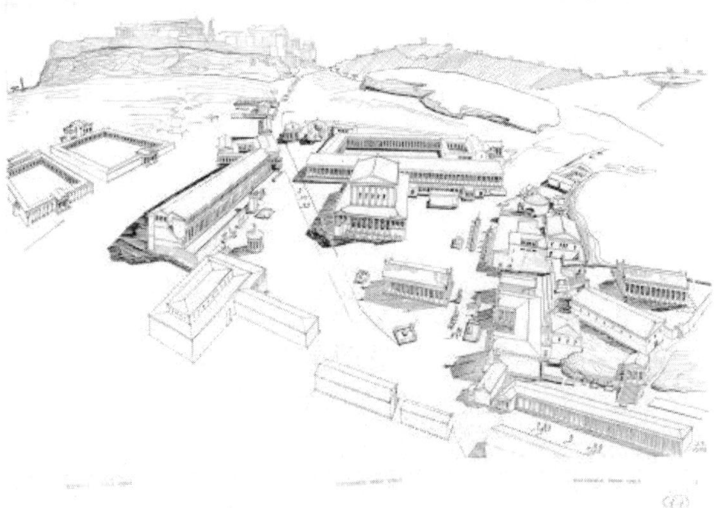

Athen: Rekonstruktion der Agora zur Zeit des Apostels

Leben der Menschen eingreifen. Jeder war auf sich selbst gestellt. Glücklich war für ihn der Mensch, der Lust gewinnt, indem er den Schmerz ignoriert und die Unlust überwindet. Um Seelenruhe durch Bedürfnisbefriedigung zu finden, gründete er mit seinen ersten 200 Schülern eine frühe Kommune, in der es keine sozialen Unterschiede gab. Daß seine Nachfolger das unbesorgte Schwein zu ihrem Maskottchen wählten, machte die Epikureer zumindest bei gläubigen Juden indiskutabel, doch in Athen führte an ihnen kein Weg vorbei.

So blieb Paulus nichts anderes übrig, als sich in Diskussionen einzulassen, die letztendlich fruchtlos waren. Skepsis und Zynismus Andersdenkenden gegenüber bestimmten schon damals das intellektuelle Klima. Sein Versuch, eine Brücke zur Denkweise der beiden Schulen zu schlagen und das Evangelium mit Begriffen aus seinem eigenen philosophischen Repertoire zu erklären, mißlang gründlich. Die einen glaubten, er wolle ein neues Götterpaar namens „Jesus und *Anastasia* (die Auferstehung)" verkünden, andere beschimpften ihn als *Spermalogos.* Daraus macht die *Einheitsübersetzung* einen „Schwätzer", doch das erfaßt den „Samenpicker" nur halbwegs: gemeint ist jemand, der wie eine Saatkrähe wahllos Körner aufsammelt – ein Kolporteur, ein intellektueller Lumpensammler, der von den (geistigen) Abfällen anderer lebt. Doch bei dritten erweckte er Neugier, und so wurde er zum Tagesgespräch der klatschsüchtigen Athener. Schon Demosthenes tadelte ihre Neigung, lieber unnütz zu schwatzen als sich um Wesentliches zu kümmern. Das weiß auch Lukas: „Alle Athener und die Fremden dort taten nichts lieber, als die letzten Neuigkeiten zu erzählen oder zu hören" (Apg 17,21).

So luden sie ihn vor den *Areopag,* den Senat Athens, der religiöse Funktionen und richterliche Pflichten in sich vereinte und dessen Ursprünge in die früheste Zeit zurückreichten. Da man Paulus vorwarf, fremde Gottheiten einführen zu wollen, fielen seine Aktivitäten in den Zuständigkeitsbereich dieser Institution, auch wenn es offenbar keine Anklage gab. Der Völkerapostel nutzte die Gelegenheit und hielt seine größte Rede. Sie wurde zur Gründungscharta des christlichen Europas. *Andres Athenaioi,* „Ihr Männer von Athen", begann sie mit der üblichen Anredeformel, der sich auch die großen Redner und Staatsmänner der Antike bedient hatten; ein weiterer Hinweis, daß Paulus über klassische Bildung verfügte und in Rhetorik geschult war. Auch sonst präsentierte er sein Meisterstück. Ausgehend von der sprichwörtlichen Frömmigkeit der Athener und seiner Beobachtung, daß es auch einen Altar gab, der „einem unbekannten Gott" geweiht war, verkündete er, „was ihr verehrt, ohne es zu kennen": „Gott, der die Welt erschaffen hat und alles in ihr, er, der Herr über Himmel und Erde, wohnt nicht in Tempeln, die von Menschenhand gemacht sind. Er läßt sich auch nicht von Menschen bedienen, als brauche er etwas: er, der allen das Leben, den Atem und alles gibt … in ihm leben wir, bewegen wir uns und sind wir" (Apg 17,23–28).

Heute stehen diese unsterblichen Worte – die von Lukas geschickt komprimierte Essenz einer wohl sehr viel längeren Rede – in Bronze gegossen auf einer Gedenktafel, die am Fuße des *Areopag*-Hügels angebracht ist. An ihr ziehen zigtausende Touristen achtlos vorbei. Andere steigen die in den Stein geschlagenen 16 Stufen hinauf und genießen den herrlichen Blick über die Stadt. Nur wenige ahnen, daß sie hier vor dem Grundstein unserer Zivilisation stehen.

Am *Areopag*-Felsen angekommen, muß ich an den 4. Mai 2001 denken, als Papst Johannes Paul II. hier zusammen mit dem im Januar 2008 verstorbenen Erzbischof von Athen und Primas Griechenlands, Christodoulos, ein gemeinsames Bekenntnis zum christlichen Europa ablegte. Für Johannes Paul II. waren West und Ost, die katholische und die orthodoxe Welt, nur die beiden Lungenflügel Europas, von denen der eine des anderen bedarf. Genauso aber waren Antike und Christentum für ihn untrennbar miteinander verbunden. „So sollten wir uns in Erinnerung rufen, daß hier in Athen der Dialog zwischen der christlichen Botschaft und der hellenistischen Kultur, der die europäische Zivilisation entscheidend prägte, begonnen hat. Die frühen Christen bauten auf der griechischen Kultur auf, um das Evangelium zu verkünden", erklärte er bei seiner Ankunft. Schon deshalb war sein Gebet am Areopag, dem Symbol für diese erste Begegnung der beiden Kulturen, der bedeutungsschwere Höhepunkt einer Papstreise, die ganz offiziell als *Pilgerreise auf den Spuren des hl. Paulus* deklariert worden war. Die Sonne war längst am Horizont verschwunden, eine laue Frühlingsnacht hatte die Stadt in ihr sanftes Dunkel gehüllt, als der Papst und der Erzbischof im Licht der Scheinwerfer zu Füßen der historischen Stätte gemeinsam beschlossen: „Wir müssen alles in unserer Macht Stehende tun, daß die christlichen

Wurzeln Europas und seine christliche Seele unversehrt bewahrt werden."

Dabei ist irrelevant, ob Paulus tatsächlich hier, auf dem Felsen des Kriegsgottes Ares, oder anderswo seine historische Rede hielt. Denn „*vor* dem Areopag" bedeutete längst nicht mehr „*auf* dem Areopag", eben dem Hügel, der dem Athener Senat seinen Namen gab, weil er in alter Zeit dort tagte. So traf sich die Versammlung zumindest in der klassischen Zeit auch in der *Königlichen Stoa,* einer Säulenhalle, deren unspektakuläre Überreste die Schienenstränge der S-Bahn nach Piräus säumen. Sie wurden erst 1970 von amerikanischen Archäologen freigelegt.

Doch so genial die Rede des Paulus war, sie blieb fast wirkungslos. Entsprach auch seine Lehre von einem universalen Gott durchaus den Gedanken mancher Philosophen, so erschien sein Glaube an die Auferstehung der Toten als völlig inakzeptabel. Eine Fortexistenz im *Hades,* im Jenseits, gewiß, ja selbst die Seelenwanderung war seit Pythagoras den Griechen vertraut. Aber eine Auferstehung im Fleische, aus dem Grabe heraus, das ging ihnen dann doch zu weit. „Darüber wollen wir dich ein andermal hören" (Apg 17,32), wurde der Apostel höflich hinauskomplimentiert, während mancher Ratsherr sich ein spöttisches Grinsen nicht verkneifen konnte; zu viel bildete man sich auf die Weisheit der eigenen Lehrer ein. Nur „einige Männer" waren beeindruckt und „wurden gläubig", darunter der Ratsherr Dionysios (Apg 17,34).

Dieser Dionysios *Areopagitas* wurde der Überlieferung nach der erste Bischof von Athen und soll während der Christenverfolgung des Domitian das Martyrium erlitten haben. Leider verwechselten ihn christliche Geschichtsschreiber oft genug mit einem Korinther Bischof des 2. Jahrhunderts, der den gleichen Namen trug, oder dem Pariser Bischof Dionys alias *Saint Denis,* dessen Martyrium in die Verfolgung durch Decius im Jahre 250 fiel. Die christlich-philosophischen Schriften, die *dem Areopagiten* zugeschrieben wurden und sich speziell im Mittelalter großer Beliebtheit erfreuten, sind allerdings *apokryph*; ihre Entstehung wird heute in das 5. Jahrhundert datiert.

1963 gruben Archäologen der *American School of Archaeology* in Athen zu Füßen des *Areopag*-Hügels die Überreste einer mittelalterlichen Kirche aus, die dem hl. Dionysius geweiht war. Daneben fanden sie die Grundmauern eines Bischofspalastes aus dem 7. Jahrhundert. Ein Brunnen, der direkt neben der Apsis der Kirche liegt, galt schon im 17. Jahrhundert als der Ort, an dem sich Paulus für einen oder mehrere Tage verstecken mußte, „da ihn seine Feinde wegen der Bekehrung des Areopagiten-Senators verfolgten". Die Vorstellung ist absurd, zumal die Apostelgeschichte nichts von einer Flucht des hl. Paulus aus Athen weiß; möglich jedoch ist, daß Dionysios von ihm mit Wasser aus diesem Brunnen getauft wurde.

Jedenfalls ging die Saat auf. Nur wenige Jahrzehnte nach dem Besuch des Paulus hatte auch Athen eine blühende christliche Gemeinde. Zu ihr gehörte etwa der Philosoph Aristides, der zu Beginn des 2. Jahrhunderts in einer Schrift an den Kaiser Hadrian auf gut paulinische Weise das Evangelium darlegte. Sein Zeitgenosse, der Athener Philosoph Athenagoras, verteidigte seinen Glauben in Briefen an die römischen Kaiser Mark Aurel und Commodus. Bis ins 6. Jahrhundert existierten die Athener Philosophenschulen parallel zur christlichen Kirche; dann befahl Kaiser Justinian im Jahre 529 ihre Schließung. Seit Beginn des 5. Jahrhunderts wurden die Tempel Athens geschleift oder in Kirchen umgewandelt. Doch erst im 11. Jahrhundert errichtete Kaiser Alexios I. eine Kirche, die dem hl. Paulus geweiht war. Die *Apostelkirche,* wie sie heute heißt, liegt zu Füßen der Akropolis, inmitten der antiken Agora.

Paulus aber glaubte, er hätte vor dem *Areopag* eine Niederlage erlitten. Ohne noch länger auf seine Gefährten zu warten, zog er weiter nach Korinth. Er ahnte nicht, daß er in Athen seinen Siegeszug angetreten hatte.

XI. Korinth: Botschafter der Liebe

Paulus war ziemlich niedergeschlagen, als er im September des Jahres 50 in Korinth eintraf. Die scheinbare Blamage in Athen hatte ihm zugesetzt. Zweifel an seinen Fähigkeiten, an den Erfolgsaussichten seiner Mission, plagten ihn. Zudem scheint sich seine Krankheit zurückgemeldet zu haben. So „kam ich in Schwäche und Furcht, zitternd und bebend zu euch", erinnerte er sich fünf Jahre später in seinem 1. Korintherbrief (2,3).

Der Völkerapostel war sich seiner Unzulänglichkeiten nur allzu bewußt. Zwar beherrschte er die Kunst der Rhetorik, doch um als Redner beeindrucken zu können, fehlte es ihm an Statur und Stimmvolumen. „Ja, die Briefe, wird gesagt, die sind wuchtig und voll Kraft, aber sein persönliches Auftreten ist matt, und seine Worte sind armselig" (2 Kor 10,10), zitiert er seine Gegner, um selbstkritisch einzugestehen: „Im Reden mag ich ein Stümper sein, aber nicht in der Erkenntnis" (2 Kor 11,6). So galt es in Korinth, sich auf seine Kernkompetenzen konzentrieren: „Als ich zu euch kam, Brüder, kam ich nicht, um glänzende Reden oder gelehrte Weisheit vorzutragen, sondern um euch das Zeugnis Gottes zu verkündigen" (1 Kor 2,1). Denn nichts fürchtete er mehr, als damit erneut Schiffbruch zu erleiden: „Der irdisch gesinnte Mensch aber läßt sich nicht auf das ein, was vom Geist Gottes kommt. Torheit ist es für ihn, und er kann es nicht verstehen, weil es nur mit Hilfe des Geistes beurteilt werden kann" (1 Kor 2,14).

So tat er zunächst, was man am wenigsten von ihm erwartet hätte: Er suchte sich einen Job. Eine Gelegenheit, als Zeltmacher zu arbeiten, fand er schnell. Ein jüdisches Ehepaar, in dieser Branche tätig, war „vor kurzem aus Italien gekommen", hatte wegen des Claudius-Ediktes Rom verlassen müssen.

Aquila und Priska (Lukas nennt sie in der Koseform *Priszilla,* „kleine Priska"), wie die beiden hießen, sollten bald zu seinen treuesten Freunden zählen. Später begleiteten sie ihn nach Ephesus, wo sie, wie es im 1. Korintherbrief heißt, einer „Hausgemeinde" vorstanden. Erst als Nero bereits Kaiser war und das Claudius-Edikt nicht mehr galt, wahrscheinlich 55 n. Chr., kehrten sie nach Rom zurück, und so sollte Paulus „Priska und Aquila, meine Mitarbeiter in Christus Jesus, die für mich ihr eigenes Leben aufs Spiel gesetzt haben" im Römerbrief (16,3–4) grüßen. Auch hier gründeten sie eine Hauskirche, was auf einen gewissen Reichtum schließen läßt, denn ihr Haus mußte groß genug sein, um eine kleine Gemeinde beherbergen zu können. Priska war offenbar der aktivere Part, denn auch Lukas erwähnt sie später an erster Stelle (Apg 18,18). Während Aquila aus Pontus an der Schwarzmeerküste stammte, war Priska wohl eine Freigelassene, die in der römischen Adelsfamilie der *gens Prisca* gedient hatte. Beide waren Juden, die bereits in Rom zu Christus fanden. Nach der römischen Tradition wurden sie gegen 42 vom hl. Petrus getauft. Ihr Haus soll auf dem Aventin gelegen haben, damals ein Handwerkerviertel oberhalb des *Circus Maximus,* wo sich seit dem 4. Jahrhundert die Kirche *titulus Sanctae Priscae* befindet. Tatsächlich fanden Archäologen unter dem barocken Neubau Ruinen eines römischen Wohnhauses aus dem 1. Jahrhundert. Vielleicht befand sich hier die erste Hausgemeinde der Ewigen Stadt.

Paulus muß es für einen Fingerzeig Gottes gehalten haben, daß er bereits bei der Suche nach Arbeit auf Christen stieß, die zudem noch Zeltmacher waren. So nahm er langsam seine Mission wieder auf, lehrte jeden *Schabat* in der Synagoge und versuchte, „Juden und Griechen" zu überzeugen. Als zu Anfang des Jahres 51 Silas und Timotheus mit einem der ersten Schiffe aus Mazedonien eintrafen, „widmete sich Paulus ganz der Verkündigung und bezeugte den Juden, daß Jesus der Messias sei" (Apg 18,5). Es gab Widerstände, Spott, Lästerungen, die bei ihm eine erneute Frustration bewirkten. So „schüttelte er seine Kleider aus sagte zu ihnen: Euer Blut komme über euer Haupt! Ich bin daran unschuldig. Von jetzt an werde ich zu den Heiden gehen" (Apg 18,6).

1898 stieß der amerikanische Archäologe Benjamin Powell in der Lechaion-Straße, am Fuße der Stufen, die zu den Propyläen führen, auf eine Spur dieser Synagoge. Ein länglicher Kalksteinblock, der wohl als Türfries diente, war in griechischer Schrift mit den Worten *(SYNA)GOGE EBR(AION)* beschriftet: *Die Synagoge der Juden.* Die eher nachlässige Schreibweise läßt darauf schließen, daß die Inschrift erst aus dem 5. Jahrhundert n. Chr. stammt. Doch nichts spricht dagegen, daß sich hier auch schon im 1. Jahrhundert ein jüdisches Bethaus befand. Ein weiterer Hinweis auf die jüdische Präsenz in Korinth, eine kunstvoll in Stein geschlagene dreifache Menora, gesäumt von Palmzweigen und Widderhörnern, wurde in den Ruinen des antiken Theaters entdeckt. Auch dieser Fund wird in das 5. Jahrhundert datiert. Beide Relikte befinden sich heute im Museum auf dem Ausgrabungsgelände.

Die Mission des Paulus in der Korinther Synagoge war keineswegs erfolglos; selbst der Synagogenvorsteher, ein gewisser Krispus, „kam mit seinem ganzen Haus zum Glauben an den Herrn" (Apg 18,8). Ein Gottesfürchtiger namens Titius Justus ließ sich nicht nur taufen, er stellte Paulus auch sein Haus zur Verfügung, das an die Synagoge grenzte. Titius entstammte einer bekannten Töpferfamilie, der *Titii*, die sogar von dem griechischen Geographen Strabo erwähnt wird. Keramik aus Korinth war im ganzen Reich begehrt, und so konnte er zu beträchtlichem Reichtum gekommen sein. Vielleicht lag sein Haus (und damit auch die Synagoge) im Töpferviertel am Glaukebrunnen, etwa dort, wo sich heute das Museum befindet. Hier fand die erste überlieferte Eucharistiefeier seit dem Letzten Abendmahl statt: Paulus teilte mit seinen Brüdern Brot und Wein.

Auch viele andere Korinther, die den Apostel hörten, „wurden gläubig und ließen sich taufen". Schließlich hatte Paulus eine Vision, die ihm bestätigte, endlich am richtigen Ort zu wirken: „Fürchte dich nicht! Rede nur, schweige nicht! Denn ich bin mit dir, niemand wird dir etwas antun. Viel Volk nämlich gehört mir in dieser Stadt", sprach der Herr (Apg 9–10). So blieb Paulus „ein Jahr und sechs Monate", also bis März 52 n. Chr., in Korinth. Es wurde „seine Stadt". Nirgendwo sonst war Paulus so erfolgreich, konnte er so viele Menschen für Christus gewinnen.

Dabei war Korinth ein äußerst schwieriges Pflaster. Denn die Stadt war alles andere als spirituell. Im Gegenteil: In der ganzen Antike war sie verrufen als Ort des Reichtums und des Lasters, des Protzes und der Gier nach dem schnellen Geld.

Zumindest in Athen, dem alten Erzrivalen Korinths, wurde sein Name zur Wurzel frivoler Begriffe, die alle um das Thema der käuflichen Liebe kreisten: *korinthiazesthai*, „korinthern", hieß soviel wie „Unzucht treiben", ein *Korinthiastes* war ein Zuhälter, eine *Korinthia koré*, wörtlich: „korinthisches Mädchen", eine Prostituierte. Der Grund für den schlechten Ruf war der Aphrodite-Tempel, der auf einem mächtigen Felsen oberhalb der eigentlichen Stadt lag. Wie der griechische Geograph Strabo schrieb, blühte hier die Tempelprostitution: Über tausend *Buhldirnen,* Männer wie Frauen, „weihten sich der Göttin" und schafften an für den Reichtum des Tempels. Kein Wunder also, wenn Paulus die Unzucht im 1. Korintherbrief thematisierte, aber auch die Macht der wahren, gottgesandten Liebe als Gegengift gegen die fleischlichen Versuchungen empfahl.

Doch der Standort des Aphrodite-Tempels, der 575 Meter hohe, steil emporragende Burgberg *Akrokorinth,* war auch die Keimzelle für den Aufstieg der Stadt. Schon vor 3000 Jahren stand hier, uneinnehmbar, eine mykenische Burg, die den Isthmus, die Landenge zwischen Attika und dem Peleponnes, kontrollierte. Wer ihn nutzte, wer hier seine Waren umlud, brauchte nicht die lange und gefährliche Fahrt um die Südspitze des Peleponnes, das gefürchtete Kap Maleas, wagen. Durch Zölle, die man von reisenden Kaufleuten verlangte, wurde die Stadt reich, mauserte sich das Felsennest zu einem der wichtigsten Stadtstaaten des alten Hellas. Im 6. Jahrhundert v. Chr. besaß Korinth Kolonien von Sizilien bis Kleinasien. Während Sparta sich durch Sittenstrenge und Athen durch Gelehrsamkeit auszeichnete, blühte in der Stadt am Isthmus der Handel. Erst der militärische Aufstieg seiner Konkurrenten während der Perserkriege führte zu ihrem Niedergang. Als Korinth um 200 v. Chr. als Hauptstadt des *Achäischen Bundes* noch einmal zur Geltung kam, zog es den Zorn der Römer auf sich. 146 v. Chr. wurde es durch den römischen Feldherrn Mummius vollständig zerstört, wurden seine Bewohner getötet oder in die Sklaverei verkauft. Erst Cäsar besann sich auf das Potential seines Standorts und gründete 44 v. Chr., nur wenige Wochen vor seiner Ermordung, die *Colonia Laus Iulia Corinthus,* die römische Kolonie Korinth. Wie in Philippi, so wurden auch hier Veteranen angesiedelt, wurde eher Latein als Griechisch gesprochen. Als Augustus 27 v. Chr, die senatorische Provinz Achaia einrichtete, die den gesamten Süden Griechenlands umfaßte, machte er Korinth zu ihrer Hauptstadt und damit zum Sitz des Statthalters vom Rang eines Prokonsuls.

In den folgenden Jahrzehnten wiederholte sich die Erfolgsgeschichte der Stadt zwischen den Meeren. Ihr nördlicher Hafen Lechaion verband sie mit Italien, ihr östlicher Hafen, Kenchräa, galt als Tor nach Asien. So wurde sie zum Knotenpunkt des Handels zwischen Ost und West, zum Umschlag von Waren aus der ganzen Welt. Als Boomtown schlechthin zog sie Kaufleute aus dem gesamten östlichen Mittelmeer an, angelockt durch den Traum vom schnellen Geld. „Die Stadt war überlaufen und hatte sich bereichert, denn die Seeleute gaben ihr Geld leichtsinnig aus. Daher stammt das Sprichtwort ‚Es ist nicht für jedermann, nach Korinth zu reisen'“, schrieb Strabo. Ganze 300.000 Einwohner zählte Athenaeus um 200 n. Chr., hinzu sollen 460.000 Sklaven gekommen sein; moderne Schätzungen gehen von 245.000 Bewohnern aus. Rund 10–20.000 davon waren Juden. Die Stadtmauer des römischen Korinth war zehn Kilometer lang.

Sollte Paulus – was anzunehmen ist – die 85 Kilometer von Athen nach Korinth auf dem Landweg zurückgelegt haben, so bekam er spätestens am Isthmus einen Eindruck von dem, was ihn erwartet. Denn parallel zum heutigen Kanal verlief die erste Schienenbahn der Geschichte, der *Diolkos*. Auf zwei in den Fels geschlagenen Spuren, anderthalb Meter voneinander entfernt, rollten Karren auf der gut fünf Kilometer langen Strecke von einem Meer zum anderen, beladen mit kostbarer Fracht, gezogen von Ochsen und geschoben von Sklaven. Wem das nicht Metapher genug für das Leben in Korinth war, der brauchte nur die Mythologie befragen. Denn auch Sisyphus, der im Hades jeden Tag einen Felsbrocken den Hang hinaufrollte, der ihm abends wieder entglitt, war einst König von Korinth gewesen. Hier herrschte nackter Kapitalismus, wurde hemmungslos dem Geld hinterhergejagt, und Paulus mußte sich ernsthaft fragen, ob den Korinthern überhaupt die Zeit blieb, ihm zuzuhören. Doch zu allen Zeiten verursachte Reichtum auch eine innere Leere, einen Hunger nach Höherem, den das Evangelium stillen konnte.

Es ist ein Glücksfall, daß später über den Ruinen des antiken Korinth nur ein Dorf entstand. So konnten seine Überreste seit 1896 von Archäologen der *Amerikanischen Schule für Klassische Studien* in Athen systematisch freigelegt werden. Später wurden sie noch durch Kollegen von der *University of Texas* und der *Case Western Reserve University* unterstützt. Das führte dazu, daß wir heute über die Stadt Pauli mehr wissen als über viele andere Metropolen seiner Zeit. Nirgendwo sonst hat sein Wirken so eindrucksvolle Spuren hinterlassen.

Paulus könnte Korinth auf der *Lechaion*-Straße betreten haben, der Prachtstraße, die den Nordhafen mit dem Forum verband. Auf diesem Weg hatte er immer den Burgfelsen von Akrokorinth vor Augen, während er an dem berühmten Apollon-Tempel, noch heute das Wahrzeichen des Ausgrabungsgeländes, den Thermen, einer *Stoa* und dem prächtigen *Peirene*-Brunnen vorbeikam. Das Forum, ein 255 mal 127 Meter großer Platz, war von einer weiteren *Stoa*, einer *Basilika* und mehreren Tempeln gesäumt. An der Straße lagen viele kleine Ladenlokale, und vielleicht war eines davon die Zeltmacherwerkstatt Aquilas und Priskas. Sie folgten alle demselben Bauplan, waren vier Meter tief und zwischen drei und vier Metern breit. Im hinteren Bereich führten Treppen oder eine Leiter hinauf in ein Loft, dessen unverglastes Fenster über dem Ladeneingang lag. Hier wohnte der Ladenbesitzer, während der Geselle unten zwischen den Werkbänken und Stoffballen schlief. An den Außenwänden vor den Ladenlokalen fanden die Archäologen Buchsenlöcher für Zeltplanen, die den vorbeiflanierenden Kunden Schatten spendeten. Es ist sehr gut möglich, daß einige davon aus der Werkstatt Aquilas stammten.

Wahrscheinlich brauchten die Zeltmacher jeden Mann, als Paulus in Korinth eintraf. Schließlich sollten neun Monate später, im Mai des Jahres 51, vor den Toren der Stadt wieder die *Isthmischen Spiele* stattfinden. Sie waren dem Meergott Poseidon geweiht und galten als das zweitgrößte panhellenische Sportfest nach Olympia. „Die Isthmischen Spiele zogen Menschenmassen an", berichtet Strabo, ganz Griechenland war auf den Beinen, um die Athleten anzufeuern. Da die Besucher aus allen Teilen des Landes in Zelten wohnte, mußten die Zeltmacher zuvor Sonderschichten einlegen. Wir können sicher sein, daß Paulus die Gelegenheit nutzte, um auch hier zu missionieren. So verwundert es kaum, daß sein 1. Korintherbrief vor Metaphern aus der Welt des Sports nur so strotzt: „Wißt ihr nicht, daß die Läufer im Stadion zwar alle laufen, aber daß nur einer den Siegespreis gewinnt? Lauft so, daß ihr ihn gewinnt. Jeder Wettkämpfer lebt aber völlig enthaltsam, jene tun dies, um einen vergänglichen, wir aber, um einen unvergänglichen Siegeskranz zu gewinnen. Darum laufe ich nicht wie einer, der ziellos läuft, und kämpfe mit der Faust nicht wie einer, der in die Luft schlägt ..." (9,24–26). In der südlichen *Stoa* von Korinth entdeckten die Archäologen ein Mosaik, das wahrscheinlich zum

Büro des Leiters der Isthmischen Spiele gehörte. Es zeigt einen Athleten mit einem Palmzweig in der rechten Hand und einem Siegeskranz aus verwelktem Sellerie auf dem Haupt. Das Bild illustriert anschaulich, was Paulus gemeint hat, als er vom „vergänglichen Siegeskranz" schrieb.

Kurz nach den Spielen kam es zu einer Begegnung, die zu den wichtigsten Fixpunkten der paulinischen Chronologie gehört. „Als aber Gallio Prokonsul von Achia war, traten die Juden einmütig gegen Paulus auf, brachten ihn vor den Richterstuhl und sagten: Dieser verführt die Menschen zu einer Gottesverehrung, die gegen das Gesetz verstößt", berichtet Lukas (Apg 18,12–13). Wie Sergius Paulus, so ist auch Gallio eine historische Persönlichkeit; mit dem Unterschied jedoch, daß wir sehr viel mehr über ihn wissen.

Marcus Annaeus Novatus wurde erst zu Iunius Annaeus Gallio, als ihn sein väterlicher Freund, der bekannte Redner L. Iunius Gallio, adoptierte. Sein leiblicher Vater war der ältere Seneca, ebenfalls ein Rhetor, der zuerst als Anwalt und später im öffentlichen Dienst tätig war. Der jüngere Seneca, der berühmte stoische Philosoph und Lehrer Neros, war sein Bruder. Beide Söhne wurden im spanischen Cordoba geboren, kamen erst unter Tiberius zusammen mit ihrem Vater in die Hauptstadt. Gallio schlug die Ämterlaufbahn ein, gehörte bald zum Freundeskreis des Kaisers Claudius und wurde Prokonsul.

Seneca beschreibt seinen Bruder als äußerst liebenswürdigen und anständigen Menschen, „der Laster nicht kennt und die Schmeichelei haßt ... Kein Sterblicher wird von irgend jemandem derart geschätzt wie dieser von allen." Gleich zwei seiner Werke, *De Ira* („Vom Zorn") und *De Vita Beata* („Vom beglückenden Leben"), widmete er ihm. Er sei intelligent und von edler Gesinnung, stets heiter, zu jedem freundlich und immer darum besorgt, es allen recht zu machen. Der Dichter Statius nennt ihn den „sanften Gallio". Anderen Quellen entnehmen wir, daß er damit manchmal zu weit ging. Cassius Dio schildert ihn als unterwürfigen Kriecher mit dem Hang zur Lächerlichkeit, der sich dazu erniedrigen ließ, als Herold verkleidet, Nero bei einem Gesangsauftritt im Theater anzukündigen. Als der Kaiser seinen Bruder Seneca zum Selbstmord zwang, winselte Gallio um sein eigenes Leben, berichtet Tacitus voller Verachtung. Diese Charakterschwäche ging einher mit einer labilen, ja geradezu weichlichen körperlichen Konstitution.

(45) Ephesus, Paulusgrotte

(46) Fresko

(47) Ephesus: Artemis-Tempel (Überreste)

(48) Statue der Göttin

Jerusalem: (49) Tempel, (50) Burg Antonia, (51) „Gefängnis Christi“

(52) Das Verlies der „Kaserne“

Caesarea, Prätorium des Herodes:
(53) Innenhof mit Bema,
(54) Paulus-Gefängnis,
(55) Audienzsaal

Kreta: (56) Die Bucht von Kaloi Limenes

(57/58) Die Paulushöhle von außen und innen

(59/60) Kreta: Das Paulus-Gefängnis (außen und innen)

(61) Schiffbruch auf Malta, Gemälde von A. Nuzzi

(62) Malta: St. Paul's Bay

(63) St. Thomas-Bay mit Blick auf das Munxar-Riff

(64) Malta: Burmarrad, römische Villa, Blick auf die Salina-Bay

(65) Ruinen unter der St. Pauls-Kirche

(66) Malta: Die alte Hauptstadt Mdina

(67) St. Pauls-Höhle in Rabat

(68) Malta: Römische Anker im Seefahrt-Museum von Vittoriosa

(69) Ray Ciancios Anker

(70) Mark Gatts Anker

(71) Ray Ciancio

(72) Römisches Kornschiff (Modell)

Syrakus: (73) Pauluskirche, Apollontempel; (74) Paulusfresko

(75) Paulushöhle

Reggio:
(76) Paulus-Säule,

(77) Artemistempel auf dem Meeresgrund

Pozzuoli:
(78) Der Hafen

(79) Pozzuoli: Der antike Markt

(80) Forum Appii: auch heute eine Herberge

(81) Die Via Appia bei Rom (o.l.), S. Paolo alla Regola: (82) Die Paulusschule (o.r.), (83) Ausgrabung antiker Lagerhallen (m. r.)

(84) Rom: Die Pauluskketten

(85) Rom: Der Mamertinische Kerker

(86) Das Gefängnis Petri & Pauli

(87) Rom: Cestus Pyramide, Porta S. Paolo

(88) Der letzte Weg des Apostels in Tre Fontane; (89) Enthauptungssäule

(90) Die Apostel auf spätröm. Sarkophag (4. Jh.)

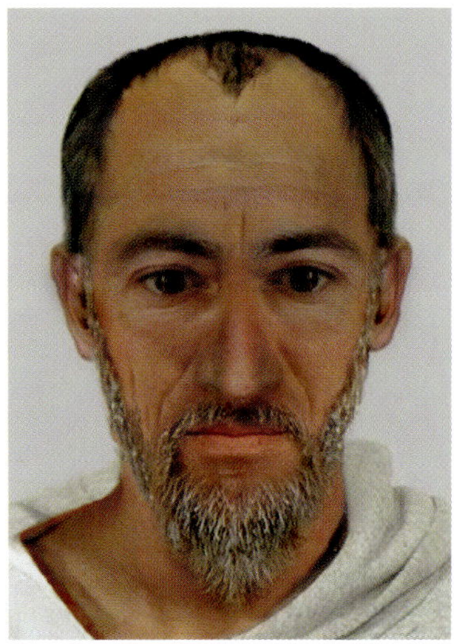

(91) Roms älteste Paulus-Ikone (ca. 4. Jh.);
(92) Phantombild des Apostels (LKA-NRW)

Als er während seiner Dienstzeit in Achaia an Malaria erkrankte, floh er auf das nächste Schiff und behauptete, es sei keine Krankheit seines Körpers, sondern der Gegend, spöttelte selbst Seneca in einem Brief an seinen Freund Lucilius.

Dank einer geradezu sensationellen archäologischen Entdeckung können wir seine Amtszeit in Korinth ziemlich genau datieren. Bei Ausgrabungen in der antiken Weihe- und Orakelstätte Delphi stießen französische Archäologen unter Leitung von Emile Bourguet 1905 auf vier Fragmente einer Inschrift aus der Zeit des Kaisers Claudius. Drei weitere Bruchstücke wurden 1910 gefunden, danach noch zwei im Jahre 1914. Trotzdem dauerte es ein halbes Jahrhundert, bis Historiker die Teile wie ein Puzzle zusammensetzten und in der Lage waren, ihren Inhalt zu rekonstruieren. Als der Text der Inschrift 1970 erstmals von A. Plassart veröffentlicht wurde, schlug er in Fachkreisen wie eine Bombe ein. Denn obwohl Gallios Wirken in Achaia bereits durch Senecas Brief an Lucilius bestätigt wurde, lag nun erstmals ein zeitgenössisches Dokument vor, das es eindeutig datiert. Die Inschrift erwies sich als Antwortschreiben des Kaisers Claudius auf einen Bericht des Gallio über die Zustände in Delphi: „Tiberius Claudius Caesar Augustus Germanicus, zum 12. Mal zum Tribun gewählt, zum 26. Mal als Imperator durch Akklamation bestätigt, der Vater des Vaterlandes ... sendet Grüße an (die Bürger von Delphi). Seit langer Zeit war ich der Stadt Delphi nicht nur wohlgesonnen, sondern auch um ihren Wohlstand besorgt, und immer beschützte ich die Verehrung des Pythischen Apollon. Doch jetzt, wo es ihr an Bewohnern mangelt, wie mir L. Junius Gallio, mein Freund und Prokonsul kürzlich mitteilte, und in dem Begehren, daß es seine einstige Stellung wieder erlangt, weise ich euch an, wohlgeborene Bürger anderer Städte als neue Bewohner nach Delphi einzuladen, und ihnen sowie ihren Kindern alle Rechte und Privilegien als gleichwertige Bürger Delphis einzuräumen."

Das Dokument stammte also aus dem 12. Regierungsjahr des Claudius, das vom 25. Januar 52 bis 24. Januar 53 dauerte. Als *Imperator durch Akklamation bestätigt* wurde der Kaiser durch spontanen öffentlichen Applaus, etwa nach einer vollbrachten Leistung, einem erfolgreichen Feldzug oder wichtigen Sieg. Leider ist uns der Zeitpunkt der 26. Akklamation nicht überliefert, aber wir wissen aus den Schriften des Frontinus (30–104 n. Chr.), daß die 27. Akklamation am 1. August 52 stattfand, als die beiden Aquädukte fertiggestellt wurden, mit deren Bau Caligula begonnen hatte. Bei 27 Akklamationen bis zum 13. Amtsjahr kann von einem Durchschnitt von zwei Akklamationen im Jahr ausgegangen werden; die 26. hätte also um den Februar 52 herum stattgefunden. Deshalb muß die Inschrift aus der ersten Hälfte des Jahres 52 stammen.

Die Amtszeit eines Statthalters begann offiziell am 1. April, berichtet uns Cassius Dio, doch weil es gefährlich war, im Frühling zu reisen, trafen die meisten von Gallios Kollegen erst im Juni an ihrem Bestimmungsort ein und nahmen zum 1. Juli ihre Amtsgeschäfte auf. Während kaiserliche Präfekten jahrelang im Amt blieben, war die Amtszeit eines *Prokonsuls* auf ein Jahr beschränkt. Von Seneca wissen wir, daß Gallio nicht einmal so lange in Achaia blieb; er erkrankte an Malaria. Wahrscheinlich verließ er die Provinz gleich im April des nächsten Jahres, als das Reisen wieder halbwegs sicher war. Die Inschrift könnte also noch im März 52 entstanden sein, der Amtsantritt des Gallio wäre damit auf den 1. Juli 51 zu datieren.

Als die Juden Paulus bei Gallio anzeigten, muß er ganz neu im Amt gewesen sein. Mit Sicherheit kannten die Kläger noch nicht den nachgiebigen Charakter des Prokonsuls und seinen latenten Antisemitismus, den er mit Seneca teilte. Vielleicht hofften sie, daß er als persönlicher Freund des Kaisers hart durchgreifen würde, um *Unruhen wegen Christus,* wie sie zwei Jahre zuvor in Rom ausgebrochen waren, im Keim zu ersticken. Doch Gallio interessierte sich nicht für ihre Anklage. Er gab Paulus nicht einmal die Möglichkeit, sich zu verteidigen, er wies sie einfach zurück mit Verweis auf die Nichtzuständigkeit seines Gerichtes: „Läge hier ein Vergehen oder Verbrechen vor, ihr Juden, so würde ich eure Klage ordnungsgemäß behandeln. Streitet ihr jedoch über Lehre und Namen und euer Gesetz, dann seht selber zu! Darüber will ich nicht Richter sein" (Apg 18,14–15), lautete die Urteilsbegründung. Daran änderte nichts, daß die Klägerpartei sich jetzt gegen ihren eigenen Wortführer, den neuen Synagogenvorsteher Sosthenes, wandte – Krispus war offenbar abgesetzt worden, als er sich taufen ließ –, er noch vor dem Richterstuhl verprügelt wurde. Wahrscheinlich warfen sie ihm vor, die falsche Strategie gewählt zu haben, als er Paulus als religiösen, nicht als politischen Unruhestifter anklagte. Gallio war auch das egal, er „kümmerte sich nicht darum" (Apg 18,17). Es war

Sommer, und vielleicht litt er unter der Hitze, wollte so schnell wie möglich wieder zurück ins kühle Prätorium. Sein Phlegma, sein Desinteresse an dem, was er wohl für innerjüdische Streitereien hielt, lassen es wenig wahrscheinlich erscheinen, daß er seinem Bruder Seneca von Paulus erzählte.

Glücklicherweise ermöglichen es uns die Ausgrabungen in Korinth, den Vorfall exakt zu lokalisieren. Denn wo in der *Einheitsübersetzung* das Wort „Richterstuhl" benutzt wird, steht im griechischsprachigen Original das Wort *Bema.* Diese *Bema,* also eine Plattform, auf der auch wichtige Gerichtsverhandlungen stattfanden, wurde 1935 in den Ruinen des Forums von Korinth entdeckt. Zwei Jahre später fand ein Archäologe sieben Fragmente einer Inschrift aus der 1. Hälfte des 1. Jahrhunderts, mit deren Hilfe er sie endgültig identifizierte. Ihr Text lautete nach der Rekonstruktion von John Kent: A()SA()ROST(RA)IN (CRU)STA-MAR(MORAQU)E-O(MNIA-S-P)F-C (EX)TEST (AMENTO): „Er verkleidete die *Bema* und bezahlte persönlich die Kosten für die Herstellung des Marmors".

Die *Bema* von Korinth war eine große, marmorverkleidete Tribüne von drei Metern Höhe, 16 Metern Länge und acht Metern Tiefe, also groß genug, um dem Richter, den Gerichtsdienern und den gegnerischen Parteien samt ihren Anwälten Platz zu bieten. Eine von mächtigen Säulen flankierte Rückwand, verkleidet mit blauem Marmor, überragte sie und ließ sie noch eindrucksvoller erscheinen. Noch heute erkennt man auf ihrer marmorgepflasterten Oberfläche Überreste der beiden Eckbänke für die Liktoren des Statthalters, die Träger des Rutenbündels *(fasces)* als Symbol der Gerichtbarkeit. Zwei kleinere Seitenräume waren mit umlaufenden Bänken ausgestattet, wohl für Wartende. Die Zuschauer konnten eine Verhandlung vom Forum aus verfolgen, aber nicht stören; dazu war das Podium zu hoch.

Die *Bema* stand mitten auf der Südseite des Platzes, direkt vor der *Südbasilika,* in der sich die Amtsräume des Statthalters befanden. Nur von dort aus konnte sie betreten werden. Zu beiden Seiten wurde sie von Ladenlokalen flankiert, die sie stolz überragte, direkt vor ihr erhob sich eine Statue der Pallas Athena. Die Tradition, daß hier einst Paulus stand, muß sich lange gehalten haben. Noch im 10. Jahrhundert wurde über den Ruinen der *Bema* eine dreischiffige Basilika errichtet. Heute ist eine Marmortafel an der

Vorderseite der Plattform angebracht, erinnert ein zweisprachiges Schild daran, daß hier Kirchengeschichte geschrieben wurde. Paulus verließ den Platz als freier Mann, unbehelligt in seiner Mission, die, wie Lukas schreibt, „noch längere Zeit" (Apg 18,18) andauerte, nämlich den ganzen Herbst und Winter hindurch, bis es den Apostel im Frühling des Jahres 52 wieder nach Jerusalem zog.

Während die Apostelgeschichte es bei diesen Angaben beläßt, erfahren wir in den Paulusbriefen mehr über die Erfolge des Apostels in Korinth. Der 1. Korintherbrief wurde wohl im Jahre 55 von Ephesus aus geschrieben, der 2. ein Jahr später aus Mazedonien, kurz bevor Paulus nach Korinth zurückkehrte.

Der Inhalt des 1. Korintherbriefes legt nahe, daß er den Großteil der neuen Gemeinde aus den Reihen der Heiden rekrutiert hatte. Statt um jüdische Themen, etwa die Beschneidungsfrage, geht es um die Versuchungen einer griechisch-heidnischen Umwelt, um Unzucht und Homosexualität, Ehe, Scheidung und das Ideal der Jungfräulichkeit, um Rechtsstreit und den Genuß von Götzenopferfleisch, aber auch um das Verhalten im Gottesdienst und die richtige Feier der Eucharistie. Das alles gipfelt in seinem literarischen Meisterwerk, seiner Vision von der Kirche als Leib Christi, beseelt vom Geist der Liebe, deren Hohelied er singt. Sein Text, in alle Weltsprachen übersetzt und in Bronze gegossen, schmückt heute die Dorfkirche von Alt-Korinth gleich oberhalb der *Lechaion*-Straße und des Grabungsgeländes.

In der Auseinandersetzung mit dem Heidentum ging es Paulus in erster Linie um Abgrenzung. Der Apostel machte klar, daß das Christentum keine neue Mysterienreligion ist, sondern die *Geheimnisse Gottes* allen offenbart. Andererseits gab es Parallelen zwischen der Eucharistiefeier und dem Mysterienmahl der Heiden. Wie bei heidnischen Kult- und Opferfeiern üblich, war auch die Eucharistiefeier integriert in ein Gemeinschaftsmahl, das in seinem Ablauf durchaus an antike Symposien erinnert. Er untersagte Christen, an heidnischen Mahlfeiern teilzunehmen, hatte aber prinzipiell nichts dagegen, daß sie auf dem heidnischen Fleischmarkt einkauften.

Das war insofern brisant, weil die Tempel die größten Schlachthäuser der Antike waren. Regelmäßig wurden auf den Altären der Götter Tiere geschlachtet. War ihr Blut auf dem Opferaltar vergossen, wurde ihr Herz verbrannt, ging vielleicht noch das beste

Stück Fleisch an die Priester. Der Rest aber und damit der Großteil des getöteten Tieres wurde auf dem Fleischmarkt verkauft; die Einnahmen gingen an den Tempel. Das brachte viele Christen in Gewissensnöte. Was sollte man tun? Ganz auf Fleisch verzichten? Oder, Fleisch ist Fleisch, die heidnische Kulthandlung einfach ignorieren, in dem Wissen, daß die Götzen der Heiden nicht existierten, es nur einen wahren Gott gibt? Und was war, wenn man von einem Nichtchristen zum Essen eingeladen wurde? Paulus entschied sich für einen Kompromiß. Er verbot nichts, doch er verwies auf die Gefahren einer falschen Leichtfertigkeit. Der Christ kann prinzipiell essen, was er will. Doch wenn die Gefahr besteht, daß er Anstoß erregt oder einen Mitbruder in Gewissensnöte bringt, sollte er lieber auf den Fleischgenuß verzichten.

Der Korinther Fleischmarkt, das *Macellum,* auf das sich Paulus bezieht, wurde von Archäologen identifiziert. Südwestlich der *Bema,* in direkter Nachbarschaft eines großen Tempels aus der Zeit des Tiberius, entdeckten sie eine Reihe kleiner Ladenlokale, die sie nach ihrer Lage „Südläden“ nannten. Die Überreste einer Inschrift verrieten, daß einer davon dem *LOYKIOC LANIOC,* dem „Metzger Lucius“, gehörte. 31 der insgesamt 33 Ladenlokale hatten im hinteren Bereich einen Brunnen, der offenbar nicht der Wasserversorgung diente; hier wurde Fleisch gekühlt.

Die Gemeinde von Korinth muß bald so groß und so bedeutend gewesen sein, daß sie auch andere Glaubensboten anzog. In der Apostelgeschichte lesen wir etwa von einem ebenso redebegabten wie schriftkundigen Juden aus Alexandria, Apollos, der zuvor in Ephesus wirkte. Offenbar hatte er in einer sehr frühen Phase zum Glauben gefunden, denn „er kannte nur die Taufe des Johannes“ (Apg 18,25) aus der Zeit Jesu, nicht die Taufe „im Namen des Vaters und des Sohnes und des Heiligen Geistes“, die seit dem Pfingstfest des Jahres 30 praktiziert wurde. Priska und Aquila erkannten sein Potential, wiesen ihn in die aktuelle Glaubenslehre ein und ermunterten ihn, nach Achaia zu gehen. Zwei Jahre später, im Jahre 54, kam auch der hl. Petrus nach Korinth und missionierte so erfolgreich, daß er bald Paulus in den Schatten stellte. In späteren Darstellungen wird trotzdem die Gleichrangigkeit der beiden Apostel betont, so bei Clemens, dem Bischof von Rom, der um das Jahr 90 die zwei Städte miteinander verglich und von „unseren Aposteln“ sprach, „die in Rom und Korinth gepredigt haben“. Um

170 nannte Bischof Dionysius von Korinth seine Kirche „die von Petrus und Paulus … gelegte Pflanzung“. Trotzdem kam es bald zu Eifersüchteleien unter den Korinthern, zu „Zank und Streit“ und Fraktionsbildung, wenn es hieß: „Ich halte zu Paulus – ich zu Apollos – ich zu Kephas – ich zu Christus“. Der Apostel muß einlenken und seine Anhänger in ihre Grenzen verweisen: „Ist denn Christus zerteilt? Wurde etwa Paulus für euch gekreuzigt? Oder seid ihr auf den Namen des Paulus getauft worden?“ (1 Kor 1,11–13). Die innere Spaltung führte dazu, daß er im Herbst 55 von Ephesus aus zu einem Kurzbesuch nach Korinth kam. Dabei muß es zu einem schweren Zwischenfall gekommen sein, der für Paulus eine Demütigung bedeutete. Erst 56 n. Chr. kehrte er in die Stadt am Isthmus zurück, nachdem er den versöhnlichen 2. Korintherbrief verfaßt hatte. Diesmal wohnte er im Haus eines Gaius, der offenbar so reich war, daß sich die ganze Gemeinde bei ihm einfinden konnte (Röm 16,23); hier diktierte er seinem Schreiber Tertius den Römerbrief, sein theologisches Vermächtnis. Aus ihm erfahren wir auch den Namen eines anderen illustren Gemeindemitgliedes, wenn es heißt: „Es grüßt euch der Stadtkämmerer Erastus …“ (Röm 16,23).

Um einen Hinweis auf ihn zu finden, kehre ich der archäologischen Zone den Rücken zu. Gegenüber von ihrem Eingang, etwa auf der Höhe des Museums, steige ich einen Abhang hinab, passiere das antike Theater und gelange auf eine gut gepflasterte antike Straße. Sie führt auf einen kleinen Platz. An seinem Rand, mitten in einem über zwei Meter breiten Sandstein, ist eine lateinische Inschrift eingemeißelt. Ihre Buchstaben sind breit, wahrscheinlich waren sie einst mit Bronze ausgegossen. Sie erinnert an den Mann, der aus Dank dafür, daß er das Amt des *Ädils,* des Stadtkämmerers, erhalten hatte, dieses Straßenpflaster stiftete: ERASTVS-PRO-AEDILIT(at)E-S-P-STRAVIT – „Erastus hat für seine Ädilenschaft dieses Pflaster aus eigenen Mitteln bezahlt“.

Archäologen datieren die Inschrift in die Zeit um das Jahr 50 n. Chr. Erastus war ein so seltener Name, daß kein Zweifel bestehen kann, daß er mit dem *Stadtkämmerer Erastus,* den Paulus als Gemeindemitglied erwähnt, identisch ist. Das Christentum hat mit ihm in die höchsten Kreise Korinths, ja in die Reihen der Stadtverwaltung, Einzug gehalten. Doch die Inschrift verrät uns noch mehr. Daß Erastus seinen Vater nicht erwähnt, wie in römischer Zeit üblich, läßt darauf schließen, daß er ein Freigelassener war. Er muß einen beeindruckenden sozialen Aufstieg hinter sich gehabt haben, war jetzt römischer Bürger und reich genug, um sich ein lukratives Amt zu kaufen. Doch bei allem, was er erreicht hatte, blieb das Makel seiner Herkunft. Wie viele Neureiche, so wird auch er sich in den „besseren Kreisen" nie so ganz heimisch gefühlt haben, blieb eine innere Unsicherheit, die er vielleicht durch protzige Inschriften zu kompensieren versuchte. Die Botschaft des Paulus muß ihn schon deshalb angezogen haben, weil sie alle sozialen Gegensätze und Grenzen überwand.

Bevor Paulus seinen ersten Besuch in Achaia beendete, hielt er sich für ein paar Tage in Kenchreä auf, dem Osthafen von Korinth. Von hier aus fuhren die Schiffe nach Kleinasien und Syrien. Der Weg dorthin war nur neun Kilometer lang, eine Strecke, die sich in zwei Stunden leicht bewältigen ließ. Kenchreä hatte seine eigene, kleine Gemeinde, in der eine Frau den Ton angab, die Paulus im Römerbrief (16,1–2) als „unsere Schwester Phöbe" und als „Diakonin" bezeichnet: „sie hat vielen, darunter auch mir, geholfen". Wie die Purpurhändlerin Lydia aus Philippi scheint auch sie eine Geschäftsfrau gewesen zu sein, vielleicht verwitwet, jedenfalls selbständig und unabhängig. So reiste sie im Jahre 56, möglicherweise sogar im Auftrag des Paulus, nach Rom voraus, im Handgepäck den Römerbrief, der zugleich ihr Empfehlungsschreiben war: „Nehmt sie im Namen des Herrn auf, wie es Heilige tun sollen, und steht ihr in jeder Sache bei, in der sie euch braucht." Eine ähnlich wichtige Rolle wird jene Chloe (1 Kor 1,11) gespielt haben, deren „Leute" Paulus während seines Aufenthaltes in Ephesus über die Vorgänge in Korinth informierten. Wahrscheinlich war auch sie eine international agierende Geschäftsfrau, ihre „Leute" Sklaven oder Angestellte, die für sie tätig waren. Paulus, den erst moderne Feministinnen zum „Frauenfeind" erklärten, nutzte also geschickt die Netzwerke antiker Powerfrauen.

Seine Pilgerfahrt nach Jerusalem zeigt, daß der Apostel sich nach wie vor als gläubiger Jude verstand. Bevor er wohl zum Pfingstfest des Jahres 52 aufbrach, unterzog er sich einem traditionellen Bußopfer. Vielleicht fühlte er sich durch den häufigen Umgang mit Heiden und seinen Aufenthalt im lasterhaften Korinth verunreinigt, vielleicht hatte er auch gerade einen erneuten Ausbruch seiner Malaria überstanden. „In Kenchreä hatte er sich aufgrund eines

Gelübdes den Kopf kahlscheren lassen", berichtet jedenfalls Lukas (Apg 18,18). Gemeint war das sogenannte *Nasirat,* eine Selbstweihe, deren Regeln im 6. Kapitel des Buches *Numeri* niedergeschrieben sind. So lange das Gelübde andauerte, mußte sich der Nasiräer aller alkoholischen Getränke enthalten und die Haare wachsen lassen: „So lange ... soll auch kein Schermesser sein Haupt berühren, bis die Zeit abgelaufen ist, für die er sich dem Herrn als Nasiräer geweiht hat. Er ist heilig, er muß sein Haar ganz frei wachsen lassen". War die Zeit vorbei, ließ er sich die Haare schneiden, um sie später im Tempel Gott als Opfer darzubringen.

Die Ruinen des antiken Hafens von Kenchreä liegen an einer malerischen Bucht. Sie reichen weit ins Meer hinein, denn durch mehrere Erdbeben ist das Land hier abgesunken. Am besten erhalten sind noch zwei Kultgebäude, die einst zu einem bedeutenden Isis-Heiligtum gehörten. Auch Ägyptens Götter fanden im 1. Jahrhundert unter griechischem Himmel eine neue Heimat. Jedes Jahr im Frühjahr wurde der Wiederbeginn der Seefahrtsaison dadurch gefeiert, daß man von hier aus ein der Göttin geweihtes unbemanntes Schiff auf das offene Meer treiben ließ. Jenseits des Tempels überragte eine Bronzestatue des Poseidon den Hafen. Herrliche Glasmosaike, die 1963 von Archäologen der Universitäten von Chicago und Indiana entdeckt wurden, zeugen von der Schönheit und Pracht des antiken Hafens. Erst im 4. Jahrhundert wurde das Isis-Heiligtum geschlossen und durch eine kleine, einschiffige christliche Kirche ersetzt.

In Kenchreä bestieg Paulus zusammen mit Priska und Aquila ein Schiff, das sie nach Ephesus brachte. Der Völkerapostel blieb nur kurz in der Hauptstadt der Provinz Asia, gerade lange genug, um eine Predigt in der lokalen Synagoge zu halten. Wahrscheinlich wartete er nur auf das nächste Schiff nach Cäsarea, um pünktlich zum Tempelfest in Jerusalem zu sein. Dort opferte er auf dem Altar Jahwes seine Haare; es war ein Symbol für das Opfer seines Lebens, seine Hingabe an den Herrn. Danach kehrte er für „einige Zeit" nach Antiochia zurück.

Doch er wußte, daß er bald wieder nach Ephesus kommen würde.

XII. Ephesus: In der Höhle des Löwen

Der Weg zu Paulus führt an den Hang des Nachtigallenberges. So lasse ich den Domitian-Tempel und die Hanghäuser hinter mir und folge einem Trampelpfad, der parallel zur antiken Stadtmauer verläuft. Immer wieder verschwindet er unter dem Gestrüpp, klettere ich über Felsen und Geröll. Ich blicke hinunter auf die Ruinen des antiken Ephesus, sehe die Überreste des Serapis-Tempels und der Celsus-Bibliothek am Rande der antiken *Agora,* die von österreichischen Archäologen liebevoll rekonstruiert wurde. Ich erkenne das Tor des Mazeus und Mithridates, die Marmorstraße, auf der ich morgens noch, wie Tausende Touristen, gelaufen bin, und im Hintergrund das mächtige Halbrund des Theaters. Hier begann die antike Prachtallee der Stadt, die, 500 Meter lang und elf Meter breit, schnurgerade nach Westen zum Hafen führte. Sie wurde nur von den besten Geschäften gesäumt, die Luxusartikel aus der gesamten antiken Welt feilboten, Delikatessen und Parfüm, edle Stoffe und kostbares Geschmeide. Auf ihr flanierten die reichen Epheser bis spät in die Nacht, dank ihrer Straßenbeleuchtung. Auf der anderen Seite liegen die Ruinen der Marienkirche, in der auf dem Konzil des Jahres 431 als Dogma verkündet wurde, daß Maria die *Gottesgebärerin,* sprich: *Gottesmutter* ist. Ich ahne, welche Ausmaße das antike Ephesus gehabt haben muß. Wo einst sein Hafen lag, hinter den Markthallen und den Thermen, ging auch Paulus im Frühjahr des Jahres 52 an Land. Sein Becken ist längst versandet, anstelle des Meeres blieb flaches Land.

Ich weiß, ich habe mein Ziel gleich erreicht. Ein paar Meter geht es steil den Abhang hoch, dann liegt ihr Eingang vor mir, umgeben, ja fast überwuchert von Büschen und Sträuchern. Ihre Fassade aus gebrannten Ziegeln und Feldsteinen, das Gewölbe, das sie überragt, und die Stufen, die zu ihr hinaufführen, lassen mich an eine alte Grabanlage denken, wie es so viele im Umkreis antiker Städte gibt. Vielleicht war das der Grund, weshalb sie so lange unbeachtet blieb. Zwar wurde sie erstmals 1906 von dem österreichischen

Archäologen Friedrich August Otto Benndorf erwähnt, als seine Landsleute schon elf Jahre lang in den Ruinen von Ephesus gruben. Doch erst ein halbes Jahrhundert später, 1955, nahm sein Landsmann Franz Miltner sie genauer in Augenschein. Ein mit weißem Kalk verputzter, 15 Meter langer und fast drei Meter breiter Gang führte tief in das Innere des *Bülbüldag,* des Nachtigallenberges. An seinen Wänden bemerkte der Archäologe Ritzinschriften, offenbar Graffiti von Pilgern, meist Anrufungen des Völkerapostels. „Paulus, hilf deinem Diener" lautete die auffälligste; nach ihr nannte Miltner die Felskapelle *Paulusgrotte.* Doch es dauerte noch einmal 40 Jahre, bis die österreichische Archäologin Dr. Renate Pillinger von der Universität Wien beschloß, sie doch noch einmal archäologisch zu untersuchen. Sie sollte es nicht bereuen. In der *Paulusgrotte* machte die Wienerin die Entdeckung ihres Lebens.

Doch vor den Erfolg hatte der Apostel den Schweiß gesetzt. 75 Jahre lang, seit der gewaltsamen Vertreibung der Griechen aus der Türkei, diente die *Paulusgrotte* türkischen Schafhirten als Unterschlupf und provisorischer Stall. Sie war dementsprechend stark verschmutzt; ihre Wände trugen nicht nur antike Inschriften, sie waren auch mit modernen Parolen beschmiert. So reinigten Frau Pillinger und ihr Team zunächst den Höhlengang, notierten minutiös jede Inschrift. Immer wieder stießen sie auf den Namen *Paulus.* Es konnte kein Zweifel mehr daran bestehen, daß sich hier bis ins frühe 20. Jahrhundert ein geheimes Heiligtum befand, in dem der Völkerapostel verehrt wurde. Als an einer Stelle die weiße Tünche abblätterte, kam Farbe zum Vorschein. Sofort war der Archäologin klar, was das zu bedeuten hatte: Die *Paulusgrotte* war ursprünglich ausgemalt. Eine Sensation bahnte sich an, als das Team langsam und vorsichtig die weiße Übertünchung entfernte. Frau Pillinger war überwältigt: Hinter der Inschrift, die ihn anrief, kam allmählich ein antikes Portrait des Völkerapostels zum Vorschein. Es war ein Bild, wie es lebendiger nicht sein konnte. Sein Haar ist kurz geschnitten, sein Bart wie der eines Rabbis zweigeteilt. Die rechte Hand hat er zu einem Redegestus erhoben, Daumen, Zeige- und Ringfinger sind ausgestreckt; vielleicht ein Hinweis auf die Dreifaltigkeit. In der Linken hält er ein Buch, das Evangelium. Seine Augen sind wach, lebendig, weit geöffnet, der Kopf leicht vorgebeugt, als wolle er gerade zu uns sprechen. *PAVLOS* steht daneben in griechischen Lettern, als hätte man ihn nicht schon längst erkannt. Der Kunstkenner muß spontan an die Malereien in den römischen Katakomben denken. Prof. Pillinger datiert das Bild vorsichtig in das 5. Jahrhundert; es könnte durchaus noch ein Jahrhundert älter sein.

Doch das war nicht alles. Links und rechts von Paulus entdeckte das österreichische Team noch die Darstellungen der frommen Jungfrau Thekla und ihrer Mutter Theoklia aus der apokryphen Legende. Ein Hinweis vielleicht, daß es speziell fromme Frauen in die Grotte am Hang des Nachtigallenberges zog.

„Die Höhle ist seit 2000 Jahren in Verwendung", schätzt die Archäologin. Vielleicht diente sie in Zeiten der Verfolgung den Christen als geheimer Treffpunkt. Wahrscheinlich trugen sie kurz vor ihrer Vertreibung die Tünche auf, um die Malerei vor Schändung zu schützen. Das muß quasi in letzter Sekunde geschehen sein, denn der Theoklia wurden bereits die Augen ausgekratzt.

Nur vier Wochen im Jahr dauert die Grabungssaison aus Kostengründen, wenig Zeit für eine so arbeitsintensive Aufgabe. Trotzdem sollen die Restaurierungsarbeiten an der *Paulusgrotte* bald abgeschlossen sein. Finanziert werden sie abwechselnd vom *Institut für Klassische Archäologie* der Universität Wien, dem *Österreichischen Archäologischen Institut* und über Drittmittel. Danach werden die wissenschaftliche Dokumentation und Maßnahmen zur Konservierung folgen. Irgendwann im nächsten Jahrzehnt wird die *Paulusgrotte* vielleicht und wenn dann nur auf Anfrage auch Außenstehenden zugänglich gemacht. So stand auch ich nur vor einer verschlossenen Gittertür.

Völlig offen ist, weshalb diese Höhle zum Heiligtum wurde. Durch die zwangsweise Vertreibung der griechischen Christen wurde jede mögliche Tradition abgeschnitten. Doch es ist durchaus möglich, daß der Apostel hier Zuflucht suchte, als er drei Jahre in der Hauptstadt der römischen Provinz Asia wirkte. Es sollten die bewegtesten seines gewiß nicht ereignisarmen Lebens werden.

Die Offenheit, mit der ihm die Juden von Ephesus bei seinem ersten Kurzbesuch im Frühjahr 52 begegnet waren, muß Paulus beeindruckt haben. So wartete er nur den Winter ab, um im Sommer des Jahres 53 nach Asia zurückzukehren. Der Weg dorthin führte ihn wieder einmal durch die Zilizische Pforte und nach Galatien. Natürlich nutzte er die Gelegenheit, um den dortigen Gemeinden einen Besuch abzustatten.

Obwohl die Apostelgeschichte keine Reisebegleiter nennt, ist wahrscheinlich, daß Titus und Timotheus bei ihm waren. Gewohnt haben er und seine Begleiter wohl im Haus von Priska und Aquila.

Als Paulus nach Ephesus kam, blühte die Stadt wie nie zuvor in ihrer gewiß nicht armen Geschichte. Kleinasien war reich. Das gute Klima und der fruchtbare Boden sorgten für gute Ernten. Güter und Bodenschätze aus dem Hochland erreichten hier die Küste und wurden in Ephesus verschifft. Sein gut geschützter Hafen wurde zum Knotenpunkt für den Frachtverkehr zwischen dem Schwarzen Meer und dem Mittelmeer, während Pendelschiffe die Metropole mit der reichen Handelsstadt Korinth verbanden. Doch noch wichtiger als der Handel war für die Stadt das Pilgerwesen. Ephesus galt als das Lourdes der Antike. Sein gigantischer Artemis-Tempel war viermal so groß wie das *Parthenon,* der Athena-Tempel auf der Akropolis von Athen. Er galt als eines der sieben Weltwunder. Gläubige kamen aus der ganzen Welt, um hier der Göttin zu opfern. Heute ist von ihrem Heiligtum nur noch eine einzige stehende Säule erhalten. Doch als die österreichischen Archäologen sein Fundament von 110 Metern Länge und 56 Metern Breite freilegten, waren auch sie beeindruckt.

Den Grundstein für diesen imposanten Tempel legte kein geringerer als der märchenhaft reiche König Krösus von Lydien, der erstmals eine Reihe griechischer Siedlungen am Fuße des Nachtigallenberges zu einer Stadt vereinte. Es dauerte 120 Jahre, bis er fertiggestellt war. Seine Konstruktion war eine technische Meisterleistung. Immerhin mußten 127 Marmorsäulen von je 18 Metern Höhe aufgerichtet werden, um sein schweres Dach aus Zedernholz zu tragen. Die zwei Meter große Statue der Göttin war aus Weinrebholz geschnitzt und mit Gold und Silber bezogen. Sie ließ keinen Zweifel daran, daß hier nicht die leichtbeschürzte griechische Göttin der Jagd, sondern eine archaisch-asiatische Muttergöttin Modell gestanden hat. Um den Hals trug sie, gleich einer Vielzahl von Brüsten, die Hoden geopferter Stiere als Symbol für die Fruchtbarkeit. Ihr Symbol war die Biene, deren Abbild die Münzen von Ephesus schmückte; *Melissai,* Bienen, nannte man ihre in schwarzgelbe Gewänder gehüllten Priesterinnen, die den Tempel als Bienenstock und die Göttin als ihre Königin verstanden. Durch die Wahnsinnstat des Herostrat, der durch den Frevel unsterblich werden wollte, ging der Tempel 356 v. Chr. in Flammen auf, in derselben Nacht, in der Alexander der Große geboren wurde. Später finanzierte der Mazedonier seinen Wiederaufbau. Über den Trümmern des alten Heiligtums entstand eine noch größere, zwei Meter hohe Plattform, auf der sich bald ein noch prachtvollerer Tempel erhob.

Dabei lag der Tempelbezirk längst außerhalb der Stadt, die Lysimachos 296 v. Chr. ein ganzes Stück nach Süden verlegen ließ. Als die Römer 133 v. Chr. das Königreich Pergamon übernahmen, zu dem auch Ephesus gehörte, bedeckte die Stadt eine Fläche von 350 Hektar, lebten in ihr eine Viertelmillion Menschen; sie wurde zur viertgrößten Metropole des Reiches.

Bildung, Kunst und Kultur konnten auf eine reiche Tradition zurückblicken. In Ephesus wurde Heraklit geboren, lebte Homer, lehrte Thales von Milet. Doch was für Paulus noch relevanter war: Seit König Antiochus III. um 200 v. Chr. 2000 jüdische Familien aus Babylon in der Region ansiedelte, hatte Ephesus die größte mosaische Gemeinde Kleinasiens. Zwar konnten die Archäologen ihren Standort noch nicht lokalisieren, doch durch Inschriften ist die Existenz einer Synagoge belegt.

Kein Wunder also, daß sich seine Missionsarbeit zunächst auf die Juden konzentrierte. Drei Monate lang lehrte er in der Synagoge, dann gab er auf. Als er und seine Anhänger nur noch Zielscheibe von Spott und Verhöhnung wurden, mietete er kurzerhand einen Saal, den „Lehrsaal des Tyrannus", und unterwies sie dort. „Das geschah zwei Jahre lang, auf diese Weise hörten alle Bewohner der Provinz Asien, Juden wie Griechen, das Wort des Herrn", berichtet Lukas (Apg 19,10).

Einige Handschriften der Apostelgeschichte ergänzen, daß Paulus täglich „von der fünften bis zur zehnten Stunde", also von elf Uhr morgens bis vier Uhr nachmittags lehrte, als allgemein Mittagsruhe herrschte. Das war wahrscheinlich ein Zugeständnis an die Arbeitszeiten seiner Zuhörer. Zudem verdiente auch Paulus wie schon in Korinth in der Firma von Aquila und Priska als Zeltmacher sein Geld: „Ihr wißt selbst, daß für meinen Unterhalt und den meiner Begleiter diese Hände hier gearbeitet haben", erklärte er den Gemeindeältesten bei seinem Abschied (Apg 20,34). Der Tyrannus, nach dem der „Lehrsaal" benannt wurde, gibt den Exegeten nach wie vor Rätsel auf. Zumindest konnte die Existenz des Namens durch Inschriften aus dem 1. Jahrhundert, die in Ephesus gefunden wurden, nachgewiesen werden. Wahrscheinlich handelte es sich einfach um einen Rhetoriklehrer, der in der Mittagspause seinen Schulungsraum an Paulus vermietete. Ein *Audeitorion* – die gräzisierte Form des lateinischen Wortes *Auditorium* – befand sich östlich der Celsus-Bibliothek. Doch obwohl der Begriff ein Synonym des griechischen *Schole* („Lehrsaal") ist, bleibt offen, ob sich hier auch der Hörsaal des Tyrannus befand.

Lukas betont, daß Paulus in Ephesus viele Wunder wirkte. Selbst seine „Reliquien" – Schweiß- und Taschentücher, die er getragen hat – sollen Kranke geheilt haben, was zur magisch-mystischen Atmosphäre des Wallfahrtsortes paßt. Daraufhin versuchten auch jüdische Exorzisten, im Namen Jesu Dämonen auszutreiben. Daß dazu auch Angehörige einer Priesterfamilie gehörten, darf nicht weiter verwundern. Im ganzen Orient glaubte man, daß die jüdischen Priester die geheimen Namen Gottes und deren richtige, wunderwirkende Aussprache kannten. Nicht einmal die Benutzung des Namens Jesu für magische Zwecke war einzigartig. Auch in einem ägyptischen Zauberpapyrus entdeckte man die Formel: „Ich beschwöre dich bei Jesus, dem Gott der Hebräer." Schließlich, heißt es in der Apostelgeschichte, hätten „nicht wenige, die Zauberei getrieben hatten", angesichts der so viel größeren Macht des Apostels zum Glauben gefunden. Zum Zeichen ihrer Bekehrung verbrannten sie *Zauberbücher* im Wert von 50.000 Silberdrachmen. Eine Drachme war der Tageslohn für einen Handwerker, doch Magie oder Esoterik war auch damals schon ein ebenso teures wie unergiebiges Hobby reicher Zeitgenossen.

Tatsächlich waren *Ephesische Briefe* in der ganzen antiken Welt berühmt. Sie enthielten gewöhnlich sechs magische Worte, eine Zauberformel also, mit deren Hilfe sich angeblich Geister beschwören ließen. Es heißt, diese Worte seien in die Krone des Götterbildes der Artemis eingraviert. Sie wurden auch für Amulette oder zur Besprechung von Glücksbringern verwendet. Neben den Texten der *Ephesischen Briefe* könnten die *Zauberbücher* – wie ihre ägyptischen Gegenstücke, die in dem trockenen Wüstenklima des Nillandes überdauerten – auch thaumaturgische Formeln, Anrufungen, Hymnen und Gebete enthalten haben.

Während Paulus die meiste Zeit in Ephesus blieb, schickte er seine Mitarbeiter in die umliegenden Städte. Dazu gehörten auch Kolossä, an dessen Gemeinde der später in Rom verfaßte Kolosserbrief gerichtet ist, sowie Laodizea und Hierapolis, deren Gemeinden er in diesem Brief erwähnt (Kol 2,1; 4,13). Spuren der frühen Glaubensboten sucht man dort freilich vergebens. Kolossä erlitt dasselbe Schicksal wie so viele andere paulinische Stätten in der heutigen Türkei, wie Ikonion, Lystra und Derbe: Es wurde einfach noch nicht ausgegraben.

Nach zweieinhalb Jahren plante der Apostel gegen Ende des Jahres 55, seine Mission in Ephesus langsam zu beenden. Er wollte nach Rom, wo mit dem Amtsantritt des neuen Kaisers Nero das Edikt des Claudius seine Gültigkeit verloren hatte. Zu den vielen jüdischen Rückkehrern müssen auch Aquila und Priska gehört haben; kurz nachdem Paulus den 1. Korintherbrief verfaßte, verließen sie Ephesus. Als der Apostel zwei Jahre später den Römerbrief diktierte, leiteten sie bereits eine Hausgemeinde in der Ewigen Stadt. Der neue Kaiser war ein Schöngeist; daß er sich als Monstrum erweisen würde, konnte damals noch niemand ahnen. Immer klarer wurde Paulus, daß sein Schicksal die Hauptstadt der damaligen Welt, die geistige Eroberung Roms war. Doch zuvor hatte er noch ein Versprechen einzulösen. Er hatte Jakobus zugesagt, zum Zeichen der Verbundenheit seiner neugegründeten Gemeinden mit Jerusalem eine Kollekte zu veranstalten. Sie alle, die Philipper, Thessalonicher und Korinther, hatte er beschworen, jeden Tag, jede Woche und jeden Monat etwas zurückzulegen, um sich – und ihn – vor der Urgemeinde nicht zu blamieren. Als Mann, der zu seinem Wort stand, mußte er noch einmal die Gemeinden besuchen und das Geld einsammeln, das er persönlich in Jerusalem übergeben wollte. Dann, so war er sicher, konnte er guten Gewissens zu neuen Ufern aufbrechen.

Kaum wurde es wärmer, schickte er Timotheus und Erastus voraus, der offenbar zwischenzeitlich als Stadtkämmerer von Korinth in den Ruhestand getreten war. Paulus versprach, bald nachzukommen. Zuvor aber bot sich ihm noch eine letzte große Gelegenheit zur Missionierung.

Im Mai 56 wurde, zeitgleich mit dem jüdischen Wochenfest (Pfingsten), in Ephesus wieder einmal das große Frühlingsfest der Artemis gefeiert, zu dem man unzählige Pilger aus der gesamten antiken Welt erwartete. So schrieb der Apostel den Korinthern: „Denn weit und wirksam ist mir eine Tür geöffnet worden; doch auch an Gegnern fehlt es nicht“ (1 Kor 16,9).

Er muß geahnt haben, daß sie sich bereits formierten. Tatsächlich aber gingen sie auf die Barrikaden. Ein Silberschmied namens Demetrius, der Miniaturausgaben des Artemis-Tempels herstellte, rief zum Widerstand auf. So kurz vor dem Anbruch der Pilgersaison wollten er und seine Kollegen sich nicht das lukrative Geschäft mit den Devotionalen verderben lassen. Immerhin behauptete doch dieser dahergelaufene Jude, „die mit Händen gemachten Götter“, die Idole, die sich so prächtig verkauften, seien gar keine Götter: „So kommt nicht nur unser Geschäft in Verruf, sondern auch dem Heiligtum der großen Göttin Artemis droht Gefahr, nichts mehr zu gelten, ja sie selbst, die von der ganzen Provinz Asien und von der ganzen Welt verehrt wird, wird ihre Hoheit verlieren“, rief der geborene Demagoge, und fast hätte er noch hinzugefügt: „Und wer kauft dann noch unsere schönen Statuen?“ Die Angst vor der Verarmung und Arbeitslosigkeit trieb die Massen in das 20.000sitzige Theater von Ephesus, das zugleich als Bühne für die Volksversammlung diente. „Groß ist die Artemis von Ephesus!“, skandierten die Massen. Ihr Brüllen muß bis zum Olymp gedrungen sein und die dahinsiechenden Götter des alten Hellas aus ihrem Todesschlaf gerissen haben.

Paulus, furchtlos und konsequent wie immer, wollte sich dem Pöbel stellen; ein Selbstmordkommando, von dem ihn seine Freunde gerade noch abhalten konnten. Auch „einige hohe Beamte der Provinz Asien, die mit ihm befreundet waren“ (Apg 19,31) – Lukas benutzt den Begriff *Asiarchi* – redeten ihm das gründlich aus. Schließlich herrschte „in der Versammlung ein großes Durcheinander, und die meisten wußten gar nicht, weshalb man überhaupt zusammengekommen war“ (Apg 19,32), wie Lukas mit feiner Ironie bemerkt. Die Juden schickten einen Alexander auf die Rednertribüne, doch als die Menge merkte, daß er Jude war, wurde er gnadenlos niedergebrüllt. Erst dem Stadtschreiber gelang es, das Volk zu beruhigen: Wer etwas gegen Paulus und seine Anhänger vorzutragen habe, solle bitte den Rechtsweg einschlagen und beim *Prokonsul* Klage einreichen.

Seitdem hält sich hartnäckig das Gerücht, daß Paulus in Ephesus im Gefängnis saß. Den Anlaß dazu hat er selbst gegeben. So schrieb der Apostel in seinem 2. Brief an die Korinther: „Wir wollen euch die Not nicht verschweigen, die in der Provinz Asien über uns kam und uns über alles Maß bedrückte; unsere Kraft war erschöpft, so sehr, daß wir am Leben verzweifelten. Aber wir haben unser Todesurteil hingenommen ... (Gott) hat uns aus dieser großen Todesnot errettet ..." (2 Kor 1,8–10). Und im 1. Korintherbrief heißt es: „Täglich sehe ich dem Tod ins Auge ... daß ich in Ephesus, wie man so sagt, mit wilden Tieren gekämpft habe" (15,31–32). Die phantasiebegabten Verfasser der Apokryphen zauberten daraus gleich eine packende Geschichte. Paulus sei eingesperrt und zum Tierkampf verurteilt worden. Doch als er im Verlies saß, kamen zwei Gattinnen einflußreicher Epheser zu ihm und baten um die Taufe. Da öffnete sich die Tür seiner Zelle, und er ging mit ihnen ans Meer, um ihnen dort das Sakrament zu spenden. Ein Turm der Stadtmauer des Lysimachos, der dem Hafen am nächsten lag, wird seit dem Mittelalter deshalb als *Gefängnis des hl. Paulus* bezeichnet. Später wurde im Zirkus ein leibhaftiger Löwe auf ihn gehetzt. Doch als dieser den Apostel sah, wurde er zahm wie ein Lamm und legte sich ihm zu Füßen. Als man daraufhin andere Raubtiere in die Arena ließ, verteidigte der Löwe – ähnlich wie die Löwin der Thekla – seinen neuen Herrn. Schließlich zog ein Hagelsturm auf und tötete alle wilden Tiere bis auf den Löwen, der in die Berge floh. Der Statthalter aber wurde gläubig und ließ sich noch am selben Tag taufen.

Tatsächlich hätte Paulus als römischer Bürger nie zum Tod *ad bestias* in der Arena verurteilt werden dürfen. So sind die „wilden Tiere", mit denen er in Ephesus zu kämpfen hatte, wohl eher eine Metapher für seine Gegner. Trotzdem ist wahrscheinlich, daß Paulus in Ephesus wegen Unruhestiftung angeklagt wurde und zumindest eine kurze Zeit im Gefängnis verbrachte. Einen Hinweis finden wir im Römerbrief, in dem er nicht nur schreibt, daß Aquila und Priska für ihn „ihr eigenes Lebens aufs Spiel gesetzt haben" (Röm 16,4), sondern auch Andronikus und Junias nennt, „die zu meinem Volk gehören und mit mir zusammen im Gefängnis waren" (16,7). Daß Lukas davon nichts berichtet, sollte uns weniger erstaunen; seine Absicht war, Paulus als Opfer von Intrigen, nicht als Unruhestifter darzustellen. Außerdem wußte er, daß er bei der Erwähnung des Prokonsuls von Asia nur verlieren konnte. Der erste Amtsinhaber, dem Paulus vorgeführt worden sein konnte, war ein gewisser Julius Silanus. Er wurde kurz nach der Machtergreifung Neros im Oktober 54 ermordet, angeblich weil er in eine Verschwörung verwickelt war. Sein Nachfolger, der im Juni 55 in

Ephesus eintraf und während der Unruhen noch im Amt gewesen sein muß, war ein Günstling des Kaisers. Jede Entscheidung zuungunsten des Apostels, ja jedes Verhörprotokoll wäre beim Prozeß gegen Paulus in Rom auf die Goldwaage gelegt worden. Gut möglich ist auch, daß etwas vertuscht werden sollte. So glauben einige Exegeten, daß er nur durch Zahlung eines Bestechungsgeldes oder die Intervention eines der *Asiarchen* aus dem Gefängnis befreit wurde. Seine Flucht war offenbar so übereilt, daß er sich nicht einmal von den Ältesten seiner Gemeinde verabschieden konnte. Das holte er ein Jahr später nach, als er sie in das benachbarte Milet bestellte, wohl weil ihm selbst ein Kurzbesuch in Ephesus zu gefährlich war. Daß Lukas sich darüber ausschweigt, muß als Indiz gelten, daß die Apostelgeschichte tatsächlich noch zur Zeit Neros verfaßt wurde.

Authentisch jedenfalls ist seine Schilderung des Aufruhrs, denn sie atmet Lokalkolorit. Interessanterweise entdeckten Archäologen eine Inschrift, die einen *Tempelhüter* namens Demetrius erwähnt; denselben Begriff benutzt der Stadtschreiber in seinem Appell an den Silberschmied „und seine Zunftgenossen". Eine andere Inschrift, noch aus der Zeit des Claudius, bezeichnet einen M. Antonius Hermeias als „Silberschmied und Tempelhüter". In derselben Inschrift ist von einer „Zunft der Silberschmiede" die Rede, die eine eigene Grabstätte unterhielt. Die Läden der Silberschmiede will der österreichische Archäologe Franz Miltner bei Ausgrabun-

Das antike Ephesus

gen in der Agora von Ephesus entdeckt haben. Eine zweisprachige Inschrift in Latein und Griechisch erinnert daran, daß ein römischer Beamter „ein silbernes Abbild der Artemis“ stiftete, das im Theater aufgestellt werden sollte, wenn dort Bürgerversammlungen stattfanden.

Ein „Stadtschreiber“ *(grammateus)* namens Laberius Amoenus hat sich in einer weiteren Inschrift verewigt. Inhaber dieses Amtes wurden einmal im Jahr vom Volk gewählt und standen den Volksversammlungen im Theater vor. Ihr Büro lag im *Prytaneion,* dem Sitz der Stadtverwaltung am Staatsmarkt im Süden der Stadt, der 1955/56 von Miltner freigelegt wurde.

Auch die *Asiarchen,* die als Freunde des hl. Paulus auftreten, sind durch zeitgenössische Berichte und Inschriften bezeugt. Ephesus, so schreibt Strabo, „ist, wie kaum eine andere Stadt in Asien, stark bevölkert von wohlhabenden Leuten, und immer sind einige aus ihr die ersten Beamten bei der Statthalterschaft, welche Asiarchen heißen“. Ganze 106 Inschriften, die man in Ephesus entdeckte, nennen Träger dieses Titels, und zwar Männer wie Frauen aus der lokalen Aristokratie.

Nach dem Aufruhr sollte Paulus nie mehr nach Ephesus zurückkehren. So verblaßte die Erinnerung an das Wirken des Völkerapostels allmählich, als sich dort Jahrzehnte später ein anderer Apostel niederließ, der Lieblingsjünger Johannes. So wurde schließlich über dem Grab des Johannes eine mächtige Basilika errichtet, während Paulus nur noch in der unscheinbaren Grotte am Hang des Nachtigallenberges verehrt wurde. Seinen Freund und Reisebegleiter Timotheus ließ er in Ephesus zurück (1 Tim 1,3), wo dieser im Jahre 97 das Martyrium erlitt.

Der Völkerapostel aber reiste, wie geplant, nach Mazedonien und Griechenland. Vielleicht machte er sogar einen Abstecher an die Adriaküste, nach Illyrien; heißt es doch im Römerbrief, er habe das Evangelium Christi „von Jerusalem aus in weitem Umkreis bis nach Illyrien … gebracht“ (Röm 15,19). Drei Monate blieb Paulus in Korinth, schrieb an die Römer, um sich bei der Gemeinde, die er zu besuchen plante, schon einmal anzukündigen. Dann wollte er eigentlich, noch bevor der Winter anbrach, ein Schiff nach Syrien nehmen. Als er von einem Anschlag erfuhr, den seine Gegner vorbereiteten, änderte er seine Pläne und kehrte nach Philippi zurück. Dort traf er Lukas, was zu einem Wechsel der Erzählperspektive in der Apostelgeschichte von der dritten Person Singular in die erste Person Plural führte: Fortan ist wieder von „Wir“ die Rede, wird aus der Perspektive des Augenzeugen berichtet. Wahrscheinlich hatte Lukas die letzten acht Jahre in Philippi verbracht.

Einige seiner Begleiter waren schon vorausgereist. „Nach den Tagen der Ungesäuerten Brote“, also zum Paschafest des Jahres 57, das in diesem Jahr auf den 7. April fiel, „segelten wir in Philippi ab und kamen in fünf Tagen zu ihnen nach Troas, wo wir uns sieben Tage aufhielten“, berichtet Lukas mit altbekannter Präzision (Apg 20,6). Als Nachschlag erzählt er die netteste Anekdote der ganzen Apostelgeschichte.

Obwohl Paulus am nächsten Morgen früh losziehen wollte, wurde es wieder einmal spät. Er predigte, er erzählte und er konnte kein Ende finden. Es wurde Mitternacht, man saß im dritten Stock, die Öllampen flackerten, der Raum war voll, die Luft stickig. Ein junger Mann namens Eutychus hatte sich in das offene Fenster gesetzt, um zumindest etwas Sauerstoff zu bekommen, doch vergeblich. Er „sank, als die Predigt des Paulus sich länger hinzog, in tiefen Schlaf. Und er fiel im Schlaf aus dem dritten Stock hinunter.“ Sofort stürmte die ganze Gemeinde die Treppe hinab, um dem armen Eutychus zu Hilfe zu eilen, doch man kam zu spät. Er lag dort wie tot. Als schon erstes Klagegeschrei angestimmt wurde, beugte sich Paulus zu ihm hinüber, berührte ihn und versicherte den Gläubigen: Er lebt! Seelenruhig stieg er wieder die Treppen hinauf, gefolgt von seinen Anhängern, die jetzt bereit waren, ihm bis zum Morgengrauen zuzuhören. Der junge Mann aber überlebte, und jeder glaubte, Zeuge eines Wunders geworden zu sein.

Über Assos, Mitylene, Chios und Samos reisten der Apostel und seine Begleiter teils auf Küstenschiffen bis nach Milet. Paulus kannte die Stadt aus seiner Zeit in Ephesus, und wahrscheinlich hatte er auch dort gepredigt. Die Existenz einer jüdischen Gemeinde ist hier jedenfalls bezeugt. Für sie war die gesamte fünfte Reihe des großen Theaters reserviert, wie noch heute eine in Stein gemeißelte Inschrift verrät: „Platz für Juden und Gottesfürchtige“; es ist derselbe Begriff, *Theosebeis,* den wir auch in der Apostelgeschichte so oft finden. Hier nahm Paulus von den Ältesten der Epheser Christengemeinde unter Tränen Abschied. Er wußte, daß er sie nie wiedersehen würde, daß jetzt „Fesseln und Drangsale“ (Apg 20,23) auf ihn warteten.

Der folgende Bericht des Lukas ist ein Meisterwerk an Präzision. Jeden Hafen, der angelaufen wurde, zählt er einzeln auf: Kos, Rhodos, Patara, wo man das Schiff wechselte. Von dort an Zypern vorbei nach Tyrus in Syrien, dort „sollte das Schiff seine Ladung löschen" (Apg 21,3). Auch hier gab es eine Christengemeinde: „Nachdem wir die Jünger ausfindig gemacht halten, blieben wir sieben Tage bei ihnen." Und auch sie ahnten Fürchterliches: „Auf eine Eingebung des Geistes hin warnten sie Paulus davor, nach Jerusalem zu gehen" (Apg 21,4). Wie in der Antike üblich, brachte schließlich die ganze Gemeinde, „auch Frauen und Kinder" (Apg 21,5), Paulus und seine Gefährten zum Hafen. Man betete gemeinsam, nahm Abschied. Die Gruppe um den Apostel ging an Bord, fuhr weiter nach Ptolemais, wo man wieder „Brüder" besuchte, bevor das Schiff endlich Cäsarea erreichte, die Hauptstadt der Provinz Judäa und der wichtigste Hafen für Jerusalempilger. In Cäsarea lebte der Diakon Philippus mit seinen vier Töchtern. Er war einer der sieben Diakone, zu denen auch Stephanus einst gehört hatte (Apg 6,5), und darf nicht mit dem gleichnamigen Apostel verwechselt werden. Paulus und seine Freunde blieben für mehrere Tage bei ihm. „Da kam von Judäa ein Prophet namens Agabus herab" (Apg 21,11), um sie zu besuchen – derselbe Agabus offenbar, der 16 Jahre zuvor die große Hungersnot unter Claudius vorausgesagt (Apg 11,28) und damit den Anstoß zu der ersten großen Kollekte der Gemeinde von Antiochia gegeben hatte. Sein Auftritt war düster und dramatisch. Er griff sich den Gürtel des Paulus, band sich Füße und Hände und sprach im Namen des Heiligen Geistes: „Den Mann, dem dieser Gürtel gehört, werden die Juden in Jerusalem ebenso fesseln und den Heiden ausliefern" (Apg 21,11). Doch es half nichts, daß seine Freunde und Begleiter mit Engelszungen auf Paulus einredeten und versuchten, ihn von seinem Vorhaben abzubringen. Der Völkerapostel war zum Martyrium bereit, wenn Gott es denn so wollte. Doch der Herr hatte vorerst noch andere Pläne mit ihm.

XIII. Cäsarea: Der Prozess

Wer heute in Jerusalem Spuren der dramatischen Ereignisse finden will, die sich beim Pfingstfest des Jahres 57 abspielten, muß dort suchen, wo er sie am wenigsten vermutet: auf der Via Dolorosa, die als Stätte des Kreuzweges Christi galt. Ziemlich an ihrem Anfang, gegenüber eines Ladens, in dem aufdringliche Araber überteuerte Ikonen verkaufen und deutsche Pilger manchmal mit einem dümmlichen Hitlergruß schockieren, liegt ein kleines griechisches Kloster. *Prison of Christ* steht über seiner Pforte, „Das Gefängnis Christi“. Ich trete ein, steige die in Stein geschlagenen Treppen hinab und befinde mich in einem unterirdischen Felsenverlies. Während russische Pilger ihre Kerzen entzünden und andächtig den Boden berühren, inspiziere ich die Räume. Ich kenne die Kontroverse. Bevor die Griechen 1906 das Grundstück kauften, wußte niemand etwas von dieser Stätte. Archäologen halten die unterirdischen Kammern für Ställe der römischen Kavallerie, die wohl auch in der *Burg Antonia* stationiert war. Doch auch sie schließen nicht aus, daß sie vielleicht zeitweise als Gefängniszellen benutzt wurden. In eine der Felswände ist eine Sitzbank gemeißelt, mit zwei Löchern, in die man die Beine steckte wie in die Fußblöcke eines Prangers. Ein kunstvolles Mosaik zeigt auf, was die Griechen vermuten: Hier saß Jesus, als er mit der Dornenkrone und dem Soldatenmantel bekleidet als *König der Juden* verhöhnt wurde. Die Evangelien wissen allerdings nichts von einer solchen Zelle. Tatsächlich ist anzunehmen, daß sich die Spottszene im Hof des Prätoriums zutrug, wo der leidende Gottessohn zuvor gegeißelt worden war. Trotzdem scheinen die beiden breiten Löcher dem Zweck gedient zu haben, einen Gefangenen zu fesseln. Wenn seine Fußgelenke noch dazu in Ketten lagen, war er praktisch bewegungsunfähig. Schon deshalb könnte es sich tatsächlich bei den Felsenkammern um ein Verlies gehandelt haben, wie die Griechen glauben. Doch wer, wenn nicht Jesus, saß wirklich in der Zelle?

Heute wissen wir, daß die Via Dolorosa eine fromme Erfindung ist, mit viel gutem Willen von den Franziskanern ersonnen, die nach der Kreuzzugszeit die heiligen Stätten in Jerusalem betreuten. Denn das Prätorium des Pilatus lag nie und nimmer in der *Burg Antonia,* der Kaserne für die römische Garnison. Vielmehr residierte der Statthalter, wenn er nach Jerusalem kam, im Palast – wahrscheinlich dem alten Palast der Hasmonäerkönige, der sich gegenüber vom Tempel, etwa auf der Höhe der heutigen Klagemauer, befand. Von hier aus wurde Jesus zur Kreuzigung auf den *Golgotha*-Hügel geführt, dorthin, wo sich heute die *Grabeskirche* erhebt. Selbst Petrus saß nicht in der *Burg Antonia* ein, als er auf wundersame Weise aus seiner Zelle befreit wurde, sondern in der Zitadelle beim Palast des Herodes Antipas, von der noch der heutige *Davidsturm* erhalten ist. Nur von einem Gefangenen wissen wir, daß er in den Kerker der Burg gebracht wurde, und das ist Paulus. Hier könnte er darüber nachgedacht haben, was bei seinem Besuch in Jerusalem so gründlich schiefgelaufen war.

Als der Völkerapostel in der Stadt des Tempels eintraf, wurde er, wie Lukas betont, „von den Brüdern freudig empfangen“ (Apg 21,17). Gleich am nächsten Tag suchte er die Synagoge der Judenchristen auf dem Zionsberg auf, um Jakobus die Kollekte zu überbringen. Dort wurde er gleich mit einer schlechten Nachricht konfrontiert. Bei den Judenchristen kursierten Gerüchte, Paulus würde die unter den Heiden lebenden Juden lehren, vom Gesetz des Moses abzufallen und ihre Kinder nicht mehr beschneiden zu lassen. Nun mußte auch die Jerusalemer Gemeinde fürchten, für Apostaten vom Judentum gehalten zu werden, drohten neue Konflikte mit dem priesterlichen Establishment, mit dem sie sich in den letzten Jahren offenbar irgendwie arrangiert hatte. Wahrscheinlich hoffte sie, als jüdische Sekte mit einem ähnlichen Status wie die Essener anerkannt zu werden. Und sie wußte, daß die liberale Vorgehensweise des Völkerapostels diesen Plan sehr schnell zunichte machen konnte.

So riet Jakobus ihm zu einem klaren und offensichtlichen Bekenntnis zur Religion seiner Väter durch eine große Geste. Er sollte vier *Nasiräer* sponsern. Schließlich hatte schon König Herodes Agrippa I. die Gunst des jüdischen Establishments dadurch gewonnen, daß er, wie Flavius Josephus berichtet, bei seinem Amtsantritt „vielen Nasiräern“ die teuren Opfer bezahlte, die zu Ende ihrer mindestens 30tägigen Zeit der Enthaltsamkeit im Tempel dargebracht werden mußten. Paulus, der selbst fünf Jahre zuvor im Tempel seine Haare geopfert hatte, gehorchte widerspruchslos. Er „nahm die Männer mit und weihte sich am nächsten Tag zusammen mit ihnen, ging dann in den Tempel und meldete das Ende der Weihetage an, damit für jeden von ihnen das Opfer dargebracht werde" (Apg 21,26). Als die sieben Weihetage vorüber waren, kehrte er mit ihnen in den Tempel zurück, um das Opfer zu vollziehen. Doch dazu kam es nicht mehr. Zwei Juden aus Ephesus, die ebenfalls zum Pfingstfest nach Jerusalem gepilgert waren, erkannten ihn. Sie hatten ihn zuvor mit dem Epheser Trophimus, einem Heidenchristen, in der Stadt gesehen und glaubten jetzt, er führe ihn in den Tempel. Für sie als Juden war das ein unglaublicher Frevel, denn Heiden war der Zutritt zum Heiligtum Jahwes bei Todesstrafe verboten. Rings um den Tempel verlief eine brusthohe, reich verzierte Balustrade, an deren Eingängen große, steinerne Warntafeln in griechischer Sprache angebracht waren. Auf ihnen stand geschrieben, „daß jedem Fremden der Eintritt bei Todesstrafe verboten war", berichtet Josephus.

Eine dieser Tafeln, 1871 im Norden des Tempelgeländes entdeckt, befindet sich heute im Archäologischen Museum von Istanbul. Sie ist 60 mal 90 Zentimeter groß und trägt die Inschrift: „Verbot für jeden Fremden, die Absperrung zu überschreiten und in den Bereich des Heiligtums einzutreten. Jeder Übertreter, der ergriffen wird, ist selbst für seinen darauf folgenden Tod verantwortlich." Das Fragment einer zweiten Tafel mit dem gleichen Text wurde 1935 am Osthang des Tempelberges entdeckt und wird heute im Israel-Museum von Jerusalem gezeigt. Die in den Kalkstein geschlagenen Buchstaben waren mit roter Farbe ausgemalt. Niemand konnte sie übersehen.

Entsprechend heftig reagierten die Juden auf die vermeintliche Tempelschändung: „Da geriet die ganze Stadt in Aufregung, und das Volk lief zusammen. Sie ergriffen Paulus und zerrten ihn aus dem Tempel, und sofort wurden die Tore geschlossen", berichtet Lukas (Apg 21,30). Fast wäre der Apostel vom Pöbel gemeuchelt worden, als in letzter Sekunde die römische Ordnungsmacht eingriff: „Da brachte man dem Obersten der Kohorte die Meldung hinauf: Ganz Jerusalem ist in Aufruhr! Er eilte sofort mit Soldaten und Hauptleuten zu ihnen hinunter" (Apg 21,32).

Überragt wurde das Tempelgelände von der Burg Antonia, in der die römische Garnison stationiert war. Sie stammte noch aus der Zeit der Hasmonäerkönige, war aber von Herodes dem Großen ausgebaut und stärker befestigt worden. Er benannte sie nach seinem Freund Mark Anton. „Das ganze sah wie ein Turm aus, war aber an den Ecken wieder mit vier Türmen besetzt, von denen die beiden dem Tempel zugewandten höher waren, so daß man von ihnen aus den ganzen Tempelraum überschauen konnte", beschrieb sie Flavius Josephus. Eben diesem Zweck, der Überwachung des Tempels, diente die *Antonia*. Eine breite Treppe ermöglichte den direkten Zugang zum Tempelgelände. „Wie der Tempel eine Zwingburg für die Stadt, so war dies für den Tempel die Antonia", resümierte der jüdische Historiker, „in letzterer lag auch die Besatzung für alle drei."

Wie sehr die römische Kohorte speziell während der Tempelfeste in ständiger Alarmbereitschaft war, schildert er in den *Jüdischen Altertümern* am Beispiel des Blutpaschas 50 n. Chr. Um „das Volk zu überwachen" ließ der damalige römische Statthalter Cumanus „Soldaten in Wehr und Waffen" in den Säulenhallen des Tempels aufstellen. Weil einer von ihnen das Volk provozierte, indem er seine Schamteile entblößte, kam es zu lautstarken Protesten. Als Cumanus daraufhin sein gesamtes Heer in die *Antonia* vorrücken ließ, brach beim Volk eine Panik aus. Zigtausende drängten in die engen Gassen der Stadt, 20.000 Mann wurden von den Fliehenden totgetrampelt.

Erst als Jerusalem 70 n. Chr. nach monatelanger Belagerung durch die Römer fiel, ließ der Feldherr und spätere Kaiser Titus auch die *Burg Antonia* dem Erdboden gleichmachen. Heute befindet sich auf dem 25 Meter hohen und 150 mal 90 Meter großen Felsplateau, auf dem sie sich einmal erhob, die *Umariyya*-Knabenschule. Nur ein Fragment ihrer vier Meter dicken Südmauer, das *Gefängnis Christi* und der *Struthion*-Teich unter der *Ecce Homo*-Kirche zeugen noch von ihren einstigen Dimensionen. Das sogenannte „Hochpflaster" (griech. *Lithostratos)* und der *Ecce-Homo-Bogen* stammen dagegen vom römischen Nordforum, das Kaiser Hadrian im 2. Jahrhundert über ihren Ruinen errichten ließ. Früher führten noch Stufen von der Nordwestecke des Tempelberges hinauf zum *Antonia*-Felsen. In den 1950er Jahren wurden sie entfernt. Archäologische Untersuchungen sind bislang vom *Waqf*, der muslimischen Heiligtumsverwaltung, verhindert worden.

Wir können sicher sein, daß es diese Treppen waren, über die Soldaten der römischen Kohorte auf das Tempelgelände stürmten, um den Aufruhr niederzuschlagen. Da Paulus von den Priestern bezichtigt wurde, gegen das jüdische Gesetz verstoßen zu haben, wurde er kurzerhand festgenommen, in Ketten gelegt und auf die Festung gebracht. „Als Paulus an die Freitreppe kam, mußten ihn die Soldaten wegen des Andrangs der Menge tragen. Denn das Volk lief hinterher und schrie: Weg mit ihm!" (Apg 21,35–36).

Selbst der Lynchmob konnte den Apostel nicht einschüchtern. „Darf ich ein Wort mit dir reden?", fragte er höflich den Centurio, der ihn gerade verhaftet hatte. Der war zunächst einmal erstaunt darüber, daß der vermeintliche Unruhestifter so gutes Griechisch sprach. Und dann folgt bei Lukas wieder einmal eine seiner unbezahlbaren historischen Hintergrundinformationen: „Bist du nicht der Ägypter, der vor einiger Zeit die viertausend Sikarier aufgewiegelt und in die Wüste hinausgeführt hat?" (Apg 21,8).

Sikarier, „Dolchmänner", nannte man damals den antirömischen Widerstand in Judäa. Der Vorfall, auf den sich der Centurio bezog, ereignete sich wahrscheinlich im Paschamonat Nisan des Jahres 55/56, eines Sabbatjahres. Flavius Josephus erinnert sich: „Gleichzeitig traten auch Gaukler und Betrüger auf und beredeten die Menge, ihnen in die Wüste zu folgen, wo sie mit Gottes Beistand offenbare Zeichen und Wunder tun würden ... Um diese Zeit kam auch ein Mensch aus Ägypten nach Jerusalem, der sich für einen Propheten ausgab und das gemeine Volk verleiten wollte, mit ihm auf den Ölberg zu steigen ... Dort, sagte er, wolle er ihnen zeigen, wie auf sein Geheiß die Mauern Jerusalems zusammenstürzten, durch welche er ihnen dann einen Eingang in die Stadt bahnen würde." Der römische Statthalter Felix, der mit einer starken Abteilung von Reitern und Fußsoldaten zum Paschafest nach Jerusalem gekommen war, um die öffentliche Ordnung zu wahren, blies kurzerhand zum Angriff. 4000 der Anhänger des Ägypters (bei Josephus sind es 30.000, was wahrscheinlich auf einem Schreibfehler beruht; im Griechischen gab man die 4000 durch ein *Delta,* die 30.000 durch ein *Lambda* wieder) wurden getötet, 200 gefangengenommen: „Der Ägypter selbst aber entkam aus dem Treffen und wurde unsichtbar", fügt der jüdische Historiker hinzu und bestätigt damit den Bericht des Lukas. Es gibt nur einen maßgeblichen Unterschied. Während der römische Offizier die Anhänger des Ägypters als *Sikarier,* als

Terroristen, bezeichnete, erscheinen sie bei Josephus als verblendete Sektierer mit eschatologischer Sehnsucht. Das zumindest beweist, daß Lukas und Josephus aus unterschiedlichen Quellen schöpften; für einen römischen Besatzungsoffizier war natürlich jeder Unruhestifter gleichermaßen ein Terrorist.

Als Paulus jedoch versicherte, ein Jude aus Tarsus zu sein, erlaubte ihm der Centurio zu sprechen. Von der Freitreppe aus gab Paulus „dem Volk mit der Hand ein Zeichen" (Apg 21,40) und versuchte, sich zu rechtfertigen. Doch als er erwähnte, daß Christus ihn zu den Heiden gesandt habe, wurde der Protest nur noch lauter: Die Menge tobte, zerriß ihre Kleider, warf Staub in die Luft und verlangte den Tod des Apostels.

Das reichte dem Centurio, um zu drastischeren Mitteln zu greifen. Er ließ Paulus in die Kaserne zerren und ordnete an, ihn unter Geißelschlägen zu verhören, um herauszufinden, was wirklich hinter den Unruhen steckte. Doch als er gerade an die Geißelungssäule gebunden wurde, sprach Paulus die drei magischen Worte: *Civis Romanus sum* – ich bin ein römischer Bürger! Wieder einmal bewahrheitete sich, was der römische Redner Cicero so formulierte: „Wie oft hat dieser Ausspruch schon Hilfe und Sicherheit gebracht, selbst unter Barbaren und in den entferntesten Gegenden der Welt!" Dem Centurio muß ein kalter Schauer über den Rükken gelaufen sein, denn jetzt riskierte er ein Disziplinarverfahren; fast hätte er einen römischen Bürger foltern lassen! Sofort meldete er den Vorgang seinem Kommandanten, dem Tribunen Claudius Lysias, einem gebürtigen Griechen, der sich unter Claudius das römische Bürgerrecht erkauft hatte. Er ließ sich von Paulus seine Bürgerschaft bestätigen, dann war das Verhör beendet. Der Apostel wurde in das Gefängnis der *Burg Antonia* geführt, wo er die Nacht verbrachte. Am nächsten Tag sollte ihm vor dem *Sanhedrin,* dem Hohen Rat der Juden, offiziell der Prozeß gemacht werden.

Der Sanhedrin tagte in der „Halle der behauenen Steine" *(Lischkat Ha-Gazith)* an der Nordseite des Tempelberges, zur Hälfte innerhalb, zur Hälfte außerhalb des heiligen Bezirks. Ihr Eingang befand sich schräg gegenüber der Freitreppe zur *Burg Antonia,* was Lukas andeutet, wenn er schreibt: „Und (der Tribun) ließ Paulus hinunterführen und ihnen gegenüberstellen" (Apg 22,30). Den Vorsitz des *Sanhedrin* hatte der amtierende Hohepriester, Ananias, Sohn des Nebedaius (bei Lukas *Hananias* genannt), inne. Von Flavius Josephus wissen wir, daß er zur Zeit des Statthalters Alexander (46–48) eingesetzt und erst kurz vor Ende der Amtszeit des Felix (52–59) abgelöst wurde. Er hatte in Paulus einen ebenbürtigen Gegner. Als er befahl, den Apostel zu schlagen, warf dieser ihm vor, das Gesetz zu brechen und bezeichnete ihn als „übertünchte Wand". Dann appellierte der Apostel an die Solidarität der Pharisäer, die im *Sanhedrin* vertreten waren: „Brüder, ich bin Pharisäer und ein Sohn von Pharisäern; wegen der Hoffnung und wegen der Auferstehung der Toten stehe ich vor Gericht" (Apg 23,6). Der Appell verfehlte seine Wirkung nicht. Da die Pharisäer, im Gegensatz zu den Sadduzäern, an die Auferstehung glaubten, schlugen sie sich auf seine Seite, während die Sadduzäer um so entschiedener gegen ihn wetterten. „Als der Streit heftiger wurde, befürchtete der Oberst, sie könnten Paulus zerreißen. Daher ließ er die Wachtruppe herabkommen, ihn mit Gewalt aus der Mitte herausholen und in die Kaserne bringen". Nachts, er befand sich wohl wieder in der Zelle, die heute als *Gefängnis Christi* gilt, erschien ihm der Herr mit einer tröstenden Botschaft: „Hab Mut! Denn so wie du in Jerusalem meine Sache bezeugt hast, sollst du auch in Rom Zeugnis ablegen" (Apg 23,11).

Am nächsten Tag erfuhr Paulus im Gefängnis von einer Verschwörung. 40 Männer hatten einen heiligen Eid geschworen, so lange nichts zu essen und zu trinken, bis sie ihn getötet hatten. Wenn er das nächste Mal die Freitreppe hinunter zum Hohen Rat geführt würde, wollten sie mit ihren Dolchen über ihn herfallen. Sein Informant war vertrauenswürdig: Es war sein Neffe, „der Sohn seiner Schwester" (Apg 23,16), die offenbar in Jerusalem verheiratet war, möglicherweise sogar mit einem angesehenen Pharisäer und Ratsmitglied.

Auffallend dagegen ist die mangelnde Unterstützung durch die Jerusalemer Christengemeinde, deren Untätigkeit an die Feigheit der meisten Jünger nach der Festnahme Jesu erinnert. Zu sehr fürchtete sie wohl eine Gefährdung des sensiblen Status quo, wollte sie alles vermeiden, was die Tempelhierarchie als Provokation verstehen könnte. So vertraute sie darauf, daß Gott dem Paulus, wenn er im Recht war, schon helfen würde.

Claudius Lysias muß gespürt haben, daß ihm die Sache über den Kopf zu wachsen drohte. Im Schutze der Nacht, begleitet von einer Eskorte von 200 Soldaten, 200 Leichtbewaffneten und 70 Reitern, ließ er seinen Gefangenen in die Provinzhauptstadt Cäsarea bringen. Dort sollte er dem Statthalter Felix vorgeführt werden. Lukas, der offenbar die Prozeßakten kennt, zitiert sogar den Brief, mit dem Claudius Lysias seinen Gefangenen überstellte. Experten für antike Rechtsgeschichte stießen allein in diesem Zitat auf neun juristische Fachbegriffe, die erkennen lassen, daß der Text authentisch ist. Felix entschied, mit dem eigentlichen Verhör zu warten, bis die Ankläger eingetroffen waren. Bis dahin sollte Paulus „im Prätorium des Herodes in Gewahrsam" (Apg 24,35) gehalten werden.

Antonius Felix, wie er vollständig hieß, war zu diesem Zeitpunkt bereits fünf Jahre lang Statthalter von Judäa. Seine Karriere war außergewöhnlich. Ursprünglich war er ein Freigelassener der Kaiserinmutter Antonia (woher sein *Nomen gentile* herrührt). Dann diente er in der Provinzverwaltung von Samaria, bevor Claudius ihn in das Richterkollegium berief, das ihn bei der Urteilsfindung beraten sollte. Als der Hohepriester Ananias mit einer Abordnung in Rom beim Kaiser vorstellig wurde, war er von Felix' Sachkenntnis derart beeindruckt, daß er Claudius bat, ihn als Statthalter nach Judäa zu entsenden. Es war das erste Mal überhaupt, daß ein Freigelassener in ein Amt aufstieg, das gewöhnlich den Angehörigen des Ritterstandes vorbehalten war. Doch der Kaiser schätzte ihn sehr, wie Sueton bestätigt, der nicht ganz neidlos hinzufügt, daß Felix „mit drei Königinnen verheiratet gewesen" sei – oder zumindest Frauen von königlichem Geblüt. Seine erste Frau war eine Großtochter von Antonius und Kleopatra (und daher mit dem Kaiser verwandt), seine dritte, Drusilla, die jüngste Tochter von Herodes Agrippa I. und damit Jüdin. Ihr Vater hatte sie ursprünglich mit dem Kronprinzen der Kommagene verheiraten wollen, doch als dieser die Beschneidung verweigerte, wurde die Verlobung schnell wieder aufgelöst. Erst der zweite Freier, der König von Emesa in Syrien, erfüllte die Bedingung und erhielt sie zur Frau. Mit Hilfe eines zypriotischen Magiers – wir hörten bereits davon – und dem Versprechen, er werde sie glücklich (lat. *felix)* machen, überzeugte Felix sie, ihren Mann zu verlassen. Da spielte es dann keine Rolle mehr, daß auch er unbeschnitten war.

Kaum im Amt, zeigte Felix allerdings eine weniger glückliche Hand. Er „übte in jeglicher Form von Grausamkeit und Willkür das Recht eines Königs in dem Geiste eines Sklaven aus", lautet das vernichtende Urteil des römischen Aristokraten und Historikers Tacitus. Durch „unzeitige Maßnahmen" habe er „die Juden zu weiteren Übergriffen verleitet". „Die Zahl der von ihm gekreuzigten Räuber und der Einwohner, denen eine Verbindung zu diesen nachgewiesen werden konnten, stieg ins Ungeheure", bestätigt Flavius Josephus.

Die Ruinen des antiken *Caesarea Maritima,* „Cäsarea am Meer", liegen etwa 50 Kilometer nördlich von Tel Aviv. Ursprünglich von den sidonischen Phöniziern als Ankerplatz auf dem Weg nach Ägypten gegründet, wurde es nach der Eroberung des Landes durch Alexander den Großen in *Stratonsturm* umbenannt. Im Jahre 96 v. Chr. eroberte der Hasmonäerkönig Alexander Jannäus die Stadt und ließ sie von Juden besiedeln. Mark Anton schenkte sie seiner großen Liebe Kleopatra, doch Augustus gab sie Herodes dem Großen zurück. Der benannte sie nach dem *Caesar* und baute sie zur zweitwichtigsten Metropole seines Landes und Judäas Tor zur Welt aus. So entstand hier der größte Hafen der östlichen Mittelmeerküste. Ein Tempel, der dem Augustus geweiht war, flankierte den Hafen, zwei Aquädukte brachten Frischwasser von einem zehn Kilometer entfernten Fluß am Fuße des Berges Karmel, ein Theater, ein Amphitheater und eine Pferderennbahn sorgten für Unterhaltung. „Er baute die Stadt mit großer Pracht und Sorgfalt aus weißem Marmor wieder auf und schmückte sie sowohl mit herrlichen Königspalästen als auch mit sonstigen Wohnhäusern", preist Flavius Josephus sein Werk. Als Judäa im Jahre 6 n. Chr. unter römische Herrschaft kam, wurde Cäsarea zum Standort der 10. Legion und Sitz des Statthalters, dessen offizieller Titel zunächst Präfekt, später Prokurator lautete. Seine Residenz („Prätorium") war der elegante Palast des Herodes, der auf einer Landzunge im Südteil der Stadt errichtet worden war.

Hier wartete Paulus auf seinen Prozeß. Nach fünf Tagen traf der Hohepriester Hananias mit einigen Ältesten und dem Anwalt Tertullus ein, um beim Statthalter die Anklage einzureichen. Sie war kurz und heftig: „Dieser Mann ist eine Pest, ein Unruhestifter bei allen Juden in der Welt und ein Rädelsführer der Nazoräersekte. Er hat sogar versucht, den Tempel zu entweihen" (Apg 24,5). Dann durfte Paulus seine Verteidigung vortragen. Er plädierte auf unschuldig: „Sie haben mich weder im Tempel noch in den Synagogen noch anderswo in der Stadt dabei angetroffen, daß ich ein Streitgespräch mit jemand geführt oder einen Aufruhr im Volk erregt hätte“ (Apg 24,12). Der Statthalter vertagte die Verhandlung mit der Begründung, er wolle zuvor noch den Tribunen Lysias als Zeugen befragen. Bis dahin solle Paulus „in leichter Haft“ (24,23) im Prätorium verbleiben, was bedeutete, daß er jederzeit Besuch empfangen konnte.

Doch Felix' Neugierde war geweckt. Immer wieder ließ er Paulus rufen, holte seine Frau Drusilla („eine Jüdin“, schreibt Lukas nur, offenbar in Unkenntnis ihrer königlichen Abstammung) hinzu und hörte sich an, was der ungewöhnliche Gefangene zu sagen hatte. Nur wenn dieser, wohl nicht ohne Anlaß, über „Gerechtigkeit, Enthaltsamkeit und das bevorstehende Gericht“ (Apg 24,25) sprach, blockte der Statthalter schnell ab. Ganze zwei Jahre lang ging das so, und Paulus muß verzweifelt gewesen sein, wenn er sich vorstellte, was er in dieser Zeit in Freiheit hätte bewirken können. Lukas nutzte sie wahrscheinlich, um für sein Evangelium zu recherchieren. In der Apostelgeschichte verrät er uns den Grund für die lange Untersuchungshaft: Felix hoffte, von Paulus oder seinen Anhängern Bestechungsgeld zu erhalten. Doch da wartete er vergebens. Auch sonst machte er sich Feinde. Bei einem Streit zwischen den jüdischen und den griechischen Bewohnern von Cäsarea griff er zuungunsten der Juden hart durch. Als der Streit schließlich bis zum Kaiser vordrang, wurde er von Nero seines Amtes enthoben.

Folgen wir dem Bericht des Lukas, so geschah dies zwei Jahre nach der Verhaftung des Paulus, also 59 n. Chr. Das wird bestätigt durch den numismatischen Befund. Im fünften Jahr des Nero, also 59, wurden in Judäa auffallend viele neue Münzen geprägt, was eigentlich nur bei Antritt eines neuen Statthalters üblich war.

Dieser neue Prokurator hieß Porzius Festus, und er handelte, wie Flavius Josephus bestätigt, sehr viel verantwortungsbewußter und effizienter als sein Vorgänger. Als er nur drei Tage nach seiner Ankunft Jerusalem einen Besuch abstattete, konfrontierte ihn der neue Hohepriester Ischmael Ben Phabi (58–60) mit dem „Fall Paulus“. Er drängte ihn, den Prozeß wieder aufzunehmen; die Verhandlung könne doch am besten gleich in Jerusalem stattfinden. Als Richter wußte Festus, daß nach römischem Recht eine Prozeßverlegung ohne Einverständnis des Angeklagten nicht möglich war. So lud er die Klägerpartei zur Verhandlung in die Provinzhauptstadt. Als er zehn Tage später nach Cäsarea zurückkehrte, fand der Prozeß gegen Paulus endlich seine so lange verschleppte Fortsetzung.

„Am folgenden Tag setzte er sich auf den Richterstuhl und ließ Paulus vorführen“, berichtet Lukas, „Als dieser erschien, umringten ihn die Juden, die von Jerusalem herabgekommen waren, und brachten viele schwere Beschuldigungen vor, konnten sie aber nicht beweisen. Paulus verteidigte sich: Ich habe mich weder gegen das Gesetz der Juden noch gegen den Tempel noch gegen den Kaiser vergangen“ (Apg 25,6–8).

Erst als Festus vorschlug, den Fall unter seinem Vorsitz in Jerusalem zu verhandeln, möglicherweise mit dem *Sanhedrin* als *Consilium*, erschrak der Apostel. Würde der unerfahrene neue Statthalter ihn aus reiner Naivität seinen Feinden ausliefern, die immer noch seine Ermordung planten? Um das zu verhindern, wählte er seine letzte Option: Er appellierte an den Kaiser!

Das Recht eines jeden römischen Bürgers, als letzte Instanz einen Appell *(provocatio)* an den Kaiser zu richten, trat gegen 23 v. Chr. unter Augustus mit der *Lex Iulia de vi publica* in Kraft. Das Gesetz legte fest, daß ein römischer Bürger, der von diesem Recht Gebrauch machte, nicht getötet, gefoltert, verurteilt oder anderweitig daran gehindert werden durfte, sich auf den Weg nach Rom zu machen, wo sein Fall verhandelt werden würde. Damit waren römische Bürger weltweit vor Schnellverfahren und willkürlicher Bestrafung geschützt. Erst zu Anfang des 2. Jahrhunderts wurden römische Bürger, die keines direkten Verbrechens überführt waren, automatisch nach Rom überführt, ohne daß sie zuvor an den Kaiser appellieren mußten. Somit gibt uns die Apostelgeschichte einen realistischen, zeitgemäßen Einblick in die römische Rechtspraxis gegen Mitte des 1. Jahrhunderts. Festus besprach sich kurz mit seinen Beratern, offenbar kompetenten Juristen, bevor er sein Urteil sprach: Dem Auftrag auf Berufung wurde stattgegeben: „An den Kaiser hast du appelliert, zum Kaiser sollst du gehen“ (Apg 25,12).

Doch bevor Paulus nach Rom überführt wurde, kam es noch zu einer historischen Begegnung. Herodes Agrippa II. und seine Schwester Berenike trafen in Cäsarea ein, um dem neuen Statthalter ihre Aufwartung zu machen. Festus nutzte die Gelegenheit, um den machtlosen jüdischen König in Sachen Paulus zu konsultieren und berichtete über sein bisheriges Vorgehen. Agrippa wollte den seltsamen Gefangenen selber hören. Am nächsten Tag, bei einem offiziellen Empfang im Prätorium, wurde ihm Paulus vorgeführt. „So kamen am folgenden Tag Agrippa und Berenike mit großem Gepränge und betraten die Empfangshalle, zusammen mit den Obersten und den vornehmsten Männern der Stadt" (Apg 25,23), schildert Lukas die illustre Szene. Nachdem Festus ihn vorgestellt hatte, erteilte Agrippa dem Apostel das Wort. Mit der typischen Paulusgeste – wieder einmal „erhob (er) die Hand" (Apg 26,1) – trug dieser die Geschichte seiner Berufung vor. „Du bist verrückt, Paulus! Das viele Studieren in den Schriften treibt dich zum Wahnsinn" (26,24), lästerte Festus. Doch der König wurde für einen Augenblick nachdenklich, um gleich darauf ironisch abzuwehren: „Fast überredest du mich dazu, mich als Christ auszugeben" (26,28). Dann erhoben sich alle, zogen sich in einen Nebenraum zurück, besprachen sich miteinander und kamen zu dem Schluß: „Dieser Mann tut nichts, worauf Tod oder Haft steht" (26,31). Hätte Festus den Fall nicht bereits nach Rom weitergeleitet, er hätte Paulus auch freisprechen können.

Der Schauplatz dieser Episode ist erst vor wenigen Jahren von Archäologen entdeckt worden. Bis dahin war alles, was noch von der Existenz des Herodespalastes von Cäsarea zeugte, ein in Stein geschlagenes Becken von 35 mal 18 Metern Größe, das im Volksmund abwechselnd als *Kleopatras Badewanne* oder *Fischteich* bezeichnet wurde. Erst als Archäologen der *Hebräischen Universität Jerusalem* zwischen 1976 und 1979 Ausgrabungen in Cäsarea durchführten, entdeckten sie neben dem Becken die Grundmauern eines Gebäudes von beachtlicher Größe. Im weiteren Verlauf der Grabungen erwiesen sie sich als die Überreste eines luxuriös ausgestatteten Palastes von 110 mal 55 Metern Grundfläche, dessen Baubeginn in die Zeit des Herodes fiel. Seine dramatische Lage hoch über dem Meer und umtost von der Brandung war ganz nach dem Geschmack des biblischen Königs, der schon beim Bau der Felsenfestung von Masada einen Sinn für architektonische Dramaturgie bewiesen hatte. Wie beim Hafen so war auch hier Pozzolanerde, der beste Zement der Antike, der aus Pozzuoli bei Neapel importiert wurde, als Baumaterial verwendet worden. Keramik, die man in den Ruinen fand, stammte aus dem Zeitraum zwischen dem 1. vorchristlichen und dem 1. nachchristlichen Jahrhundert. Doch so wenig Zweifel die Funde auch ließen, daß man die Residenz des Herodes gefunden hatte, es dauerte doch ganze elf Jahre, bis die Grabungen wieder aufgenommen wurden. Erst seit 1990 wird der *Landzungen-Palast,* wie ihn die Archäologen tauften, systematisch untersucht.

An den Ausgrabungen sind amerikanische und israelische Archäologen beteiligt; ein Team der Hebräischen Universität unter Leitung von Ehud Netzer und ein Team der *University of Pennsylvania* unter Leitung von Kathryn Gleason und Barbara Burrell. Pläne des israelischen Tourismusministeriums, ganz Cäsarea in einen Nationalpark zu verwandeln, gaben dem Unternehmen zusätzlichen Auftrieb. Zunächst wurde der wellenumpeitschte Wohnbereich des Palastes freigelegt. In seinem Zentrum befand sich ein ausgedehnter Speisesaal, über den sich einst ein Kuppeldach wölbte. Der Amtstrakt befand sich auf dem höhergelegenen, der Stadt zugewandten Teil der Landzunge. Ihm war ein ausgedehntes *Peristyl,* ein Säulenhof von 42 mal 65 Metern Ausmaß, vorgelagert. In seinem Zentrum, auf einer quadratischen *Bema,* stand einst der Richterstuhl des Königs oder der römischen Statthalter, die später in seinem Palast residierten. Hier muß der öffentliche Prozeß gegen Paulus stattgefunden haben, hier trugen die Vertreter des *Sanhedrin* ihre Anklagen vor. Auf der Rückseite dieses Hofes führte ein prachtvolles Tor in die Audienzhalle, den einstigen Thronsaal des Herodes. Wahrscheinlich fand in diesem 192 Quadratmeter großen Prachtraum der Empfang für König Agrippa und seine Schwester Berenike statt. Auf seiner linken Seite waren Bäder und

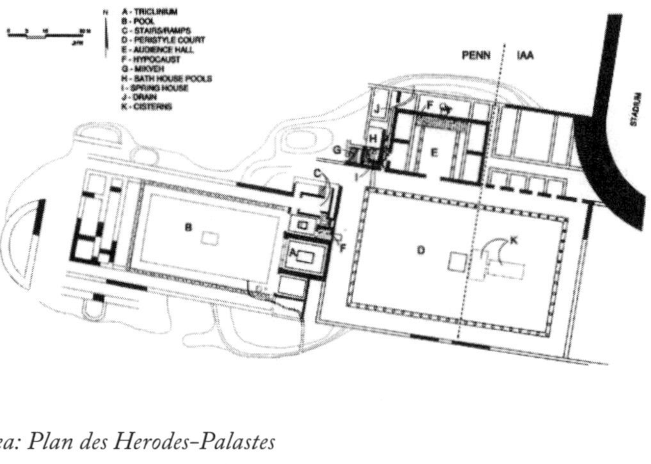

Cäsarea: Plan des Herodes-Palastes

eine jüdische *Mikwa* untergebracht. Zu seiner Rechten ging es in vier kleinere Zimmer und danach auf einen gepflasterten Hof, in dessen Mitte ein kreisrunder Brunnen stand. Fand hier die vertrauliche Unterredung zwischen Festus und Agrippa nach der Anhörung des Apostels statt?

In römischer Zeit wurde der 15.000-Quadratmeter-Komplex des Herodes-Prätoriums (Apg 23,35) um etwa 50 Meter nach Osten ausgedehnt, entlang der Südkurve des Hippodroms, der Pferderennbahn. Hier entstanden kleine Räume, die durch Inschriften als *Officii*, als Büros der Verwaltung kenntlich gemacht wurden.

Dort machten Archäologen der Israelischen Altertümerverwaltung (IAA) im Sommer 1997 eine spektakuläre Entdeckung. Denn einer der Amtsräume hatte einen Mosaikboden mit einer lateinischen Inschrift, die „adviorib(us) offici custodia()", gute Wünsche für die Männer enthielt, die in „der Wachstube des Gefängnisses" ihren Dienst verrichteten. Daneben befanden sich kleinere Räume, möglicherweise Zellen. In einer von ihnen fanden die Archäologen Graffiti, die sie als Anrufungen an den Völkerapostel identifizierten. Zumindest die *Jerusalem Post* meldete daraufhin am 20. Mai 1998, sich auf Amir Drori, den Direktor der IAA, berufend: „Gefängniszelle des Paulus in Caesarea identifiziert".

Prof. Joseph Patrich von der Universität Haifa entdeckte weitere Hinweise auf eine frühe Paulusverehrung in Cäsarea. Im Südwestviertel der Stadt, in unmittelbarer Nähe des Palastes, fand er in den Ruinen eines antiken Lagerhauses Säulen mit christlichen Ornamenten. Alles deutete darauf hin, daß über der ursprünglichen Anlage eine kleine Kirche oder Kapelle errichtet wurde. Sein interessantester Fund aber war ein antiker Brotstempel, wie ihn die frühen Christen für das geweihte Brot benutzten, das sie nach der Eucharistiefeier an die Gläubigen verteilten; ein Brauch, der in den orthodoxen Kirchen noch heute an Feiertagen gepflegt wird. Der Stempel trägt die griechische Inschrift: „Der Segen des Herrn über uns und der des hl. Paulus". Unter der Lagerhalle, die zur Kapelle wurde, stieß der Archäologe auf die Überreste spätantiker Sarkophage; befand sich hier eine Krypta? Völlig offen ist, weshalb die Kapelle gerade an dieser ansonsten so völlig profanen Stelle errichtet wurde. Doch es ist sehr gut möglich, daß die lokale Tradition hier einen zeitweisen Aufenthaltsort des Apostels lokalisierte. Er wird noch Generationen von Archäologen beschäftigen.

XIV. Kreta – Die Odyssee

Noch einmal werfe ich einen Blick hinab auf die atemberaubende Schönheit der *Messara*-Ebene, dann steige ich wieder in meinen Wagen. Ich will den Bergzug des *Apezanon* überqueren, der mich noch von der äußersten Südküste Kretas trennt. Eine halbe Stunde lang fahre ich auf einer engen, kurvigen Straße durch saubere griechische Dörfer, dann merke ich, wie es langsam wieder bergab geht. Als die Straße eine Biegung macht und endlich das Meer sichtbar wird, muß ich anhalten. Sanft senkt sich ein von Ölbäumen bewachsener Hügel hinab und endet an einer Bucht wie aus dem Märchenbuch. Eine Landzunge rahmt sie seitlich ein, in ihrer Mitte liegt eine Insel. Hätte sie nicht ein wenig romantisch veranlagter Reeder durch vier aluminiumfarbene Öltanks verschandelt, sie würde Maler aus aller Welt anziehen. *Kaloi Limenes,* „der schöne Hafen", heißt die Bucht bis auf den heutigen Tag. Sie trägt ihren Namen zu Recht.

Am Strand angekommen, mache ich mich auf die Suche. Der Tourismus hat diesen Naturhafen zum Glück noch nicht entdeckt, nur ein paar *Backpacker* campieren hier und essen in der lokalen Taverne. Ich frage nach dem Ort, wo der Apostel Paulus gepredigt haben soll. Eine freundliche Frau zeigt mit dem Finger auf die Hügelkette, die in das Meer hineinreicht. Ich erkenne eine kleine, weiße Kapelle und mache mich auf den Weg.

Ein breiter Schotterweg führt hinauf und endet an dem modernen Kirchlein. Davor ragt ein einfaches Holzkreuz in den Himmel. Ich steige einen Trampelpfad hinab und stehe vor dem ummauerten Eingang zu einer Höhle. En Schild in griechischer Sprache verrät mir, daß hier der Apostel auf seinem Weg nach Rom übernachtete, daß er an dieser Stelle vergeblich dafür plädierte, auf Kreta zu überwintern. Das muß im Oktober des Jahres 59 gewesen sein.

Im Spätsommer desselben Jahres konnte Paulus endlich Cäsarea verlassen. Der Statthalter hatte ihn einem Centurio „der kaiserlichen Kohorte" (Apg 27,1) – wohl die inschriftlich belegte *Cohors*

Augusta I, die in der Provinz Syrien stationiert war – namens Julius übergeben. Der Offizier haftete mit seinem Leben für die sichere Überführung des Gefangenen. Auch die Akten des bisherigen Prozesses trug er bei sich. Paulus hatte das Recht, seine persönlichen Begleiter mitzunehmen, einen Mazedonier aus Thessalonich namens Aristarch, der ihn schon nach Ephesus begleitet hatte (Apg 19,29), und eben Lukas, der ihm als Arzt nur nützlich sein konnte. Das Schiff, das sie bestiegen, stammte aus Adramyttium an der Küste Mysiens in der heutigen Südwesttürkei und pendelte zwischen den Häfen Kleinasiens hin und her. Das Verhältnis zwischen Paulus und dem Centurio Julius war offenbar gut; er erlaubte ihm sogar, in Sidon an Land zu gehen und Freunde zu besuchen. Daß er dabei Ketten getragen haben muß und der Offizier immer dabei war, verschweigt uns Lukas wohlwollend. Sie fuhren weiter an Zypern vorbei, passierten die Küsten Ziliziens und Pamphyliens und erreichten Myra in Lyzien, einen der wichtigsten Häfen des östlichen Mittelmeerraumes. Hier wollten sie das Schiff wechseln – umsteigen von einem Küstensegler auf ein alexandrinisches Kornschiff, eines der größten Frachtschiffe der antiken Welt.

Für Rom, das ein Drittel seines jährlichen Getreidebedarfs aus Ägypten bezog, war der Frachtverkehr mit Alexandria lebenswichtig. Blieb eine Lieferung aus, waren Versorgungsengpässe die Folge, das Volk unzufrieden, drohten Unruhen. Brot und Spiele waren das Geheimnis politischer Stabilität in der Hauptstadt, das wußten die Kaiser. Das *Brot* kam per Schiff. Um regelmäßige Lieferungen auch außerhalb der Schifffahrtssaison zu sichern, bot Kaiser Claudius an, das Risiko mit den alexandrinischen Reedern zu teilen. Er war bereit, den Schaden im Fall eines Schiffbruchs zu übernehmen, und zahlte Sonderprämien für jede Lieferung während der gefährlichen Monate. Das erste Kornschiff, das nach dem Winter in Roms damaligen Haupthafen Puteoli (Pozzuoli) einlief, erhielt eine zusätzliche Vergütung. So lieferten sich die verschiedenen Reedereien regelrechte Wettrennen, während ihre Frachter in der Bucht von Neapel sehnsüchtig erwartet wurden. Um besser gesehen zu werden, durften sie im Gegensatz zu anderen Schiffen mit offenen Segeln in den Hafen einlaufen. Ihre Ankunft wurde von der Bevölkerung überschwenglich gefeiert, während Boten nach Rom eilten, um sie auch dort anzukündigen. Als zur Zeit des Commodus nach einem langen, harten Winter, der zu dramatischen Versorgungsengpässen führte, endlich das erste alexandrinische Kornschiff am Horizont erschien, ließ der Kaiser eigens Münzen mit seinem Abbild prägen. *PROVID(entia) AUG(usti)* stand daraufgeschrieben: Das Schicksal des Kaisers!

Alexandria wiederum war so stolz auf seine Kornflotte, daß es Tetradrachmen herausgab, die ein Frachtschiff neben dem *Pharos* zeigen, dem berühmten Leuchtturm der ägyptischen Hafenstadt; er galt als eines der sieben Weltwunder. Dank dieser Münzen und einiger weniger antiker Reliefs, Fresken und Mosaiken können wir uns ein ungefähres Bild von diesen Schiffen machen. Die genaueste Beschreibung aber verdanken wir dem Satiriker Lukian, der im 2. Jahrhundert Zeuge wurde, wie ein vom Kurs abgekommener Riesenfrachter, die *Isis,* im Hafen von Piräus einlief: „Wie groß dieses Schiff nur war! 120 Ellen (53 Meter) war es lang, wie mir der Schiffszimmermann erzählte, ein Viertel davon breit und 29 Ellen tief vom Deck zum Kiel. Was für einen Mast es hatte, welche Rah es trug, welche Fockstag! Der Achtersteven war gradweise gebogen und durch einen goldenen Gänsekopf auf seiner Spitze verziert, während am anderen Ende der Vordersteven mit einem Abbild der Isis auf beiden Seiten den Bug umschloß, jener Göttin, nach der das Schiff benannt war! Und der Rest der Verzierung, die Bemalung, die roten Wimpel an der Hauptrahe, die Anker und Gangspill und Winden auf dem Vorderdeck, die Unterkünfte zum Heck hin – das alles erschien mir wie ein Wunder! Die Besatzung muß zahlreich wie ein Heer gewesen sein. Sie sagten mir, sie beförderten genug Korn, um ganz Attika ein Jahr lang versorgen zu können."

Die Kapazität der *Isis* wird auf 1800, von einigen Experten sogar auf 2600 Tonnen geschätzt. Auch wenn das eine Ausnahme gewesen sein mag, so müssen 800–1000 Tonnen der Durchschnitt gewesen sein. Flavius Josephus, der mit einem solchen Kornfrachter vielleicht ein Jahr vor Paulus nach Rom fuhr, berichtet von 600 Mann an Bord, Besatzung wie Mitreisenden. Das Schiff, das Paulus bestieg, muß etwas kleiner gewesen sein, denn Lukas schreibt: „Wir waren im ganzen 276 Menschen an Bord" (Apg 27,37).

Gerade einmal 10–20 Tage dauerte die Fahrt eines solchen Frachtschiffes von Pozzuoli zurück nach Alexandria, da im Mittelmeer überwiegend Westwinde wehen. Doch die Hinfahrt war aus dem gleichen Grund sehr viel schwieriger. Da antike Schiffe nicht gegen den Wind segeln konnten, mußte ein regelrechter Zickzackkurs eingeschlagen werden: Von Alexandrien aus Nordnordwestkurs nach Myra, dann Südwestkurs an Kreta vorbei, weiter Nordnordwest Richtung Nikopolis, schließlich Südwestkurs nach Syrakus. Nachdem man dort angelegt und die Vorräte erneuert hatte, ging es weiter durch die Straße von Messina hinauf in die Bucht von Neapel. Wie lange die Fahrt dauerte, hing einzig und allein vom Wetter ab. Die *Isis* etwa, die ungünstige Winde völlig vom Kurs abbrachten, war schon seit 70 Tagen unterwegs, als sie im Hafen von Piräus einlief. Sie hatte zu diesem Zeitpunkt nicht einmal die halbe Strecke zurückgelegt.

Da die römische Getreideversorgung in staatlichen Händen (der *cura annona)* lag, wurden die alexandrinischen Reeder zu Vertragspartnern Roms, was sie zu gewissen Nebendienstleistungen verpflichtete. So mußten sie ihre Schiffe auch für den Transport von Soldaten und Gefangenen zur Verfügung stellen. Auch dieser Umstand läßt die Schilderung des Lukas äußerst glaubwürdig erscheinen. Tatsächlich gilt sein Bericht als eine der wichtigsten Quellen zur antiken Seeschifffahrt überhaupt. Von einem „Glanzstück in sachlicher Korrektheit" sprach schon 1923 der große Althistoriker Eduard Meier und konstatierte, daß „all die zahlreichen, knapp sachlich, aber liebevoll geschilderten Einzelzüge sowohl geographisch wie seetechnisch jeder Prüfung standhalten und von einem

Kornschiff auf einer Münze des Kaisers Commodus

sorgfältig und gut beobachtenden Augenzeugen stammen müssen." Arthur Breusing, zu Ende des 19. Jahrhunderts Direktor der Bremer Seefahrtschule, bezeichnete ihn sogar als „das wertvollste uns aus dem Altertume erhaltene nautische Dokument". Dabei schreibt der Evangelist so sachlich und kompetent, daß Historiker schon spekulierten, er müsse im Laufe seiner Karriere einmal Schiffsarzt gewesen sein; jedenfalls scheint er sich auch mit nautischen Begriffen und den Wetterverhältnissen im Mittelmeer bestens auszukennen.

Wie 100 Jahre später die *Isis,* so hatte auch das Kornschiff, auf dem Paulus reiste, mit ungünstigen Winden zu kämpfen: „Viele Tage lang kamen wir nur langsam vorwärts, und mit Mühe erreichten wir den Hafen von Knidos. Da uns der Wind nicht herankommen ließ, umsegelten wir Kreta bei Salmone, fuhren unter großer Mühe an Kreta entlang und erreichten einen Ort namens Kaloi Limenes, in dessen Nähe die Stadt Lasäa liegt" (Apg 27,7–8). Dort legte man an und ging an Land. Tagelang wartete man auf günstige Winde. Dann mußte endlich eine Entscheidung getroffen werden, denn die Zeit lief den Seeleuten davon. Wenn Lukas schreibt, daß „inzwischen längere Zeit vergangen war und die Schifffahrt bereits unsicher geworden war – sogar das Fasten war schon vorüber" (Apg 27,9) gibt er uns ein paar wertvolle Hinweise zur Datierung. Als *unsicher* betrachtete man die Zeit zwischen dem 14. September und dem 11. November, wenn die Seefahrt völlig eingestellt wurde. Das *Ende des Fastens* am Großen Versöhnungstag (10. Tischri) des jüdischen Laubhüttenfestes fiel im Jahr 59 auf den 5. Oktober. Daß auch dieser Tag „schon vorüber" war, kann nur bedeuten, daß man bereits Mitte bis Ende Oktober schrieb. Den Plan, noch in diesem Jahr Rom zu erreichen, mußte man also aufgeben. Jetzt galt es, einen geeigneten Platz zum Überwintern zu finden, um gleich zu Beginn der Seefahrtsaison, am 8. Februar, die Reise fortzusetzen.

Paulus plädierte dafür, in Kaloi Limenes zu bleiben, was gewiß keine schlechte Wahl gewesen wäre. Immerhin lag die Stadt Lasäa in der Nähe, zudem ließ sich in einem Tagesmarsch Gortyn erreichen, die Hauptstadt der römischen Provinz *Kreta und Zyrene.* Dort konnte man nicht nur komfortabel überwintern, es bot sich Paulus auch ein neues Feld für die Missionsarbeit. Den Seeleuten – dem Kapitän des Schiffes und dem Steuermann – gefiel diese Idee weniger. Vielleicht war ihnen Kaloi Limenes als Hafen nicht geschützt genug, vielleicht wollten sie nur näher Richtung Rom, um im nächsten Jahr früher ihr Ziel zu erreichen und die Prämie des Kaisers einzukassieren. Der Centurio, der als römischer Offizier gewiß das letzte Wort hatte, pflichtete ihnen letztlich bei; er vertraute mehr auf ihre Kompetenz als auf die dunklen Vorahnungen seines Gefangenen.

An diese Szene erinnere ich mich, als ich von der Paulus-Höhle aus den weiten Blick über das Meer und die Bucht von Kaloi Limenes genieße. Dann unterbrechen Frauenstimmen meine Gedanken. Eine Griechin, die hervorragendes Englisch spricht, führt unverkennbar amerikanische Freunde an diesen Ort. Ich höre ihren Erklärungen ein paar Minuten lang schweigend zu, dann komme ich mit ihr ins Gespräch. Sie scheint die lokalen Traditionen sehr gut zu kennen, nach denen Paulus ganze drei Wochen in dieser Höhle abwartete. „Doch das stimmt nicht. Vielleicht übernachteten der Centurio und er hier die ersten paar Tage. Doch dann brachte man ihn wie die anderen Gefangenen ins Gefängnis." Ich muß ihr theoretisch beipflichten, kann mir kaum vorstellen, daß ein römischer Offizier drei Wochen lang an seinen Gefangenen gekettet in einer Höhle lebte. Doch in welches Gefängnis? Nach Lasäa?

„Nein, der Hafen hatte sein eigenes Gefängnis", belehrt sie mich, „schließlich legten hier viele Kornschiffe an, und irgendwo mußte man die Gefangenen ja einsperren. Heute hat man eine Kapelle daraus gemacht. Aber man sieht noch immer die Löcher, in denen die Ketten im Fels befestigt waren. Es liegt nicht weit von hier!"

Spätestens bei diesen Worten weiß ich, daß ich mir das ansehen sollte. Nirgendwo in der Literatur war von einem Paulusgefängnis auf Kreta die Rede. Würde die lokale Tradition einer näheren Überprüfung standhalten?

„Es ist nur etwas schwierig zu finden. Fahren Sie einfach rauf zum Kloster der Gottesmutter *Odigitria*. Da zweigt ein Weg ab. Wenn Sie Schwierigkeiten haben, fragen Sie einen der Mönche."

Die Frau fährt mir voraus, bis wir den Schotterweg erreichen, der, den Hang einer Schlucht entlang, zum *Odigitria*-Kloster führt. Dann muß sie nach Hause, sich um ihre Gäste kümmern. Ich fahre weiter auf der staubigen Straße mit ihren besorgniserregenden Kurven, bis ich endlich das Kloster finde. Ein freundlicher Pförtner zeigt mir stolz sein Heiligtum, eine wundertätige Ikone der Gottesmutter, und den klotzförmigen Wehrturm, in dem die Mönche der Türkenherrschaft trotzten. Doch von einem Paulusgefängnis weiß er nichts. Erst als wir einen alten Mönch fragen, weist mir dieser den Weg. Da wird es langsam dunkel. Mir ist klar, ich muß am nächsten Tag wiederkommen.

Als ich am Mittag des nächsten Tages vor der Klosterpforte stehe, ist diese verschlossen. Ich muß also auf eigene Faust meine Suche fortsetzen. Trotz glühender Hitze beschließe ich, jeden einzelnen der Feldwege, die von dem Kloster ausgehen, mit meinem Geländewagen abzufahren. Etwa drei bis vier Kilometer von dem Kloster entfernt, in Richtung des Meeres, unweit der Eremitage von Agioi, soll sich die Gefängnishöhle befinden. Schließlich komme ich an ein Gatter. Eine Zufahrt führt zu einer weißen Kapelle. Das ist, ahne ich, die Eremitage. Ich öffne das Gatter, fahre durch. Das Kirchlein steht offen, ich stelle eine Opferkerze auf und spreche ein Gebet. Dann gehe ich wieder hinaus. Die Kapelle steht auf dem höchsten Punkt eines Bergrückens. In der Ferne leuchtet blau das Meer, zu meinen Füßen tut sich eine Schlucht auf. Ich erinnere mich, daß die Griechin von einer Schlucht sprach. Ich lasse meinen Wagen stehen und steige langsam hinab. Dann erkenne ich an der gegenüberliegenden Felswand einen kleinen Turm, an dem ein Fußweg vorbeiführt. Etwas weiter unten befindet sich ein Eingang. Nach einer Kletterpartie erreiche ich die andere Seite der Schlucht, inspiziere den Turm, steige zu der Holztür des Eingangs hinunter. Sie ist zum Glück nicht verschlossen. Ich trete ein und stehe in einer Kathedrale aus Stein. Über mir wölbt sich eine vielleicht zehn Meter hohe, in den Fels geschlagene Kuppel, die an ihrer höchsten Stelle eine kreisrunde Öffnung aufweist. Unwillkürlich muß ich an den Mamertinischen Kerker in Rom denken, weiß ich: So sahen antike Hochsicherheitsgefängnisse aus. Die Gefangenen wurden in einem Ziehkorb in die Höhle herabgelassen und wieder hinaufgeholt, der Eingang, den ich benutzte, muß in späterer Zeit entstanden oder damals zugemauert gewesen sein. In der Felswand erkenne ich, wo die Ketten eingelassen waren. Draußen, auf dem Grund der Schlucht, stoße ich auf die Fundamente antiker Häuser. Kein Zweifel: Hier war einst eine Siedlung. Hier könnte sich tatsächlich das Gefängnis von Lasäa und Kaloi Limenes befunden haben, und wenn dies der Fall war, dann hat man auch Paulus hierhergebracht.

Die Klamm, an deren Hang die kleine Siedlung liegt, heißt heute *Agiofarango,* „Schlucht der Heiligen". Seit dem 6. Jahrhundert lebten Einsiedler in den unzähligen Höhlen an ihren Hängen. Heute gilt sie als einer der heiligsten Orte Kretas. Die Schwalben, die hier nisten, sagt der Volksglaube, sind die Seelen der Asketen aus vergangener Zeit. Ich gehe den Weg weiter, bis ich eine kleine Bucht erreiche; hier mündete einst ein Fluß. Zu meiner Linken erhebt sich eine Kuppelkirche aus dem 14. Jahrhundert, die über einer noch viel älteren Asketenhöhle steht. War dies der Weg, auf dem das Evangelium nach Kreta kam? Wollten die Höhlenmönche dort leben, wo einst der Völkerapostel gefangen war? Ich weiß nur, daß der Ort etwas Verzaubertes hat.

Nach der kretischen Tradition kehrte Paulus nach seiner Gefangenschaft in Rom noch einmal auf die Insel zurück. Diesmal war er in Begleitung des Antiochener Griechen Titus, den er zum ersten Bischof der Insel weihte. Unterstützt wird diese Behauptung durch den (in seiner Echtheit umstrittenen) Titusbrief, in dem der Apostel seinem Schüler erklärt: „Ich habe dich in Kreta deswegen zurückgelassen, damit du das, was noch zu tun hast, zu Ende führst …" (Tit 1,5), und selbst seine Überwinterung in Nikopolis an der Westküste Griechenlands ankündigt.

Danach lebte und lehrte Titus in der Hauptstadt Gortyn, wo er im Jahre 106, im Alter von 94 Jahren, verstorben sein soll. Über seinem Grab wurde im 6. Jahrhundert eine eindrucksvolle Basilika errichtet, deren mächtige Apsis heute noch das Ruinenfeld überragt. Als die Araber Kreta überfielen und Gortyn zerstörten, gelang es den Christen, seinen Schädel zu retten. Nach der Befreiung der Insel im Jahre 961 wurde er in einer feierlichen Prozession in die neue Hauptstadt Iraklion überführt. Während der Türkenherrschaft auf Kreta gelangte er nach Venedig, wurde dem Schatz des Markusdomes einverleibt. Erst 1966 brachte man ihn nach Kreta zurück. Heute wird die Reliquie in einer Seitenkapelle der *Agios Titus*-Kirche von Iraklion verehrt und einmal im Jahr in einer feierlichen Prozession durch die Stadt getragen.

Im Herbst des Jahres 59 war der Aufenthalt des Apostels Paulus auf Kreta allerdings auf Kaloi Limenes beschränkt. Doch „da der Hafen zum Überwintern ungeeignet war, beschloß die Mehrheit weiterzufahren, um nach Möglichkeit Phönix zu erreichen, einen nach Südwesten und Nordwesten offenen Hafen von Kreta; dort wollten sie überwintern" (Apg 27,13). Obwohl auch Strabo einen Hafen namens Phönix auf Kreta erwähnt, der sich wohl im Bereich des heutigen Loutro befand, ist diese Gleichsetzung zumindest umstritten. Einige Exegeten sind der Ansicht, daß die Stelle falsch übersetzt wurde und tatsächlich der Hafen Phoinikos nordwestlich von Kreta, an der Südostküste der Insel Kythera, gemeint war. Er diente schon als Winterhafen für die lakedämonischen Frachtschiffe und war sehr viel sicherer als jeder kretische Hafen. Doch wo auch immer Phönix lag, es wurde nie erreicht. Kaum war man aufgebrochen, nutzte man den leichten Südwind, der gerade aufgekommen war, um „dicht an Kreta entlang" zu fahren, da schlug das Wetter um. „Von der Insel her" brach ein „Orkan los, Eurakylon genannt" (Apg 27,14).

Eurakylon ist ein Kunstwort, zusammengesetzt aus dem griechischen *Euros,* dem Ostwind, und dem lateinischen *Acquilo,* dem Nordostwind. Es bedeutet also soviel wie *Ostnordoster.* Lange gab der Begriff, der bis vor kurzem nur aus der Apostelgeschichte bekannt war, Rätsel auf. Einige Exegeten glaubten sogar, es liege ein Fehler vor, gemeint sei der *Euroklydos,* der Südostwind. Dagegen aber spricht schon, daß der Wind laut Lukas „von der Insel her" wehte und das Schiff mit sich riß – es nicht etwa auf die Küste zu trieb, sondern von ihr weg auf das offene Meer. Mittlerweile wurde im nordafrikanischen Thugga (Dougga) ein römisches Mosaik gefunden, das eine beschriftete, zwölfteilige Windrose zeigt. Auch hier wird der Wind aus Ostnordost als *Euraquilo* bezeichnet, womit die Diskussion beendet sein müßte. Bei den Seeleuten heißt dieser Wind, der besonders in den Wintermonaten gefürchtet ist, heute *Gregale.* Er entsteht durch ein Hochdruckgebiet über dem Balkan und ein Tiefdruckgebiet über Libyen, wenn es über Griechenland zu starken Fallwinden kommt. Ein *Gregale* kann bis zu fünf Tage lang dauern. Am häufigsten tritt er im Winter auf.

Während das Schiff an der Kreta vorgelagerten Insel Kauda vorbeigetrieben wurde, konnte das Beiboot nur mit Mühe gerettet werden. Es folgten die üblichen Schutzmaßnahmen. Laut Plinius war es „die Hauptsorge der Seeleute, daß nicht nur die Spieren, sondern der Schiffsrumpf selbst unter dem Druck der Wellen zerbersten könnte". Durch Taue versuchten die Matrosen, den Rumpf zu sichern. Ihre zweite Sorge war, daß das Schiff „in die Syrte" (Apg 27,17) treiben könnte. Immerhin lag Nordafrika mit seinem seichten Wasser und seinen unberechenbaren Sandbänken nur 600 Kilometer entfernt. Würden sie dort stranden, säßen sie in der Wüste fest, ohne jede Hoffnung auf Hilfe oder Trinkwasser. Der Wind blies so heftig, daß sie den Treibanker hinabließen, um den eigenen Kurs zu konsolidieren. Auch die weiteren Maßnahmen sind so lehrbuchgerecht, daß der viktorianische Gelehrte James Smith, Mitglied der angesehenen *Royal Society,* sie in seiner Dissertation mit einem französischen Handbuch aus dem 17. Jahrhundert *(Us et Coutumes de la Mer,* Rouen 1672) vergleichen konnte. Lukas verzichtet auf romanhafte Dramatik und Gemeinplätze aus dem Repertoire antiker Dichter. „Nautische Details und Termini sind nicht rhetorischer Aufputz ... sondern stehen ganz sachlich da, wo sie hingehören", bescheinigt ihm der Mainzer Altphilologe Marius Reiser.

Zuerst wurden die Segel gestrichen und der Bug nach Norden gedreht, damit das Schiff nicht kentert. Am zweiten Tag entschied man sich schweren Herzens, sich von der kostbaren Fracht zu trennen; durch die zunehmende Feuchtigkeit im Laderaum drohte das Getreide aufzuquellen und den Schiffsrumpf zu zerbersten. Am dritten Tag wurde die Hauptrahe über Bord geworfen. Sie war offenbar so schwer, daß alle anpacken mußten; Lukas benutzt im Originaltext die Worte „wir" und „eigenhändig" (Apg 27,19). Doch da der *Gregale* kein Ende nahm, trieben sie tagelang ziellos durch das wolkenverhangene Meer. „Weder Sonne noch Sterne" waren sichtbar, jede gezielte Navigation daher unmöglich. Allmählich schwand bei den Männern jede Hoffnung, das Unwetter heil zu überstehen. Nur Paulus sprach ihnen Mut zu. In der Nacht erschien ihm ein Engel, hörte er die Worte: „Fürchte dich nicht, Paulus! Du mußt vor den Kaiser treten. Und Gott hat dir alle geschenkt, die mit dir fahren." Daher prophezeite er: „Niemand von euch wird sein Leben verlieren, nur das Schiff wird untergehen" (Apg 27,22–24).

Die Prophezeiung wurde wahr. Vierzehn Tage lang trieb das Schiff „auf der Adria" (Apg 27,27), dann meldete ein Matrose Land. Statt sicher in eine Bucht einfahren zu können, strandete das Schiff auf einem Riff oder einer Sandbank und zerbrach. Doch Paulus und seine 275 Mitreisenden wurden gerettet. Als sie völlig durchnäßt an den Strand krochen, trafen sie auf Einheimische, die ihnen gleich ein wärmendes Feuer bereiteten. Der Name der Insel, so erfuhren sie, lautete *Melite* (Apg 28,1).

XV. Malta: Schiffbruch!

Seit über 20 Jahren taucht Mark Gatt vor der Küste Maltas. In seiner Freizeit ist er als Rettungstaucher tätig, an seiner Wand hängen Zertifikate aus aller Welt, darunter auch von der Deutschen Lebensrettungsgesellschaft (DLRG). Den Meeresboden rund um seinen Wohnort Qawra, die *St. Pauls-Bucht* und die *Salina Bay,* kennt er wie seine Westentasche. Immer wieder begegnete er Hinterlassenschaften der antiken Seefahrt, meist Fragmenten von Amphoren, in denen einst Öl, Wein oder die nach heutigem Geschmack ungenießbare Fischsoße, das *Garum,* transportiert wurde. Doch er hätte sich nie erträumt, das er eines Tages einen Fund machen würde, der den Bericht des Lukas bestätigen könnte.

Es war am frühen Morgen des 24. April 2005, eines Sonntags, als Mark mit ein paar Freunden zu einem neuen Tauchgang aufbrach. In einem kleinen Boot passierten sie die *Salina Bay,* fuhren auf das offene Meer hinaus und gingen auf der Höhe des *Ghallis*-Turms vor Anker. Einer nach dem anderen band sich den Bleigurt um, schulterte die Preßluftflasche, setzte sich die Atemmaske auf und kippte rücklings in das kühle Naß. In 36 Metern Tiefe hatte man den Meeresgrund erreicht und schwärmte aus. Irgendwann fiel Mark ein mächtiger, dunkler, länglicher Gegenstand auf, der ihn im Dunkel der Tiefe in seinen Bann zu ziehen begann. Sofort erkannte er, daß es sich um einen riesigen Anker aus der Römerzeit handeln mußte; ähnliche Exemplare hatte er im Archäologischen Museum von Valetta und dem Seefahrtmuseum in Vittoriosa gesehen. „Es war so, als wollte er von mir gefunden werden“, erklärte mir Mark, als ich ihn in seinem Blumenladen in *St. Paul's Bay* aufsuchte. Er hatte die Herausforderung seines Lebens gefunden. Sofort markierte er den Fund durch eine Signalboje, die er an einem ungewöhnlich langen Tau befestigte, um andere Taucher irrezuführen.

Wieder an Land, bereitete er die Bergung des Fundes vor. Ein paar Tage später – gerade noch rechtzeitig, denn seine Boje hatte schon die Aufmerksamkeit von Schatztauchern erregt – fand die aufwendige Bergung statt. Von Mark und seinen Freunden, die wieder auf dem Meeresgrund tauchten, wurde der 2,25 Meter lange, über 700 Kilo schwere Bleigigant vertaut, dann mit Hilfe von Hebesäcken, die unter Wasser mit Luft gefüllt werden, langsam in die Höhe gezogen. Allmählich stieg er in die Höhe empor, dem Sonnenlicht entgegen, das die Wellen durchbrach. Erst als der Anker im Trockenen war, bemerkte Mark, was seinen Fund von den meisten anderen römischen Ankern unterschied: Er trug eine Inschrift. *ISIS – SARAPI(S)* stand in erhabenen Lettern auf seinen beiden Armen. Isis und Sarapis waren zwei ägyptische Gottheiten, die zwischen dem 1. und dem 3. Jahrhundert im ganzen Römischen Reich verehrt wurden. Das Zentrum ihres Kultes war Alexandria. Die ungewöhnliche Größe des Ankers läßt keinen Zweifel daran, daß er von einem alexandrinischen Kornschiff stammte. In der Nachbarbucht, so behauptet die maltesische Tradition, gingen Paulus und seine Gefährten nach ihrem Schiffbruch an Land. Hatte Mark Gatt einen der Anker des apostolischen Transportmittels entdeckt?

Daß Paulus tatsächlich die sonnendurchflutete und geheimnisumwitterte Mittelmeerinsel erreichte, ist zumindest nicht unumstritten. Bei Lukas erfahren wir, daß die Insel, an deren Küste er strandete, *Melite* hieß. Tatsächlich gab es in der Antike zwei Inseln dieses Namens, *Melite Africana,* das heutige Malta, und *Melite Illyrica,* die Insel Mljet vor der Küste Dalmatiens. Schon um 950 behauptete der gelehrte byzantinische Kaiser Konstantin VII. *Porphyrogennetos,* der Apostel hätte seinen Schiffbruch vor Mljet erlitten. 1730 griff Pater Ignazio Georgi, Abt des Benediktinerklosters von Mljet, diesen Hinweis auf und erklärte seine Insel zum Schauplatz des letzten Kapitels der Apostelgeschichte. Andere folgten seiner Vorgabe, die ihre Wirkung nicht verfehlte. Bereits ein halbes Jahrhundert später berichteten Reisende, daß „die Einheimischen erzählen, der hl. Paulus hätte die Insel besucht." Im 20. Jahrhundert fand die Gleichsetzung Paulusinsel = Mljet in dem protestantischen Paulusforscher Otto Meinardus einen renommierten Fürsprecher. Dabei stützte er sich auf zwei Hinweise in der Apostelgeschichte. Zum einen berichtet Lukas, daß das Schiff vierzehn Tage lang „auf der Adria" (Apg 27,27) trieb. Zum anderen erwähnt er, wie eine Viper aus dem Reisig schoß, das Paulus in das Feuer werfen wollte, an dem sich die Schiffbrüchigen aufwärmten.

Die Einheimischen erschraken, rechneten mit seinem sofortigen Tod, hielten ihn für einen Mörder, den die Rachegöttin bestrafte. Als er den Schlangenbiß unbeschadet überstand, „änderten sie ihre Meinung und sagten, er sei ein Gott“ (Apg 28,6). Auf Malta gibt es heute keine Giftschlangen, auf Mljet waren sie dagegen ziemlich zahlreich vertreten.

Mit demselben Argument behauptet der Deutsche Heinz Warnecke, *Melite* sei die Insel Kephallenia vor der Westküste Griechenlands. Von einem „Jahrhundertereignis der Theologie“ schwärmten seine Anhänger, „Außenseiter beschämt die ganze Zunft“ spöttelte die *Zeit,* als er 1987 für seine These den Doktorhut der Universität Bremen erhielt. Daß nicht eine einzige antike Quelle den Namen *Melite* für Kephallenia kennt, daß auf der Insel weder eine lokale Paulustradition noch archäologische Indizien existieren, scheint ihn dabei nicht zu stören. Zumindest Schlangen gibt es auf Kephallenia zuhauf. Doch eine Schlange macht noch keine Paulusinsel aus.

Bleibt noch die Frage, was die Menschen der Antike unter der *Adria* verstanden. Tatsächlich unterschied der berühmteste Geograph der Antike, Ptolemäus (ca. 100–175), zwischen dem *Adriatischen Meerbusen* – dem, was wir heute landläufig als Adria bezeichnen – und dem *Adriatischen Meer,* das sich von der Ostküste Siziliens bis zur Westküste Kretas erstreckte. Auch sein Zeitgenosse Pausanias (ca. 115–180) bezeichnete das Meer zwischen Sizilien und Griechenland als *Adria.* Im Süden grenzte sie auf der Höhe der Südküsten von Malta und Kreta unmittelbar an das *Libysche Meer.* Flavius Josephus, der wie Paulus auf der Reise von Cäsarea nach Rom ein alexandrinisches Kornschiff benutzte, erlitt ebenfalls „auf dem Adriatischen Meere“ Schiffbruch. Daß er dabei von einem zyrenischen (also libyschen) Küstensegler gerettet wurde zeigt, wie weit südlich er sich befunden haben muß. Wäre das Paulus-Schiff tatsächlich nach Nordwesten, Richtung Kephallenia oder Mljet, getrieben worden, hätten die Seeleute wohl nicht befürchtet, „in die Syrte zu geraten“ (Apg 27,17). Auch der Treibanker wäre völlig überflüssig gewesen; man hätte schlimmstenfalls die italienische Ostküste erreicht! In Mljet hätte kaum ein anderes alexandrinisches Kornschiff überwintert, das die Gruppe drei Monate später über Syrakus nach Puteoli mitnehmen konnte. Man hätte einfach die Adria überquert und Rom über Brindisium (Brindisi) erreicht.

Schon deshalb ist die Identifikation Melites mit Malta die einzig sinnvolle.

Tatsächlich treffen die Angaben, die Lukas zu der Insel macht, bestens auf Malta zu. So bezeichnet er die Einheimischen im Originaltext (Apg 28,2) als *Barbaroi,* als „Barbaren", wie die Griechen alle Völker bezeichneten, die kein Griechisch sprachen. Andererseits wird die Insel von einem *Protos,* einem „Ersten" verwaltet, der den lateinischen Namen Publius trägt. Auf Malta ließen sich um 800 v. Chr. die Phönizier nieder, die der Insel ihren Namen gaben: *Malet,* was soviel wie „Schutz" oder „Zuflucht" bedeutet. Schließlich wurde sie eine karthagische Kolonie. Während des 2. Punischen Krieges lehnte sich die phönizische Urbevölkerung gegen die Karthager auf und verbündete sich mit Rom. Die Römer besetzten daraufhin Malta, ließen der Bevölkerung aber ihre Traditionen, ihre Sprache und ihre Götter – Ashtart und Melkart, der tyrische Herakles, der im Kindbett mit Schlangen kämpfte. An ihn können die Malteser gedacht haben, als sie Paulus für einen Gott hielten, dem eine Schlange nichts anhaben konnte. Der Grieche Skylax etwa bezeichnete auch die Phönizier, die in Sizilien lebten, als „Barbaren". Daß im 1. Jahrhundert auf Malta die Volkssprache Phönizisch war, beweisen Münzprägungen aus dieser Zeit.

Politisch wurde die Insel unter den Römern Teil der senatorischen Provinz Sizilien. Daher wurde sie nicht von einem Statthalter, sondern bloß von einem „Inselvorsteher" verwaltet, dessen Titel in Inschriften als *MEL*(itensis) *PRIMUS OMNIUM* („Der Erste der gesamten Malteser Gemeinschaft") oder, auf einer griechischsprachigen Inschrift aus der Zeit des Tiberius, als *Protos melitaion* wiedergegeben wird; exakt diesen Titel *Protos* benutzt Lukas für Publius. Sein Amtsvorgänger, so entnehmen wir der Inschrift, war ein römischer Ritter namens Lucius Castricius Quirinus Prudens, der zudem als Obermagistrat *(archon)* der Insel und Priester *(amphipolos)* des vergöttlichten Augustus fungierte. Das zeigt, daß dieses Amt von Römern aus dem Ritterstand ausgeübt wurde, ganz wie es Lukas anzudeuten scheint.

Die Residenz des *Protos* muß in der Hauptstadt Melite gelegen haben, die sich über das Gebiet der heutigen Städte Mdina und Rabat erstreckte. Mdina, *die stille Stadt,* ist in ihrer heutigen Gestalt eine barocke Festung mit prachtvollen Kirchen und den Palazzi der alten maltesischen Adelsfamilien. Ihre Kathedrale erhebt sich auf den Grundmauern einer normannischen Bischofskirche aus dem 13. Jahrhundert, die bereits dem hl. Paulus geweiht war. Angeblich steht sie dort, wo Publius seinen Amtssitz hatte. Das ist möglich, aber nicht sicher; meist wurden christliche Kirchen über heidnischen Tempeln errichtet. Vor dem Südwesttor Mdinas befindet sich ein Gebäude im römischen Stil, das ein Museum beherbergt. Es wurde 1925 über den Ruinen einer geräumigen römischen Villa errichtet, die hier ab 1881 von A. A. Caruana freigelegt wurde. Prachtvolle Mosaikböden, aber besonders die Marmorstatuen des Kaisers Claudius, seiner Tochter Claudia Antonia und des jungen Nero zeigen an, daß sie gegen Mitte des 1. Jahrhunderts auch der politischen Repräsentation diente. Mit Sicherheit hatte hier Lucius Prudens seine Residenz, vielleicht auch sein Nachfolger Publius. Doch wir dürfen nicht vergessen, daß Paulus nicht als Gast, sondern als Gefangener nach Malta kam. So sehr die Malteser die Heilkräfte des Apostels zu schätzen wußten, taufen ließen sie sich wohl trotzdem nicht. Eine Christengemeinde ist für die Insel erst seit dem 4. Jahrhundert nachzuweisen, was natürlich nicht heißt, daß sie nicht schon vorher bestand. Ihre weitere Geschichte war wechselhaft und von Brüchen durchzogen. Im Jahre 870 eroberten die Araber die Insel, die christliche Elite floh, während viele von denen, die auf Malta blieben, zum Islam konvertierten. Erst 1127 befreite Graf Roger II. von Sizilien, ein Normanne, die Insel und führte sie in die europäische Einflußsphäre zurück. Seit dem 14. Jahrhundert ließen sich christliche Mönchsorden auf Malta nieder, bevor der Papst die Insel 1530 den Johannitern schenkte, die jetzt zu Maltesern wurden. Ihnen gelang 1565 die heldenhafte Abwehr einer Invasion der Türken, bis ihnen die Sizilianer zur Hilfe eilten. So wurde dieses Juwel im Mittelmeer für Europa und die Christenheit gerettet.

Im Zentrum von Rabat befindet sich das wichtigste und älteste Paulusheiligtum von Malta, die *Paulusgrotte.* Der Tradition nach soll der Apostel hier während seines dreimonatigen Aufenthalts auf Malta gelebt haben. Schon 1366, so beweist eine Schenkungsurkunde im Archiv der Kathedrale von Mdina, stand über ihr ein christliches Heiligtum, die Kirche *S. Pauli de cripta,* des „hl. Paulus von der Höhle". Zudem erwähnt das Dokument einen Friedhof in ihrer unmittelbaren Nähe. Hier ließen sich, wie Matteo Surdu 1549 schrieb, seit ältester Zeit Menschen „aus verschiedenen Regionen des christlichen Europa, die aus Verehrung für den Apostel Paulus und seine Wundertaten nach Malta kamen, unweit der Paulusgrotte beerdigen". Diese Tradition scheint bis ins 4. Jahrhundert zurückzureichen, als unmittelbar hinter der Höhle eine christliche Katakombe entstand, die noch heute besichtigt werden kann.

Ich trete ein in die barocke *Kollegiatkirche St.Paul,* die 1617 auf Anordnung des Johanniter-Großmeisters Alof de Wignacourt über der Paulusgrotte errichtet wurde, steige eine Treppe hinab. Der Weg führt vorbei an zwei Altären, die dem hl. Paulus und seinem Begleiter, dem hl. Lukas, geweiht sind, hin zu einer Gittertür. Ein freundlicher Küster schließt mir auf, schaltet die Beleuchtung ein. In der Mitte der Felshöhle steht eine Marmorstatue des Apostels, die der Großmeister Pinto 1710 aufstellen ließ. Vier Ewige Lichter waren ein Geschenk von Papst Paul VI., der Malta als „Insel des hl. Paulus" betitelte, eine Marmortafel erinnert an einen Besuch von Papst Johannes Paul II. im Jahre 1990. Kein Zweifel, ich befinde mich an einem der heiligsten Orte der Christenheit. Vor der Grotte steht eine Schale mit Erde. Sie zeugt von dem uralten Volksglauben, daß die *Terra Melitensis,* speziell die Erde aus der Paulushöhle, Krankheiten heilt. Sie war im Mittelalter und der Barockzeit ein beliebtes Heilmittel speziell bei Schlangenbissen, was darauf zurückgeht, daß Paulus auf Malta den Angriff einer Viper unbeschadet überstand. Schon im 12. Jahrhundert tauchten auf Sizilien Männer auf, die sich *Sanpaolari* nannten. Sie behaupteten, vom „Haus des hl. Paulus" abzustammen und ein Heilmittel gegen Skorpionstiche und Schlangenbisse zu besitzen. 1195 berichtete Ludolf von Sachsen von diesen Männern und bezeichnete sie als *Sarazenen* (Araber), die von der Insel stammten, auf der Paulus Schiffbruch erlitt. Leider glaubte er, die Insel hieße Capri, obwohl damals nur auf Malta Araber lebten. 150 Jahre später bestätigte Ludolf von Suchen die Geschichte, wenngleich er Korsika (oder Cosyra, das heutige Pantelleria vor der Küste Tunesiens) für die Insel des Schiffbruchs hielt. Um dieselbe Zeit wurde auch der Erde aus der kretischen Paulusgrotte von Kaloi Limenes eine ähnliche Heilkraft nachgesagt. Erst im 16. Jahrhundert legte sich der Volksglaube auf das Pulver aus der Paulushöhle von Rabat fest. Damals schrieb der deutsche Reisende Burchard Niderstedt: „Die Malteser glauben, daß der hl. Paulus die Insel für immer von giftigen Schlangen befreit hat und daß die Kinder seit dieser Zeit unbeschadet mit Skorpionen spielen können, und so tragen Pilger jeden Tag Stücke vom Gestein von der Stätte, an der der hl. Paulus weilte, von denen sie bestätigen, daß sie jene heilen, die in anderen Ländern von Skorpionen gebissen werden, weshalb diese Medizin die Gnade des hl. Paulus genannt wird."

Tatsächlich wird der Völkerapostel nicht ganz freiwillig drei Monate in der Grotte verbracht haben. A. A. Caruana und andere maltesische Archäologen fanden eindeutige Hinweise darauf, daß es sich bei ihr um das römische Gefängnis der Insel handelte. Auch die anderen Gefangenen, die nur knapp dem Tod entkamen („Da beschlossen die Soldaten, die Gefangenen zu töten, damit keiner schwimmend entkommen könne", Apg 27,42), hat man wohl hierher gebracht. An der Authentizität der Höhle als Paulusstätte kann daher kaum gezweifelt werden.

Doch wo strandete das Schiff, das ihn transportierte? Und: Könnte Mark Gatt tatsächlich einen seiner Anker gefunden haben?

Lukas beschreibt, wie die Matrosen des Seefrachters in der 14. Nacht Land meldeten. Sie hatten zu diesem Zeitpunkt rund 890 Kilometer (von Kauda aus gerechnet) zurückgelegt, was einer angesichts des stürmischen Wetters gewiß nicht unrealistischen Leistung von anderthalb Knoten oder zweieinhalb Stundenkilometern entsprach. „Sie warfen das Lot hinab und maßen zwanzig Faden; kurz darauf loteten sie nochmals und maßen fünfzehn Faden" (Apg 27,28), schrieb der Evangelist seemännisch-präzise. Ein Faden entsprach 1,85 Meter, das Meer war also 37 bzw. 28 Meter tief. „Aus Furcht, wir könnten auf Klippen laufen, warfen sie den Anker und wünschten den Tag herbei … Als es nun Tag wurde, entdeckten die Matrosen eine Bucht mit flachem Strand; auf ihn wollten sie, wenn möglich, das Schiff auflaufen lassen; das Land selbst war ihnen unbekannt. Sie machten die Anker los und ließen sie im Meer zurück" (Apg 27,29.39–40). Glauben wir Lukas, so befinden sich seitdem vier Anker eines alexandrinischen Frachtschiffes an der fraglichen Stelle. Sie müssen fast 2000 Jahre überdauert haben. Hatte Mark Gatt 600 Meter vor der maltesischen Küste, in 33 Metern Tiefe, einen davon entdeckt? Tatsächlich fand der mittlerweile verstorbene Unterwasserarchäologe Comm. A. S. Scicluna schon 1963 an derselben Stelle fünf weitere Anker desselben Typs, von denen der größte zweieinhalb Tonnen schwer ist. Sie befinden sich heute im Archäologischen Museum von Valetta. Stammten sie vom selben Schiff?

Die Topographie würde passen. Lukas: „Zugleich lösten sie die Haltetaue der Steuerruder, hißten das Vorsegel und hielten mit dem Wind auf den Strand zu. Als sie aber auf eine Sandbank gerieten, strandeten sie mit dem Schiff, der Bug bohrte sie ein und saß unbeweglich fest; das Heck aber begann in der Brandung zu zerbrechen“ (Apg 27,40–41).

Zwei Buchten kämen in Frage, die Mark Gatt wie kein anderer kennt. Die erste trägt den Namen des Völkerapostels. Hier steht eine kleine Kirche, *S. Pawl tal-Huggiega* („Paulusfeuerkirche“), die der Tradition nach die Stelle markiert, an der Paulus und die anderen Schiffbrüchigen an Land gingen: „Die Einheimischen waren uns gegegnüber besonders freundlich; sie zündeten ein Feuer an und holten uns alle zu sich, weil es zu regnen begann und kalt war“ (Apg 28,2). Die heutige Kirche ist neu; ihre Vorgängerin, 1616 auf Anweisung des Großmeisters Wignacourt erbaut, wurde im Zweiten Weltkrieg zerstört. Bei ihrer Einweihung 1620 erhielt sie von Papst Paul V. dieselben Privilegien und Ablässe wie die Paulusgrotte in Rabat. Doch auch sie hatte eine Vorläuferin, eine Kirche, die Roger II. im 12. Jahrhundert an dieser Stelle errichten ließ. Angeblich soll sich hier schon in der Zeit vor der arabischen Besatzung ein christliches Heiligtum befunden haben. Gut anderthalb Kilometer westlich befindet sich der *Ghajn Razul* oder „Apostelbrunnen“, eine Quelle, die der Legende nach dem Fels entsprang, als der hl. Paulus gegen ihn schlug. Die Grundmauern antiker Häuser am Ufer zwischen der „Apostelquelle“ und der „Feuerkirche“ lassen auf eine Fischersiedlung, vielleicht einen kleinen Hafen schließen. Zumindest Einheimische wird man hier gefunden haben. Lief das Kornschiff also in dieser Bucht auf eine Sandbank? Tatsächlich gibt es inmitten der *St. Paul's Bay,* nur 1200 Meter von der „Feuerkirche“ entfernt, eine Untiefe von nur zwölf Metern. Sie liegt gegenüber der Selmunett-Insel, auf der 1845 eine vier Meter hohe, goldglänzende Paulusstatue errichtet wurde. Doch so gründlich Taucher auch suchten, nichts deutet an dieser Stelle auf ein antikes Schiffswrack hin. Zudem bedarf es einiger Phantasie, um die „Paulusbucht“ mit der Beschreibung in der Apostelgeschichte in Einklang zu bringen. Einen „flachen Strand“ jedenfalls sucht man hier vergebens; die Bucht ist von Felsgestein umgeben.

Schon deshalb gehen einheimische Forscher, darunter auch Mark Gatt, davon aus, daß Paulus tatsächlich in einer benachbarten Bucht strandete. Da käme einmal die *Mellieha Bay* im Norden in Frage. Hier befindet sich eine Höhle, wo der Legende nach der hl. Lukas während seiner drei Monate auf Malta gelebt haben soll. Ein Marienbild, an die Felswand gemalt, soll noch von ihm stammen, auch wenn Kunstexperten es in das 13. Jahrhundert datieren.

Bessere Chancen aber hat die *Salina Bay* direkt neben der *St. Paul's Bay.* Eine Anzahl römischer Amphoren, die hier im Bereich einer Sandbank gefunden wurden, deutet auf möglicherweise gleich mehrere antike Schiffswracks hin. Auch die *Salina Bay* hat heute keinen Sandstrand, doch das kann vor 2000 Jahren anders gewesen sein. Erst die Ordensritter legten hier die großen Salzpfannen an, die heute noch benutzt werden, und veränderten damit die Landschaft. Ursprünglich befand sich hier ein Sumpfgebiet, was die einstige Existenz von Giftschlangen erklären könnte. Überhaupt kam es in geschichtlicher Zeit zu starken Veränderungen in der Flora und Fauna Maltas. So gehen Archäologen und Paläobotaniker davon aus, daß die Insel ursprünglich einmal stark bewaldet war. Ihre eindrucksvollen neolithischen Heiligtümer hatten einmal Holzdächer und Holztüren. Die Phönizier, die auf Malta überwinterten und ihre Schiffe ausbesserten, schlugen erste Lücken in den Baumbestand. Fortgesetzt wurde die Entwaldung von den Römern, denen das Eiland in erster Linie als Kolonie zur Produktion von Nahrungsmitteln diente; für den intensiven Anbau von Nutzpflanzen rodeten sie ganze Wälder. Nach dem Zusammenbruch ihres Imperiums verfiel die sorgsam angelegte Kulturlandschaft, wurde die ungeschützte Bodendecke der Erosion preisgegeben. Heute leben nur noch drei nichtgiftige Schlangenarten auf der Insel.

Oberhalb der Salina-Bucht liegt das Dorf *Burmarrad.* Sein Name, „faules Wasser", zeugt noch davon, daß es einst an ein Sumpfgebiet grenzte. Hier erhebt sich die kleine Kirche *San Pawl Milqi* („Willkommen"), eine weitere Stiftung des Großmeisters Wignacourt aus dem 17. Jahrhundert. Doch schon ein Dokument aus dem Jahre 1448 erwähnt eine Kirche desselben Namens an dieser Stelle. Hier soll Paulus von Publius empfangen worden sein. „In jener Gegend lagen Landgüter, die dem Publius, dem Ersten der Insel, gehörten; er nahm uns auf und bewirtete uns drei Tage lang freundlich als seine Gäste“, berichtet Lukas. „Der Vater des Publius lag gerade mit Fieber und Ruhr im Bett. Paulus ging zu ihm hinein und betete; dann legte er ihm die Hände auf und heilte ihn“ (Apg 28,7–8). Krankheitsursache könnte das faulige Wasser von Burmarrad gewesen sein.

Als britische Soldaten hier im Ersten Weltkrieg einen Graben anlegen wollten, stießen sie auf römische Ruinen. Trotzdem dauerte es noch ein halbes Jahrhundert, bis das Gebiet um *San Pawl Milqi* archäologisch untersucht wurde. Zwischen 1963 und 1968 führte Prof. Michelangelo Cagiano de Azevedo aus Rom hier umfangreiche Ausgrabungen durch und stieß auf die Überreste eines römischen Landguts aus dem 1. Jahrhundert. Die Wände des luxuriösen Wohnbereichs waren mit Marmorimitationen bemalt. Offenbar gehörte die Villa einem angesehenen Bürger. Eine ganze Reihe antiker Ölpressen und Lagerbehälter für Olivenöl deuten darauf hin, daß eine ausgedehnte Ölbaumplantage zu ihr gehörte. Im 3. Jahrhundert, als man im ganzen Reich die Christen verfolgte, wurde das Landhaus niedergebrannt. Ein rundlicher Küster öffnet

für mich eine Klappe im Kirchenboden. Ich steige hinab und entdecke eine antike Zisterne, die hier von den Archäologen freigelegt wurde. Cagiano de Azevedo ist überzeugt, daß dieser Teil der Villa auch nach ihrer Zerstörung weiter benutzt wurde. Ab dem 4. Jahrhundert soll sie den Christen der Insel als Taufstätte gedient haben. In einen Sandsteinquader waren ein Segelschiff und ein bärtiger Mann eingeritzt. Auf einem anderen der Steine war in griechischen Buchstaben der Name *PAULOS* zu lesen. Zudem fanden die Archäologen eine Reihe roter, nordafrikanischer Öllampen mit christlichen Symbolen, die aus dem 5. Jahrhundert stammten. Erst die arabische Invasion machte der christlichen Präsenz ein Ende. Obwohl Cagianos Schlußfolgerungen, die er 1966 unter dem Titel *Testimonianze Archeologiche della Tradizione Paolina a Malta* veröffentlichte, von Kollegen heftig angegriffen wurden, sprechen diese Funde für sich. Von der Villa aus hat man einen herrlichen Blick direkt auf die *Salina Bay.* Hier könnte sich ein kleiner römischer Hafen befunden haben, von dem aus die Produktion des Landgutes exportiert wurde. Hätte sich hier ein Schiffbruch ereignet, die Bewohner des Landgutes hätten sofort zur Hilfe eilen können.

Wenn Lukas von „Landgütern" im Plural spricht, könnte er durchaus auch die zweite römische Villa gemeint haben, deren Überreste sich bei *San Gwann Tal-Hereb* („St. Johannes bei den Ruinen") befinden. Südlich von Burmarrad, in *Naxxar,* soll der Apostel zu den Maltesern gepredigt haben. Heute steht dort die Kirche *San Pawl tat-Targa* („St. Paul auf der Anhöhe"). Doch so eindrucksvoll die Zeugnisse sind, die für eine Landung des Apostels in der *St. Paul's Bay* oder der Salina-Bucht sprechen, es gibt noch eine zweite Möglichkeit im Osten der Insel.

In Marsaskala treffe ich Ray Ciancio, eine lebende Legende unter Maltas Tauchern. Er gehört zur ersten Generation von Sporttauchern, die mit Drucklufttauchgeräten unter Wasser gingen und allmählich in immer größere Tiefen vorstießen. 25 Jahre leitete er die führende Tauchschule der Insel, dann setzte er sich zur Ruhe. Heute gehört ihm das kleine aber feine *Driftwood*-Restaurant in Marsaskala, gegenüber vom St. Thomas-Turm.

Ray erzählt gerne von der „guten alten Zeit", als er mit einer anderen maltesischen Taucherlegende, dem verstorbenen Tony Micallef-Borg, unterwegs war. Er war sein Lehrer und wurde sein väterlicher Freund. Er finanzierte sein Hobby durch Speerfischen, die Unterwasserjagd auf Fische und Krebse, die nicht eingefangen, sondern mit einer mechanischen Harpune erlegt wurden. Heute ist das Mittelmeer fast leergefischt, Speerfischen in Malta ebenso verboten wie eine andere Leidenschaft Tonys: das Tauchen nach verlorenen Schätzen. Denn überall vor den Küsten der Insel liegen versunkene Schiffe, die nur zögernd ihre kostbare Fracht freigeben. Jedes Mal, wenn wieder ein *Gregale* den Meeresboden aufwühlt, kommen neue Überraschungen zutage.

Einmal, 1971, jagten Ray und Tony beim äußeren *Munxar-Riff* südlich der St. Thomas-Bucht einen gewaltigen Zackenbarsch, der vor ihnen in eine unterseeische Höhle flüchtete. Damals fanden sie ihn. Ein großer, antiker Bleianker, auf dem sich Kolonien von Krustentieren niedergelassen hatten, lag in zwei Hälften zerbrochen vor ihnen im wogenden Seegras. Gemeinsam bargen sie die beiden Teile aus dreißig Metern Tiefe. Der Anker muß einst eine Länge von über einem Meter gehabt haben. Doch sie wußten nicht um den Wert ihres Fundes. Taucher brauchen Blei, um schneller in die Tiefe gezogen zu werden, doch Bleigürtel waren teuer. So schmolzen sie das kostbare Stück einfach ein, nicht ohne – zudem noch spiegelverkehrt –Tony's Initialien in die Gußform zu meißeln: MT – Micallef, Tony.

Sieben Jahre später, wieder bei der Höhle im äußeren *Munxar-Riff*, fanden sie einen zweiten Anker. Er war so schwer, daß sie ihn nicht an Bord hieven konnten, sondern an ihr Boot banden und hinter sich herzogen, bis sie seichte Gewässer erreicht hatten. Zwei Tauchkameraden halfen ihnen dabei, den tonnenschweren Bleibalken an Land zu bringen. Schließlich versteckte Tony den illegalen Fund im Hof seines Hauses. 24 Jahre später übergab ihn seine Witwe der Maltesischen Altertümerverwaltung. Heute befindet er sich, zusammen mit gut einem Dutzend anderer römischer Anker, im Seefahrtmuseum von Vittoriosa.

Fast wäre die Entdeckung der beiden Anker in Vergessenheit geraten, wenn nicht im April des Jahres 2000 ein Amerikaner nach Malta gekommen wäre, um nach der „wahren“ Paulusbucht zu suchen. Bob Cornuke ist ein Abenteurer, ein selbsternannter *Indiana Jones,* für den die Bibel eine große Schatzkarte ist. Dabei glaubt er nicht an fromme Traditionen. Den „echten“ Berg Sinai will er im Norden Saudi-Arabiens entdeckt haben, die Bundeslade in Äthiopien, die Arche Noah im Persischen Hochland statt auf dem Berg

Ararat. Als nächstes standen die Anker, von denen Lukas schreibt, daß sie im Meer gelassen wurden, auf seiner Wunschliste. Sie zu finden war er auf die Insel gekommen.

Darüber, wie er von den beiden Bleiankern erfuhr, gibt es zwei Versionen. Cornuke behauptet, er habe zuerst die St. Thomas-Bucht als Stätte des Schiffbruchs ermittelt und dann bei lokalen Tauchern nachgefragt. Laut Ray, dem ich sehr viel mehr vertraue, wollte der Amerikaner zuerst in der *St. Paul's Bay* tauchen. Erst als der Taucher ihm erzählte, dort hätten andere schon vergeblich gesucht, und die beiden Anker vom *Munxar-Riff* erwähnte, sei Cornuke auf die Thomas-Bucht aufmerksam geworden.

Tatsächlich paßt die Landzunge oberhalb des Riffes perfekt zum biblischen Szenario. Sie liegt im äußersten Osten der Insel. Für ein Schiff, das in einem *Gregale* von Kreta nach Malta getrieben wurde, wäre sie der frühestmögliche Kontakt mit Land. Die beiden Anker wurden in 30 Metern Tiefe gefunden – in derselben Meerestiefe also, die Lukas erwähnt. Direkt hier an Land zu gehen war unmöglich; die Landzunge wird von einer Steilküste überragt. Die St. Thomas-Bucht gleich dahinter ist jedoch eine der wenigen Buchten Maltas mit einem Sandstrand. Hier hätte man das Schiff unbeschadet stranden lassen können. Nur lag dazwischen ein Hindernis. Wer auf Höhe der unterseeischen Höhle vor dem *Munxar-Riff* ankerte und am nächsten Morgen den Sandstrand der Thomas-Bucht ansteuerte, mußte unweigerlich das innere *Munxar-Riff* gekreuzt und dabei Schiffbruch erlitten haben; ganz so, wie es die Apostelgeschichte beschreibt. Aber steht nicht bei Lukas, daß das Kornschiff auf eine Sandbank lief?

Nicht wirklich. Zwar benutzt die *Einheitsübersetzung* das Wort „Sandbank", tatsächlich aber steht bei Lukas etwas anderes: *Topos dithalassos,* wörtlich: „Ort, der das Meer zweiteilt". Damit ist eigentlich eine Landzunge oder ein Riff gemeint. In einem Sturm peitscht das Meer von beiden Seiten an das *Munxar-Riff.* Eine weiße Mauer kollidierender Wellen reicht dann zweieinhalb Kilometer ins Meer hinaus. Das Riff liegt dabei tatsächlich zwischen zwei Strömungen und teilt die See.

Der Ort erschien so überzeugend, daß sich Cornuke auf die Suche machte. Dank Ray und seiner Kontakte erfuhr er, daß in unmittelbarer Nähe der unterseeischen Höhle noch zwei weitere Anker geborgen wurden; der dritte am 10. Februar 1972 von Tony und seinem Tauchkameraden Charles Grech – auch er befindet sich heute im Seefahrtmuseum –, ein vierter schon Ende der 1960er Jahre von einem Taucher mit dem Pseudonym „Mario". Zwei weitere Anker fand man am Rand des *Munxar-Passes* anderthalb Kilometer westnordwestlich der Höhle, in Richtung des Sandstrandes. Genau an dieser Stelle müßte das Schiff auf das Riff gelaufen sein.

Die Geschichte klang zu schön, um wahr zu ein, doch Ray bestätigte sie mir in allen Details. So ungern ich es auch zugeben mag: Es könnte tatsächlich etwas dran sein. Dabei hat Bob Cornuke alles getan, um sie unglaubwürdig erscheinen zu lassen. Sein Buch *The Lost Shipwreck of Paul* liest sich stellenweise wie ein Abenteuerroman, und auch auf Malta hat er sich viele Feinde gemacht. Mit Hilfe der amerikanischen Botschafterin gelang es ihm, eine Amnestie für die Entdecker der Anker gewährt zu bekommen, die durch die illegalen Bergungen nach geltendem Recht straffällig geworden waren. Nur so konnte er über ihre Funde berichten, ohne sie der Staatsanwaltschaft auszuliefern, nur so waren sie bereit, die Anker dem Museum zu übergeben. Daß dabei strikte Vertraulichkeit vereinbart worden war, ignorierte der flamboyante Abenteurer allerdings; er reproduzierte die Amnestie als Faksimile in seinem Buch. Die Botschafterin fühlte sich ausgenutzt und versuchte, seine Veröffentlichung mit einer Klage zu verhindern, freilich ohne Erfolg. Weitere Untersuchungen, von Cornuke vorher noch großspurig angekündigt, wurden dadurch jedoch unmöglich gemacht.

Das ist schade, sehr schade. Denn noch ist offen, wer bislang tatsächlich einen Anker des Paulus-Schiffes barg, Mark Gatt oder Ray Ciancio. Für Gatt spricht die Tradition, sprechen die Ausgrabungen in Burmarrad, die Ruinen des Landguts, das Lukas erwähnt, direkt unter einer Kirche, die dem hl. Paulus geweiht ist.

Allerdings gibt es auch oberhalb der St. Thomas-Buch Ruinen einer römischen Villa. In *Zejtun,* zweieinhalb Kilometer westlich, liegen sie auf dem Grundstück der staatlichen Gesamtschule. Ich parke vor dem Schulgelände, spreche einen freundlichen, rundlichen Mittvierziger mit Halbglatze an, der sich als Geschichtslehrer zu erkennen gibt. Ich muß schmunzeln – Historiker erkennen sich eben! Sofort zeigt er mir die Ausgrabungen, die leider schon von Gras und Gestrüpp überwuchert sind. Auch hier stehen römische Ölmühlen, waren Silos in den felsigen Grund geschlagen. Tonscherben, Öllampen und Münzen bezeugen, daß das Landgut zwischen dem 1. vorchristlichen und dem 3. nachchristlichen Jahrhundert bewirtschaftet wurde.

Ich weiß, daß ohne das Landgut eine Identifikation der Thomas-Bucht als Landestelle des Völkerapostels völlig ausgeschlossen wäre. So aber muß auch sie in Erwägung gezogen werden. Hat also die Tradition recht? Oder zogen sich zu viele Brüche durch die Geschichte Maltas, gingen wertvolle Erinnerungen verloren, hat man zu lange an der falschen Stelle gesucht? Nur weitere Nachforschungen vor Ort und unzählige Tauchgänge können diese Frage beantworten ...

Wie schnell es bei Traditionen zu Mißverständnissen kommt, zeigt ein Blick in den Festtagskalender der Malteser. Am 10. Februar jedes Jahres feiern sie die Ankunft des Apostels auf ihrer Insel mit Prozessionen und einem großen Feuerwerk. Aus der Apostelgeschichte geht allerdings eindeutig hervor, daß sein Schiffbruch im Herbst erfolgte, wahrscheinlich in den ersten Novembertagen. Drei Monate blieb er (siehe Apg 28,11), bis Anfang Februar. Laut Plinius begann die Seefahrtsaison jedes Jahr, wenn die Sonne zu 25 Grad im Sternbild des Wassermanns steht, also am 8. Februar. Zwei Tage mögen vergangen sein, bis die Winde günstig standen, dann legte man ab. Der Festtag erinnerte wohl ursprünglich an die Abfahrt des hl. Paulus, nicht an seine Ankunft. Wieder reiste er auf einem alexandrinischen Weizenschiff, der *Castor und Pollux,* die wahrscheinlich im Haupthafen der Insel, dem heutigen Marsa, überwintert hatte. Das Schiff, das „die Dioskuren als Schiffszeichen trug" (Apg 28,11), hatte sich vielleicht vor demselben *Gregale* in Sicherheit gebracht, in dem der Apostel Schiffbruch erlitt. Jetzt galt es, die kaiserliche Prämie zu kassieren und so früh wie möglich Puteoli zu erreichen. Die Überfahrt nach Syrakus dauerte nur einen Tag. Am 11. Februar 60 n. Chr. traf Paulus in Sizilien ein. Er muß aufgeatmet haben, denn er wußte, daß seine Odyssee bald ein Ende hatte.

XVI. Italien: Der Paulus-Pilgerweg

Der Dom von Syrakus ist nichts anderes als ein zur Kirche umfunktionierter altgriechischer Tempel, getarnt durch eine pompöse Barockfassade. Kein anderes Bauwerk spiegelt so deutlich die zweieinhalbtausendjährige Geschichte der schönsten Stadt Siziliens wider. Gegründet wurde sie 734 v. Chr. von griechischen Siedlern aus Korinth, die zunächst nur die küstennahe Insel Ortygia bewohnten. Hier stand ihr erster Tempel im ionischen Stil, der Athena gewidmet. Als Gelon, der Tyrann, die Karthager von der Insel vertrieb und Syrakus zur Hauptstadt seines Reiches machte, dankte er der Göttin mit einem prachtvollen Neubau. Sein *Athenaion* war 56 Meter lang, 22 Meter breit und mit achteinhalb Meter hohen Marmorsäulen von zwei Metern Umfang bestückt. An seinem Giebel war ein großer goldener Schild angebracht, der das Sonnenlicht reflektierte und den Seefahrern, die sich dem großen Hafen von Syrakus näherten, als Leuchtfeuer diente.

Als die Römer Syrakus 214 v. Chr. nach einer furchtbaren zweijährigen Belagerung eroberten, wurde die Stadt systematisch geplündert. Auch das Gold und der reiche Elfenbeinschmuck des Tempels wurden in die Hauptstadt verschleppt. Syrakus, bislang eine der reichsten und bedeutendsten Städte des westlichen Mittelmeerraumes, verkam zum Provinznest. Unter Augustus befand sich die Stadt in einem so trostlosen Zustand, daß der Kaiser ein umfangreiches Programm zu ihrer Neubesiedelung einleiten mußte. Erst nach den Wirren der Völkerwanderung, als Sizilien von den Byzantinern zurückerobert wurde, ließ Bischof Zosimus den Minervatempel, das einstige *Athenaion*, in eine Kathedrale umwandeln.

Seinen Aufstieg in griechischer Zeit verdankte Syrakus in erster Linie seinem großen natürlichen Hafen, der schon von Thukydides, Diodor und Cicero gerühmt wurde. Er war 413 v. Chr. Schauplatz einer der größten Seeschlachten der Antike, als Syrakus im Peloponnesischen Krieg das mächtige Athen besiegte. Hier legte die alexandrinische Weizenflotte Zwischenstation ein nach der langen, gefährlichen Fahrt über das offene Meer. Der Überlieferung nach ging schon der hl. Petrus in Syrakus an Land, als er im Jahr 42 erstmals Rom besuchte. Seine Predigt vor der Synagoge der Juden, die sich in Syrakus niedergelassen hatten, muß recht erfolgreich gewesen sein. Jedenfalls nennt sich die Gemeinde der Hafenstadt seitdem nicht zu Unrecht stolz „die erste Tochter des hl. Petrus und erste Christus geweihte Kirche nach Antiochia"; sie war die erste apostolische Gründung auf dem europäischen Kontinent. Als 18 Jahre später Paulus als Gefangener nach Syrakus kam, traf er die dortigen Christen. So stehen heute Statuen beider Apostel vor dem Dom, die Petrus als Begründer und Paulus als Gast des Bistums würdigen. Ein aus dem 12. Jahrhundert stammender liturgischer Kalender, im 17. Jahrhundert wiederentdeckt, nennt den 11. März als Festtag „im Andenken an die Ankunft des Apostels Paulus, der zur größten Freude der Sizilianer von Malta nach Syrakus kam und der Gemeinde durch seine Verkündigung und seine Wunder Licht schenkte." Wahrscheinlich hatte man sich um einen Monat verrechnet.

Drei Tage lang blieben Paulus und Lukas in Syrakus (Apg 28,12), wahrscheinlich, weil der Kapitän der *Castor und Pollux* auf Südwind wartete. Möglich auch, daß der Centurio hier die anderen Gefangenen übergab, da sie zu Zwangsarbeit in den Schwefelminen von Gatanissetta, Girgenti, Palermo und Catania verurteilt waren. Zwei Stätten in Syrakus erinnern noch heute an den Besuch des Apostels.

Da wäre zunächst einmal die barocke Pauluskirche, die in ihrer heutigen Form aus dem 18. Jahrhundert stammt. Ihr Vorläuferbau wurde 1693 bei einem heftigen Erdbeben zerstört. Sie befindet sich am Nordende von Ortygia, oberhalb des antiken Apollotempels, des zweitwichtigsten heidnischen Heiligtums der Stadt. Es ist unbekannt, an welche Tat des Apostels sie erinnern soll.

Das eigentliche paulinische Heiligtum von Syrakus ist wie auf Malta eine Höhle, in deren unmittelbarer Nähe die lokale Christengemeinde schon im 3. Jahrhundert eine ausgedehnte Katakombe angelegt hat. In der Höhle steht ein Steinaltar. Auf ihm soll der Apostel mit den Einheimischen die Eucharistie gefeiert haben. Im 4. Jahrhundert entstand über der Grotte die Johanneskirche, die bis ins 7. Jahrhundert der lokale Bischofssitz war. Von den Sarazenen im 9. Jahrhundert verwüstet, von den Normannen wiederaufgebaut, fiel sie schließlich dem Erdbeben von 1693 zum

Opfer. In ihrer Krypta befindet sich direkt neben der Paulushöhle das Grab des hl. Marcian, des ersten Bischofs der Stadt, den der hl. Petrus eingesetzt haben soll. Er starb als Märtyrer. An eine Säule gekettet wurde er gesteinigt. Die Säule steht in einer Ecke und wird heute als Reliquie verehrt. Im Eingangsbereich haben die Normannen die Symbole der vier Evangelisten angebracht. War hier tatsächlich ein geheimer Versammlungsort der ersten Christen? Oder, auch das ist eine Möglichkeit, ist die Paulusgrotte ein Überbleibsel des römischen Gefängnisses von Syrakus, in dem der Völkerapostel drei Tage verbracht hat? Sicher ist nur, daß sich hier in altgriechischer Zeit ein Steinbruch befand.

Nach drei Tagen in Syrakus fuhr die *Castor und Pollux* mit Paulus und seinen Begleitern an Bord weiter Richtung Norden. Ihr nächstes Ziel war *Rhegion,* das heutige Reggio an der Südküste Kalabriens. Hier ankerte das Kornschiff einen Tag lang, um auf günstigere Winde zu warten. In Rhegion stand ein Tempel der Dioskuren, ihr Antlitz schmückte die Münzen der Stadt. Die göttlichen Zwillinge Castor und Pollux galten als Schutzpatrone der Seefahrt, und so ist möglich, daß die Seeleute des Weizentransporters in ihrem Tempel erst einmal ein Dankesopfer für die sichere Überfahrt darbrachten.

Während Lukas Rhegion nur mit wenigen Worten erwähnt, weiß eine seit dem 7. Jahrhundert bezeugte lokale Legende mehr zu berichten. Danach landete Paulus gerade dann, als in der Stadt das Fest der Göttin Artemis gefeiert wurde, deren prachtvoller Tempel auf einer Landzunge über dem Meer stand. Mit dem Einverständnis des Centurio sprach er zu den Pilgern. Die Priester der Artemis reagierten unwillig, doch sie erlaubten ihm, so lange zu reden, wie eine kleine Kerze, die sie auf einen Säulenstumpf stellten, brannte. Doch als die Kerze abgebrannt war, entzündete sich die Säule und brannte die ganze Nacht, so daß Paulus seine Predigt ungehindert fortsetzen konnte. Bis zum nächsten Morgen, so heißt es, hatte er eine neue Gemeinde gegründet, für die er bald Stephan von Nicaea als ersten Bischof einsetzte.

Der Säulenstumpf steht heute in der Kathedrale von Reggio, deren Vorläuferin 1908 bei einem schweren Erdbeben zerstört wurde. Ein Barockgemälde zeigt das Wunder. Wie keine andere Stadt südlich von Rom pflegt Reggio sein paulinisches Erbe. Auch eine neuere Kirche in der Oberstadt wurde ihm geweiht, zudem werden in einem *Kleinen Museum des hl. Paulus* Apostelikonen aus der orthodoxen Welt gezeigt. 2006 trat die Stadt dem *Medmission*-Projekt bei, einem Netzwerk mediterraner Städte, die der Apostel einst besuchte, darunter Phaphos, Thessaloniki, Rhodos und Malta. Für die Zukunft sind Kulturveranstaltungen im Geiste des hl. Paulus und die Einrichtung eines *Paulus-Pfades* geplant. Eine moderne Statue auf der mondänen Strandpromenade von Reggio soll den Ort markieren, an dem der Apostel an Land ging. Wo sich der Artemis-Tempel befand, wußte zu diesem Zeitpunkt noch niemand. Immerhin hatten Erdbeben den Küstenstreifen in den letzten zwei Jahrtausenden immer wieder verändert.

Erst im Dezember 2007 erhielt die Legende eine unerwartete Bestätigung. Bis dahin hatte sich Carmelo Santonocito, ein lokaler Schriftsteller und Hobby-Historiker, eingehend mit antiken Dokumenten zur Stadtgeschichte befaßt, um in etwa die Lage des Tempels bestimmen zu können. Er vermutete ihn auf einer versunkenen Landzunge auf der Höhe des Calamizzi-Strandes. Schließlich wagte er zusammen mit einem Freund, dem Polizeioffizier Gianni Capolupo, und dem Tauchlehrer Vincent Borrelli einen Tauchgang. In acht Metern Tiefe, 30 Meter vor der Küste, stießen sie auf einer Fläche von 80 Metern Länge auf antike Quader und Säulenstümpfe, umgeben von Seegras und größtenteils im Sand begraben. Ein antiker Deckenbalken war mit *Triglyphen* und *Metopen* im griechisch-römischen Stil bedeckt, der typischen Verzierung antiker Tempel. Satonocito hatte die Überreste des Artemis-Tempels gefunden, die Stätte, an der sich das Kerzenwunder des hl. Paulus ereignet haben soll.

Am Tag seiner Abreise standen die Winde günstig. In nur zwei Tagen legte das Schiff fast 280 Kilometer zurück, bevor es seinen Zielhafen Puteoli (das moderne Pozzuoli) sicher erreichte. Zuvor mußte es noch die gefürchtete Meerenge von Messina passieren, in der Homer die mythischen Monster Skylla und Charybdis ansiedelte. Zwar war der Felsen der Skylla längst verlassen und leer, die tückischen Strudel der Charybidis aber bedrohten die Seefahrer noch immer. Dann, irgendwann, ragte langsam der Gipfel des Vesuv vor ihnen auf und signalisierte, daß die Bucht von Neapel nahe war. Noch ahnte niemand, daß der Vulkan 19 Jahre später ausbrechen und die Städte Pompeji und Herkulaneum unter seiner Lava und Asche begraben würde. Doch schon lange kochte und brodelte es in der Region. Puteoli, von den Griechen 530 v. Chr.

unter dem Namen *Dikaearchia* („Gerechte Regierung“) gegründet, verdankte seinen lateinischen Namen dem fauligen Geruch *(puteo)* seines schwefelhaltigen Wassers. Das benachbarte *Baia,* benannt nach einem Gefährten des Odysseus, war berühmt für seine heißen Quellen. Zur Zeit des Paulus war Puteoli der wichtigste Hafen in ganz Italien. Es zog Händler und Handwerker aus dem ganzen Mittelmeerraum an, die Glas, Terrakotta, Parfüm, Textilien und Farbstoffe herstellten. Auch Kupfer und Bronze wurden hier kunstvoll verarbeitet. Puteolis mächtiges Amphitheater mit 20.000 Plätzen, heute die wichtigste archäologische Attraktion der Stadt, befand sich gerade im Bau. Das *Macellum,* der Stadtmarkt, dessen Ruinen noch heute beeindrucken, begrüßte am Hafen die Besucher aus der ganzen antiken Welt. In seiner unmittelbaren Nähe stand ein marmorverkleideter Tempel des ägyptischen Gottes Serapis, der nicht nur von Mitgliedern der alexandrinischen Kolonie in Puteoli verehrt wurde. Es gab eine jüdische Gemeinde und, wie die Apostelgeschichte ausdrücklich vermerkt, Christen in Puteoli: „Hier trafen wir Brüder, sie baten uns, sieben Tage bei ihnen zu bleiben“ (Apg 28,14). Der Centurio Julius wird Paulus nach der überstandenen Seereise diese Gnadenfrist gewährt haben, vielleicht weil er selber den Aufenthalt in Puteoli genoß.

Heute ist Pozzuoli nur noch ein unbedeutendes Fischerstädtchen. Sein Abstieg hatte schon begonnen, als Nero Ostia als neuen Hafen von Rom einweihte. Seine Altstadt kann wegen seismischer Bodenerhebungen nicht mehr betreten werden, es besteht Erdrutschgefahr. Nach wie vor liegt ein fauliger Geruch in der Luft, doch der Grund dafür ist, daß die städtische Müllabfuhr seit Monaten streikt.

An den Besuch des Völkerapostels erinnern gerade mal ein Gedenkstein, ein Relief und eine Marmortafel am alten Hafendamm, neben der Kirche *Santa Maria della Grazie.* Immerhin hat Papst Johannes Paul II. der Stelle bei einem Pastoralbesuch 1990 seine Reverenz erwiesen. Hier liefen die alexandrinischen Kornschiffe ein. „Die Volksmenge steht auf dem Hafendamm“, schilderte Neros Lehrer Seneca das freudige Ereignis, „und findet aus der größten Menge von Schiffen die alexandrinischen heraus, nur aufgrund ihrer Takelage … Willkommen ist ihr Anblick in Kampanien.“

Leider hat die Christengemeinde von Puteoli, wahrscheinlich eine weitere Gründung des hl. Petrus, uns keine Spuren hinterlassen; erst seit dem 3. Jahrhundert ist es als Bischofssitz bezeugt. Um so interessanter ist ein Fund aus dem benachbarten Herkulaneum, das wie Pompeji im Jahre 79 völlig zerstört wurde. Als Archäologen 1938 die Ruinen eines römischen Mietshauses freilegten, bemerkten sie an der Wand eines Zimmers im ersten Stock etwas Seltsames. Inmitten eines Rechtecks aus Stuck gab es eine Vertiefung in Form eines lateinischen Kreuzes. In diese Vertiefung waren einst an die Wand genagelte Balken in Kreuzform eingelassen. Nagellöcher und Beschädigungen des Stucks zeigen an, daß sie irgendwann vor der Katastrophe gewaltsam entfernt wurden. Unter dem Kreuz befindet sich ein eigenartiges verkohltes Möbelstück, das sehr wohl ein früher Altar gewesen sein könnte. Zwar findet das Kreuz in der christlichen Ikonographie erst wieder ab dem 5. Jahrhundert Verwendung, doch kann auch nicht ausgeschlossen werden, daß es frühe Ausnahmen gab. Verehrte hier ein Schüler des hl. Paulus den Gekreuzigten? War das Kreuz während der Christenverfolgung des Nero gewaltsam entfernt worden?

Die Apostelgeschichte berichtet nur, daß Paulus und seine Begleiter nach sieben Tagen in Puteoli nach Rom aufbrachen. Der Weg dorthin führte zunächst auf die *Via Capena,* die sich bald mit der *Via Appia* traf, dem berühmtesten aller Wege, die in die Ewige Stadt führten. Der Bau der *Königin der Straßen,* wie man sie damals nannte, war schon 312 v. Chr. von dem Zensor Appius begonnen worden. Sie war breit genug, um zwei Pferdefuhrwerken nebeneinander Platz zu geben, und trotzdem ständig verstopft, so sehr wurde sie frequentiert. Ein paar Kilometer hinter Terracina begann der *Decennovium*-Kanal, den Augustus anlegen ließ, um die Pontinischen Sümpfe auszutrocknen. Rund 30 Kilometer weit, bis zum Forum des Appius, verlief er parallel zur Straße. Bis dahin konnten sich Reisende auf Booten fortbewegen, die an Land von Mauleseln gezogen wurden. Der römische Dichter Horaz beschreibt uns, wie er denselben Weg in umgekehrte Richtung zurücklegte. Auf dem Fährschiff wollte er eigentlich schlafen, wurde aber durch einen verdorbenen Magen, quakende Frösche, angriffslustige Mücken und einen unaufhörlich singenden Fährmann beständig daran gehindert. Auch *Forum Appii* kommt bei ihm nicht allzu gut weg; von Schiffern und geldierigen Gastwirten habe es dort nur so gewimmelt.

Trotzdem, so berichtet Lukas, haben es sich römische Christen nicht nehmen lassen, Paulus bis *Forum Appii* entgegenzureisen.

Wahrscheinlich waren sie von ihren Glaubensbrüdern in Puteoli über die Anreise des Völkerapostels informiert worden.

Von Pozzuoli fahre ich mit dem Wagen auf der antiken Via Appia bis nach Faiti, das 72,8 Kilometer vor den Toren Roms liegt. Ich hatte von einem alten Zollhaus gehört, das noch heute die Aufschrift *Foro Appio* trägt, und einer römischen Inschrift aus der Zeit des Kaisers Nerva, der hier eine Brücke erneuern ließ. Doch was ich vorfand, überraschte mich angenehm. Denn das „Zollhaus", das ursprünglich von Papst Pius VI. (1775–1799) als Pilgerhospiz errichtet worden war, wurde in den letzten Jahren zu einem komfortablen, modernen Viersterne-Tagungshotel ausgebaut, das 2004 eröffnete. Ich lasse mir die in einer geschmackvollen Designer-Rustikalität eingerichteten Zimmer zeigen und bereue, für die Nacht schon in Rom reserviert zu haben; zu gerne wäre ich hier geblieben. Im Hof zeigt mir der Hotelbesitzer mit dem wohlklingenden Namen Dr. Paolo Galante die Überreste des römischen Forums. An den Wänden sind Scherben befestigt – sie gehörten zum Geschirr der römischen Taverne, in der Mitglieder der Hauptstadtgemeinde den Völkerapostel erwarteten. Er wird hier auch übernachtet haben.

Es folgt eine zauberhafte Strecke durch das südliche Hinterland Roms, die es verdient hätte, zum Paulus-Pilgerweg erklärt zu werden. Warum eigentlich nicht? Der Jakobsweg in Spanien erfreut sich jedes Jahr größerer Beliebtheit, obwohl der Apostel, dessen Namen er trägt, nie spanischen Boden betrat. Seine Reliquien trafen erst im 7. Jahrhundert auf der iberischen Halbinsel ein, man hatte sie vor den Persern in Sicherheit gebracht. Diesen Weg aber, die historische Via Appia entlang, ist Paulus tatsächlich gegangen. Er führte ihn zur Vollendung seines irdischen Wirkens als Mitbegründer der römischen Kirche.

Fünfzehn Kilometer hinter Faiti befanden sich gleich drei Raststätten, die man *Tres Tabernae*, „Drei Tavernen", nannte. Auch ihre Existenz ist, etwa in den Schriften Ciceros, historisch bezeugt. Nur ihre Lage ist nach wie vor ungewiß. Vielleicht befanden sie sich fünf Kilometer südlich der heutigen Ortschaft Cisterna, wo man die Reste von drei antiken Brunnenanlagen fand. Hier wurde Paulus so begeistert empfangen, daß er neuen Mut schöpfte (Apg 28,15). Nach einem weiteren Tagesmarsch lag endlich Rom vor ihm, das Ziel seiner Träume.

XVII. Rom: Das Ende einer Reise

Nichts kommentiert das Ende der Apostelgeschichte so treffend wie eine Anekdote von Oscar Wilde, der zumindest ein Meister der geschliffenen Pointe war. Bei seinem mündlichen Examen in Oxford, so heißt es, sollte Wilde das 27. Kapitel des Lukas-Berichtes mit all seinen schwierigen nautischen Begriffen aus dem Griechischen übersetzen. Als er sich allzu mühsam durch die Zeilen quälte, unterbrach ihn einer seiner Prüfer. Doch der junge Dandy wollte nicht aufhören. „Oh bitte", flehte er die Professoren an, „lassen sie mich weiterlesen. Ich möchte so gerne wissen, wie die Geschichte ausgeht."

Bis heute ist eben das die Frage, die so viele Exegeten und Kirchengeschichtler nicht losläßt. Die ehrliche Antwort: Wir wissen es nicht. Wir kennen die nächsten zwei Jahre und dann das Ende des Völkerapostels. Doch auch darüber erfahren wir nur aus anderen, zum Teil fragwürdigen Quellen. Die Apostelgeschichte läßt das Martyrium des hl. Paulus unerwähnt.

Der Grund wird sein, daß sie noch zu seinen Lebzeiten verfaßt wurde. Seine Zeit in Rom wird in der Apostelgeschichte gerade als abgeschlossen betrachtet („Er blieb zwei volle Jahre in seiner Mietwohnung ...", Apg 28,30), als stünde er im März des Jahres 62 vor einem neuen Aufbruch. Vielleicht schrieb Lukas sogar die Geschichte seines Wirkens, um seinen Adressaten, Theophilus, möglicherweise einen ranghohen Magistraten, auf einen bevorstehenden Besuch des Völkerapostels vorzubereiten.

In Rom angekommen, wurde Paulus vom Centurio Julius zunächst einmal dem Präfekten der Prätorianergarde *(Praefectus praetorio)* präsentiert. Der Hinweis fehlt in der *Einheitsübersetzung*, ist aber in einzelnen Handschriften der Apostelgeschichte noch erhalten. Gewöhnlich gab es zwei Präfekten, mit einer Ausnahme: der Amtszeit des Afranius Burrus, die von 51 bis zu seinem Tod im Januar oder Februar 62 dauerte. Die Tatsache, daß der Präfekt im lukanischen Originaltext im Singular genannt wird, ist also ein weiterer Hinweis darauf, daß Lukas über Kenntnisse aus erster Hand verfügte. Burrus war ein persönlicher Freund des Philosophen Seneca, des Bruders von Gallio, und damit der zweite indirekte Kontakt des Völkerapostels zu dem Lehrer Neros. Sind sich die beiden in Rom begegnet, hat vielleicht tatsächlich eine Korrespondenz stattgefunden, wie etwa der Kirchenvater Hieronymus im 4. Jahrhundert glaubte? Ausschließen kann man es nicht, wenn auch die überlieferten „Briefe" wohl eine Fälschung aus dem 4. Jahrhundert sind, mit dem Ziel, das Christentum für die gebildeten Kreise Roms salonfähig zu machen.

Das Prätorianerlager *(Castra praetorianorum)* erstreckte sich von der *Porta Capena* bis zur *Porta Viminalis* im Nordosten des antiken Rom. Burrus erlaubte Paulus jedoch, seine „Untersuchungshaft" in einer eigenen Wohnung zu verbringen, allerdings weiterhin in Ketten und unter ständiger Bewachung durch einen Soldaten. Das entsprach völlig römischer Rechtspraxis, denn das öffentliche Gefängnis war „Männern von gesellschaftlichem Rang" (so Ulpian) nicht zuzumuten. Diese Form der „leichten Haft" in *Custodia militaris* erlaubte dem Gefangenen, Besuch zu empfangen und sogar das Haus zu verlassen, solange der Wachsoldat die Ketten trug. Paulus mietete also eine Wohnung, in der er zwei Jahre lang ungehindert das Reich Gottes verkündete (Apg 28,30–31) und sich mit Vertretern der Juden und der jungen Christengemeinde traf. Gleich zwei Kirchen erheben den Anspruch, über dieser Unterkunft errichtet worden zu sein.

Eine davon ist für mich eine liebgewonnene Bekannte. Wenn man von der Piazza Venezia auf die Via del Corso, die Zentralachse der römischen Altstadt, kommt, dann liegt sie auf der linken Seite. Sie ist fast ganztägig geöffnet und lädt zum Gebet oder zur Eucharistischen Anbetung ein. Die opulente Barockkirche trägt den Namen *S. Maria in Via Lata* und ist benannt nach ihrem wunderwirkenden Marienbild. Ihre Ursprünge reichen zurück in die früheste Zeit, ihr Name wurde erstmals im 6. Jahrhundert urkundlich erwähnt. Unter ihrem Eingangsbereich befindet sich ein unterirdisches Oratorium, dessen Fresken Szenen aus dem letzten Kapitel der Apostelgeschichte zeigen. Hier soll sich die Wohnung befunden haben, in der Paulus zusammen mit seinem Bewacher, dem Centurio Martialis, lebte. Eine Säule gilt als jene, an die der Apostel gekettet war, in einem Brunnen soll er getauft haben. Kritiker führen diese Identifikation allerdings auf eine Legende aus dem 11. Jahrhundert zurück. Zur Zeit des Apostels habe sich hier eine Markthalle befunden. Daß es darin neben Läden und Dienststuben auch Wohnungen gab, kann natürlich nicht ausgeschlossen werden.

Trotzdem suche ich weiter. In Tibernähe, unweit der modernen Synagoge und des mittelalterlichen Ghettos von Rom, liegt die Kirche *S. Paolo a la Regola.* In ihrer heutigen Gestalt stammt sie aus dem späten 17. Jahrhundert, doch ihr Vorläuferbau wird bereits in einer Urkunde aus dem Jahre 1096 genannt. Heute ist die Kirche verschlossen. Ich klingele an einer Tür links von ihr, dem Zugang zu einem Ordenshaus. Ein junger Franziskaner-Tertiar aus Südamerika öffnet und ist bereit, mir die Kirche zu zeigen. Er erzählt mir, daß sie seit zehn Jahren renoviert würde und es immer wieder zu Verzögerungen käme, weil die Stadt Rom angeblich kein Geld hat. Dann zeigt er mir das Marmorportal zum heiligsten Ort dieser Kirche, über dem in Stein gemeißelt steht: *DIVI PAULI APOSTOLI HOSPITIUM ET SCHOLA,* „Wohn- und Lehrstätte des hl. Apostels Paulus". Fünf Stufen führen hinab in das mosaikgeschmückte Oratorium.

Zwei Umstände sprechen für diese Tradition. Zum einen befindet sich die Kirche in einem altrömischen Handwerkerviertel am Tiberufer, direkt gegenüber von Trastevere, wo in der Kaiserzeit die meisten Juden lebten. Hier muß Petrus einst missioniert haben, hier lebten Roms Judenchristen. So konnte Paulus Kontakte zu seinen römischen Glaubensgenossen unterhalten, wohnte aber, was wohl in seiner Situation erforderlich war, nur knapp außerhalb des *Pomeriums,* der klassischen Stadtgrenze des republikanischen und frühkaiserzeitlichen Roms. Eine weitere Bestätigung findet sich in den apokryphen *Acta Pauli,* die zwischen 160 und 180 entstanden. Darin heißt es, der Apostel habe „außerhalb Roms eine Scheune gemietet, in der er mit den Brüdern das Wort der Wahrheit lehrte". Mit „außerhalb Roms" könnte tatsächlich „außerhalb des *Pomeriums*" gemeint sein. Doch auch der Hinweis auf eine „Scheune" fand überraschend eine archäologische Bestätigung.

Ich bin mit Marco verabredet, einem jungen Archäologen der Stadt Rom, der bereit ist, mir gegen die Zahlung einer stattlichen Summe Ausgrabungen zu zeigen, die ansonsten nicht der Öffentlichkeit zugänglich sind. Denn als unter Mussolini im Umfeld der

Regola-Kirche eine Dependance des Justizministeriums gebaut wurde, stießen die Stadtarchäologen auf antike Ziegelmauern. Nach ihrer Freilegung stellte sich heraus, daß es sich bei den acht parallel angelegten Räumen, deren breite Tore auffällig waren, um antike Scheunen gehandelt haben muß. Sie dienten offenbar der Lagerung von Gütern, die über den Tiber an- oder abtransportiert wurden. Weitere Ausgrabungen in den Jahren 1978 bis 1982 ergaben, daß sich die antike Anlage auch im Bereich des *Palazzo Specchi* fortsetzte, der unmittelbar nördlich von *S. Paolo alla Regola* liegt. Amphoren, deren Form typisch für die Levante sind, deuten zumindest auf weitreichende Handelsbeziehungen hin, zu denen vielleicht auch Juden beitrugen. Die Lagerhäuser wurden in das 1. Jahrhundert v. Chr. datiert, im 3. Jahrhundert wurden sie teilweise zu Wohnhäusern umgebaut. Auch hier könnte die Tradition durchaus einen wahren Kern haben.

Vielleicht war es hier, vielleicht in der *Via Lata,* wo Paulus zwei Jahre lang lebte, wirkte, auf seinen Prozeß wartete und mindestens fünf seiner Briefe schrieb. Die beiden Timotheusbriefe, die Briefe an die Philipper, Epheser und Kolosser sowie der Philemonbrief enthalten jedenfalls eindeutige Hinweise auf seine Gefangenschaft in Rom. Durch sie erfahren wir auch, daß Lukas fast die ganze Zeit bei Paulus blieb (Kol 4,14; 2 Tim 4,11), während Priska und Aquila offenbar wieder nach Ephesus zurückgekehrt waren (2 Tim 4,19). Schließlich bat der Apostel Timotheus, ihn bald zu besuchen (2 Tim 4,9). Gegen Ende des Jahres 61 traf der treue Paulusschüler in der Ewigen Stadt ein. Mit ihm waren Markus, mit dem sich Paulus wieder versöhnt hatte (2 Tim 4,11; Kol 4,10), und der Sklave Onesimus, den nichts mehr bei seinem Herrn hielt, als sich die Möglichkeit bot, den Völkerapostel noch einmal zu treffen (Phlm 24).

Aus den Paulusbriefen geht auch hervor, daß sein Wirken in Rom durchaus Früchte trug. Nicht nur, daß das „ganze Prätorium" wußte, daß er „um Christi willen im *Gefängnis*" war, es gab auch *Heilige* (also Christen) „aus dem Haus des Kaisers" (Phil 4,22) und in der römischen Oberschicht: Pudens und Klaudia, die im 2. Timotheusbrief erwähnt werden, waren ein stadtbekanntes Senatorenehepaar. Ihr Haus in der *Via Urbana,* in dem bald darauf der hl. Petrus zu Gast sein sollte, wurde schließlich zum Zentrum der Hauptstadtgemeinde. Heute erhebt sich über seinen Ruinen eine

Basilika aus dem 4. Jahrhundert. Ihr Mosaik, ein frühchristliches Meisterwerk aus derselben Zeit, zeigt das Apostelkonzil von Jerusalem, dem symbolisch Christus selbst vorsitzt. Petrus und Paulus werden von Frauen, die die *Kirche aus der Beschneidung* und die *Kirche der Heiden* symbolisieren, zu Aposteln der Judenchristen und Heidenvölker gekrönt.

Über seinen Prozeß schreibt Paulus nur einmal, im 2. Timotheusbrief. „Bei meiner ersten Verteidigung ist niemand für mich eingetreten; alle haben mich im Stich gelassen", heißt es dort ziemlich deprimiert, kurz zuvor deutet er sogar seine Bereitschaft zum Martyrium an. Indes, so negativ kann der Verlauf dann doch nicht gewesen sein, denn Paulus hat auch neue Pläne. Schließlich fordert er seinen Lieblingsschüler auf, so schnell wie möglich zu ihm zu kommen, und bittet ihn, ihm seinen Mantel und seine Bücher aus Troas mitzubringen, die er offenbar dringend brauchte. Plante der Völkerapostel schon wieder eine neue Missionsreise? Schließlich verrät er: „Der Herr stand mir zur Seite und gab mir Kraft, damit durch mich die Verkündigung vollendet wird und alle Heiden sie hören; und so wurde ich dem Rachen des Löwen entrissen" (2 Tim 4,16–17). Aber gab es schon ein Urteil?

Das römische Recht kannte eine Verjährung, wenn innerhalb einer Frist von zwei Jahren kein Vertreter der Klägerseite vor Gericht erschien. So ist verständlich, daß Paulus schon gleich nach seiner Ankunft in Rom die „führenden Männer der Juden" in seine Wohnung bat, um sie auf seine Seite zu bringen. Gleichzeitig fragte er vorsichtig an, ob schon Anweisungen aus Jerusalem eingetroffen waren, was diese verneinten: „Wir haben über dich weder Briefe aus Judäa erhalten, noch ist einer von den Brüdern gekommen, der uns etwas Belastendes über dich berichtet oder erzählt hat" (Apg 28,21). Das lag vielleicht daran, daß längst der Hohepriester gewechselt hatte. Ischmael Ben Phabi wurde zu Anfang des Jahres 60 auf Anweisung von König Herodes Agrippa II. durch Joseph Qabi ersetzt. Gleich, ob er nun Dringenderes zu tun hatte, ob er fürchtete, sich in Rom zu blamieren, oder der König seine schützende Hand über Paulus hielt, Fakt ist, daß nichts aus Jerusalem kam, was Paulus weiter belasten könnte. Vielleicht schweigt Lukas deshalb darüber, weil dies ein denkbar unbefriedigender Prozeßausgang war. Einen Sieg hätte er am liebsten verkündet, eine Niederlage mit anschließendem Martyrium hätte der

Geschichte zumindest Größe verliehen und Paulus in die authentische Nachfolge Christi gestellt. So aber führte ein Versäumnis der Klägerseite, das Eingeständnis, daß die Juden ja doch nicht so schlimm sind, wie es andere Passagen erscheinen ließen, zur (vorläufigen?) Einstellung des Verfahrens. Paulus wird nicht einmal den Kaiser gesehen haben, an den er doch appelliert hatte, denn anders als Claudius hatte Nero sich von Anfang an geweigert, *in persona* zu Gericht zu sitzen. Wahrscheinlich war der Prätorianerpräfekt Burrus in Vertretung des Kaisers sein Richter.

Als der Apostel nach Einstellung des Verfahrens im März 62 wieder auf freiem Fuß war, hielt ihn erst mal nichts mehr in Rom. Leider gibt es für seine letzten Jahre keine wirklich zuverlässigen Quellen, und so sind wir auf Spekulationen angewiesen. Trotzdem hielt sich in den ersten Jahrhunderten der Kirche hartnäkkig die Überzeugung, der auch Eusebius von Cäsarea zu Anfang des 4. Jahrhunderts in seiner *Kirchengeschichte* Ausdruck verleiht: „Nachdem der Apostel seine Sache vor Gericht verteidigt hatte, soll er wiederum auf Missionsreisen gegangen sein, um dann noch ein zweites Mal die gleiche Stadt (Rom) zu betreten und in seinem Martyrium zur Vollendung zu kommen."

Eine Möglichkeit, die er selbst im Römerbrief (15,24) andeutet, ist, daß er sich auf den Weg nach Spanien machte. Den frühesten Hinweis, daß er sein Ziel erreicht haben könnte, finden wir im Brief des Clemens von Rom an die Kirche von Korinth aus dem Jahr 90, wo es von Paulus heißt: „Er kam bis an die Grenze des Westens". Ein Römer konnte damit nur Spanien gemeint haben. Die apokryphen *Petrus-Akten,* die in der zweiten Hälfte des 2. Jahrhunderts entstanden, beginnen mit einer ausführlichen Schilderung der Abreise des Paulus nach Spanien, und zwar vom römischen Hafen Ostia aus. Demnach dürfte Petrus erst gegen Mitte oder Ende des Jahres 63 in Rom eingetroffen sein, als die Urgemeinde Jerusalem aufgab. Kurz zuvor hatte der neue Hohepriester Ananus, der Sohn des Anklägers Pauli, den *Herrenbruder* Jakobus von der Zinne des Tempels stürzen und erschlagen lassen. Einige Exegeten sehen darin einen Racheakt für die Freilassung des Völkerapostels in Rom. Das relativ späte Eintreffen des hl. Petrus würde auch erklären, weshalb weder in der Apostelgeschichte noch in den Paulusbriefen von einer erneuten Begegnung der beiden Apostel die Rede ist.

Um 170 n. Chr. stellt das *Muratorische Fragment*, der erste Kanon des Neuen Testamentes, fest, daß Lukas in seinem Bericht „die Abreise des Paulus auf seiner Reise nach Spanien" ausgelassen habe. Allerdings bezieht sich sein Verfasser wahrscheinlich auf die *Petrus-Akten*. Trotzdem stand für Kirchenväter wie den hl. Hieronymus oder den hl. Johannes Chrysostomos gegen Ende des 4. Jahrhunderts fest, daß „Paulus nach seiner Gefangenschaft in Rom nach Spanien aufbrach". Sein Ziel könnte dabei die Provinzhauptstadt Tarraco gewesen sein, die er von Ostia aus auf dem Schiff in nur vier Tagen erreichen konnte. Tatsächlich gibt es in Tarragona, wie die Stadt heute heißt, eine seit dem 8. Jahrhundert bezeugte Paulustradition. So ist die romanische Kathedrale der Stadt, die in ihrer Trutzigkeit an eine Burg erinnert, der hl. Paulusschülerin Thekla geweiht, der Schutzpatronin von Tarragona. Auf dem Gelände des Diözesanseminars steht die frühgotische Pauluskapelle aus dem 13. Jahrhundert. Der Überlieferung nach erhebt sie sich über einem Felsen, auf dem der Apostel bei seinem Besuch in der Stadt predigte. Auf der *Plaza de Palacio* erinnert eine Statue aus dem Jahre 1963 an die „1900-Jahrfeier der Reise des hl. Paulus nach Spanien", die zur Zeit der Franco-Diktatur ein nationales Großereignis war.

Doch die Dürftigkeit der Zeugnisse legt nahe, daß er nicht allzu lange in Tarragona blieb. Hier war Latein die vorherrschende Sprache, womit sich der Apostel aus Tarsus schwergetan haben muß. Auch eine jüdische Gemeinde wird er hier kaum gefunden haben. Vielleicht beschloß er deshalb, seine Missionsarbeit in Griechenland fortzusetzen. Eines seiner ersten Ziele dürfte Kreta gewesen sein, das er im Herbst 59 so schnell wieder verlassen mußte. Nach einer lokalen Tradition hat er dabei Phoenix, das heutige Loutro, besucht. Eine kleine Kapelle am Rande des Meeres erinnert an die Stelle, an der er die ersten Kreter getauft haben soll. Eine Bestätigung scheint die Tradition im Titusbrief zu finden, in dem Paulus erwähnt, er habe seinen Helfer „in Kreta deswegen zurückgelassen, damit du das, was noch zu tun ist, zu Ende führst" (Tit 1,5). Er selbst sei dagegen unterwegs nach Nikopolis an der Westküste Griechenlands, „denn ich habe mich entschlossen, dort den Winter zu verbringen" (Tit 3,12). Im Frühjahr könnte er auch Philippi und Korinth einen letzten Besuch abgestattet haben, wie es die apokryphen *Paulus-Akten* behaupten. Von dort aus sei er (im Frühling 64?) auf dem Schiff eines Christen namens Artemon nach Rom zurückgekehrt, wie es ihm vorher in einer Vision aufgetragen worden war.

Sollte dieses Szenario zutreffen, so muß er Petrus in Rom getroffen haben. Tatsächlich ist die Begegnung der beiden Apostel, ihre brüderliche Umarmung beim Wiedersehen, ein beliebtes Motiv der christlichen Ikonographie. Mindestens seit dem 3. Jahrhundert wird ein Gebäude an der Via Appia, neben dem Eingang zur Sebastianus-Katakombe, als *DOMUS PETRI* oder „Haus des hl. Petrus" verehrt. Um 380 ließ Papst Damasus (366–84) hier eine Tafel anbringen: „Du, der du den Namen von Petrus und Paulus suchst, mußt wissen, daß die Heiligen hier einst gewohnt haben." Eine antike Mauer ist übersät mit Graffiti, Anrufungen der beiden Apostel. Wie Ausgrabungen ergaben, standen hier tatsächlich im 1. Jahrhundert Wohnhäuser. Ob eines davon den Aposteln als Unterkunft diente oder ob hier die römische Gemeinde während der Valerianischen Verfolgung Apostelreliquien deponierte, ist freilich umstritten. Tatsache ist, daß sich hier eine christliche Kultanlage befand, in der Totenmahlfeiern abgehalten wurden.

Die früheste Nachricht, die wir vom Ende des hl. Paulus in Rom haben, ist der bereits erwähnte Brief des Bischofs Clemens von Rom an die Korinther, der nur zweieinhalb Jahrzehnte später verfaßt wurde. Darin heißt es: „Wegen Eifersucht und Streit hat Paulus den Kampfpreis der Geduld aufgewiesen. Siebenmal Ketten tragend, vertrieben, gesteinigt, Herold im Osten wie im Westen, hat er den edlen Ruhm für seinen Glauben empfangen. Gerechtigkeit hat er die ganze Welt gelehrt, und er kam bis an die Grenzen des Westens und hat Zeugnis abgelegt vor den Machthabern; so ist er aus der Welt geschieden ..." Gegen 170 ergänzte Bischof Dionysius, daß Petrus und Paulus nicht nur „in Rom und Korinth ... die Pflanzung begonnen und uns gleicherweise in Italien gelehrt" haben, sondern daß sie auch „zu gleicher Zeit den Martertod erlitten." Tertullian schrieb um 200: „Wie glücklich ist jene Kirche (von Rom), in der Petrus und Paulus ihre Lehre verkündet haben, wo Petrus starb wie der Herr (am Kreuz), wo Paulus geköpft wurde ..." Im frühen 4. Jahrhundert bestätigte Eusebius von Cäsarea in seiner *Kirchengeschichte:* „Wie berichtet wird, wurde Paulus eben in Rom unter Nero enthauptet und Petrus gekreuzigt." Doch aus welchem Grund?

In den Morgenstunden des 19. Juli 64 brannte Rom. Inmitten der drückenden Sommerhitze war in den überwiegend von orientalischen Händlern bewohnten Holzbaracken am *Circus Maximus* ein Feuer ausgebrochen, das bald auf den gesamten Stadtkern übergriff. In den engen, winkligen Gassen und unregelmäßigen Häuserreihen konnten sich die Flammen ungehindert ausbreiten. Verängstigte Menschenmassen strömten auf die Straßen und behinderten erste Löschversuche.

Als der Kaiser, der den Sommer in Antium (Anzio) verbrachte, von dem Brand erfuhr, eilte er, zusammen mit seiner Leibgarde, in die Stadt. Von seinem Palast auf dem Palatin aus, der vom Feuer verschont blieb, machte er sich ein erstes Bild von der Lage. Erschüttert mußte er ansehen, wie der Großbrand auch Teile des Forums zerstörte, wie die marmornen Heiligtümer des Kapitols und die Kaiserpaläste von dichten Wolken aus Ruß und Asche verhüllt wurden. Fünf Tage lang wüteten die Flammen, bevor es der römischen Feuerwehr gelang, die Brände unter Kontrolle zu bekommen. Nur vier von den 14 Verwaltungsbezirken der Stadt waren unversehrt geblieben.

Nach außen hin reagierte Nero ungewöhnlich vernünftig. Er stellte den Obdachlosen seine Gärten im Umkreis des vatikanischen Hügels zur Verfügung, ließ Lebensmittel aus den Vorratshäusern von Ostia und Puteoli herbeischaffen und den Getreidepreis festsetzen, um Wucher zu unterbinden. Doch auch damit verhinderte er nicht, daß in Rom Gerüchte immer lauter wurden, die ihn der Brandstiftung bezichtigten. Zeugen wollten Prätorianer gesehen haben, die in der Brandnacht mit Fackeln durch die Straßen liefen, andere behaupteten, der Kaiser habe von den Zinnen des Palatins aus Hymnen auf das brennende Troja gesungen. Dem Mann, der seine Mutter eigenhändig ermordet hatte, traute man alles zu.

„Um daher dies Gerede zu beenden, gab Nero denen, die, wegen ihrer Schandtaten verhaßt, das Volk Christen nannte, die Schuld und belegte sie mit den ausgesuchtesten Strafen“, berichtete später der römische Geschichtsschreiber Tacitus (55–120 n. Chr.), der als Junge Zeuge des Geschehens war, um zu ergänzen: „Der, von welchem dieser Name ausgegangen, Christus, war unter der Regierung des Tiberius vom Prokurator Pontius Pilatus hingerichtet worden. Der für den Augenblick unterdrückte verderbliche Aberglaube brach nicht nur in Judäa, dem Vaterlande dieses Unwesens, sondern auch in Rom, wo von allen Seiten her alle nur denkbaren Greuel und Abscheulichkeiten zusammenfließen und Anhang finden, wieder aus.“ Daß Tacitus, wirklich kein Apologet Neros, so negativ über die Christen schreibt, zeigt, wie leicht es gewesen sein muß, sie zu Sündenböcken zu machen. Daß Feuer in den trockenden Sommermonaten in Rom keine Seltenheit waren, spielte da keine Rolle. Der Brand von Rom bot den geeigneten Vorwand, sich einer Bewegung zu entledigen, die Roms soziale und politische Ordnung durch ihre klare Absage an Götter- und Kaiserkult, an eine Zweiklassengesellschaft aus Freien und Sklaven sowie an Gewalt zur Volksbelustigung bedrohte. Vielleicht aber trug auch das Verhalten der Christen, die sich den Fall von Babylon wünschten und in dem Feuer eine Ankündigung des schon für die nächste Zukunft erwarteten Weltenendes sahen, zu ihrer Unbeliebtheit bei.

Auf Brandstiftung stand nach dem römischen Zwölftafelgesetz der Tod. So gab es zunächst zwei Verhaftungswellen, bevor Nero die Vollstreckung der Todesurteile sadistisch inszenierte. Tacitus: „Anfangs wurden solche ergriffen, welche sich dazu bekannten, und dann auf deren Anzeige hin eine ungeheure Menge, nicht nur der Brandstiftung als auch des allgemeinen Menschenhasses überführt. Bei ihrem Tod wurde auch noch Spott mit ihnen getrieben, indem sie, bedeckt mit den Fellen wilder Tiere, von Hunden zerrissen oder ans Kreuz geheftet starben oder, zum Feuertode bestimmt, sich zur nächtlichen Erleuchtung verbrennen lassen mußten, wenn sich der Tag neigte.“

Keine frühe christliche Quelle bringt den Tod der Apostel explizit mit dem Brand von Rom in Verbindung. Trotzdem deutet Clemens eine Verbindung zur neronischen Christenverfolgung an, wenn er schreibt: „Zu diesen Männern ... gesellte sich eine große Menge von Auserwählten, die wegen Eifersucht vielerlei Schmach und Qualen erlitten und so zu herrlichen Vorbildern unter uns wurden.“ Auch die apokryphen *Paulus-Akten* aus dem 2. Jahrhundert erwähnen eine allgemeine Verfolgung, wenn es heißt: Der Kaiser „erließ ein Edikt, daß alle, die als Christen und Soldaten Christi ausfindig gemacht würden, hingerichtet werden sollten. Und unter der Menge wird auch Paulus gebunden herbeigeführt.“ Dabei enthält die weitere Schilderung der Ereignisse interessante Details, die durchaus auf stadtrömische Erinnerungen zurückgehen könnten. So sei es zu Protesten der Römer gekommen, weil Nero „viele Christen ohne Urteil hingerichtet" habe. Daraufhin habe der Kaiser die Massenhinrichtungen gestoppt und Paulus offiziell den Prozeß gemacht. Bei der darauffolgenden Anhörung drohte ihm der Apostel mit dem Ewigen Richter, „der kommen wird, um die Erde zur Läuterung zu verbrennen", und forderte Nero auf: „Laßt euch retten von dem Feuer, das über den ganzen Erdkreis kommt". Nicht nur ich bin versucht, darin eine Anspielung auf den Brand von Rom zu sehen.

Die römische Tradition behauptet, Petrus und Paulus hätten gemeinsam im *Carcer Tullianum* oder Mamertinischen Gefängnis gesessen, dem Staatskerker des antiken Rom. Er war politischen Gefangenen vorbehalten, die man als „Feinde des Volkes von Rom" zum Tode verurteilt hatte. Ich fahre zu den römischen Kaiserforen, biege in die *Via Tulliano* ein. Vor mir liegt das *Forum Romanum,* zu meiner Rechten eine barocke Kirche über einer Travertin-Terrasse, die durch Bronzelettern als *Mamertinum* gekennzeichnet ist. Ein Gitter schützt die antike Fassade. Ich betrete das *Gefängnis der hl. Apostel Petrus und Paulus.* Inmitten eines steinernen Gewölbes steht ein barocker Altar. Hinter einem kunstvollen Gitter sind die Köpfe der Apostel in beeindruckendem Realismus dargestellt. Auf der linken Seite führt eine Treppe hinab in den Kerker, ursprünglich eine Zisterne, die in den Tuffstein geschlagen wurde. Die Treppe stammt aus späterer Zeit; in der Antike führte nur ein Weg in das dunkle, unterirdische Verlies, durch ein Loch in seiner Decke. Im Boden befindet sich ein Brunnen, der den Gefangenen als Wasserversorgung diente. In einer Ecke steht die Säule, an der ihre Ketten hingen. Ich erinnere mich an die Worte des Sallust über das *Tullianum,* die mir jetzt ziemlich treffend erscheinen: „Durch Verwahrlosung, Finsternis und Geruch aber ist sein Aussehen scheußlich und gräßlich ... dieser Ort kann einen Mann um den Verstand bringen." Wer in dieses finstere Loch geworfen wurde, dem mußte der Tod als Erlösung erscheinen.

Ein Bronzerelief zeigt die Apostel, wie sie, an die Säule gekettet, ihre Mitgefangenen und sogar die Kerkermeister taufen. Genau das behauptet die apokryphe *Passio Lini,* die im 4. Jahrhundert entstand. Die beiden Wärter, Processus und Martinianus, sollen später selbst für ihren Glauben das Martyrium erlitten haben.

Von hier aus, so die Überlieferung, seien Petrus und Paulus gemeinsam zu ihrer Hinrichtung geführt worden. Erst vor den Toren der Stadt trennten sich ihre Wege. Noch heute erinnert eine Gedenkplatte an der Via Ostiense Nr. 106 daran, daß hier einst die *Chiesa della Separazione* stand, eine Kirche, die an die Trennung der beiden Apostel erinnerte. Einen wahren Kern könnte die Legende durchaus haben. Denn nachweislich besaß Nero an der Straße nach Ostia ein Landgut, auf dem er sich gerne aufhielt. Sollte es wirklich, wie in den *Paulus-Akten* behauptet, zu einer Begegnung des Apostels mit dem Kaiser gekommen sein, so hätte sie auch hier stattfinden können. Da Paulus römischer Bürger war, blieb ihm eine von Neros sadistischen Inszenierungen oder die lange Qual der Kreuzigung erspart; er sollte geköpft werden.

Das Datum seiner Hinrichtung ist unbekannt. Der 29. Juni, das *Fest SS. Petri & Pauli,* geht auf den antiken Festtagskalender zurück. Es war das Fest von Romulus und Remus, der mythischen Gründer Roms. Sie sollten in christlicher Zeit durch Petrus und Paulus ersetzt werden, die Begründer des christlichen Roms. Der hl. Hieronymus schrieb in seiner Lebensbeschreibung *De viris illustribus,* „Über berühmte Männer", die beiden Apostel seien *eodem die,* „am gleichen Tag", gestorben. Er datiert ihr Martyrium in das 14. Herrschaftsjahr Neros, also 67 n. Chr. Die meisten Historiker schließen das aus, denn der Kaiser befand sich in diesem Jahr auf einer Reise durch Griechenland. Die römische Kirchengeschichtlerin Prof. Margarita Guarducci errechnete zumindest für die Hinrichtung Petri sogar ein genaues Datum. In einer syrischen Apokryphe, der *Himmelfahrt des Jesaja,* sagt der alttestamentarische Prophet den Tod des Apostels durch die Hand des „Königs der Schlechtigkeit, Muttermörder und Herrscher der Welt" voraus. Danach würde dieser noch „drei Jahre, sieben Monate und 27 Tage" herrschen. Zurückgerechnet vom Tod Neros am 9. Juni 68 käme man nach diesen Angaben auf den 13. Oktober 64. Das war kein beliebiger Tag, sondern ausgerechnet der *Dies imperii,* der zehnte Jahrestag von Neros Amtsantritt. Dieser Tag wurde jedes Jahr mit großen öffentlichen Festspielen gefeiert. Nur drei Monate nach dem Brand von Rom könnte der Kaiser die Gelegenheit genutzt haben, dem Volk in einer großen, blutigen Inszenierung die vermeintlichen Brandstifter zu präsentieren. Vielleicht wurde auch der Völkerapostel an diesem Tag oder kurz darauf enthauptet.

Der letzte Weg des hl. Paulus ist uns erhalten. Man erreicht ihn, wenn man von der Basilika St. Paul vor den Mauern aus auf die Via Laurentina fährt, die von der Via Ostiense in südliche Richtung abzweigt. Dort liegt auf der Höhe des E.U.R.-Geländes, gegenüber einem Heiligtum der Jungfrau Maria, die *Abbazia delle Tre Fontane,* die Abtei von Tre Fontane. Ich komme immer wieder gerne hierher. Sie ist so etwas wie ein Zaubergarten inmitten der Hektik Roms, ein Ort, an dem die Zeit stehenzubleiben scheint. Inmitten eines Waldes aus Eukalyptusbäumen, Steineichen, Myrten und Palmen erhebt sich ein Tor aus dem 8. Jahrhundert, eine Stiftung Karls des Großen. Links davon liegt der Klosterladen, in dem der köstliche Eukalyptuslikör verkauft wird, der hier in eigener Produktion entsteht. Seit 1868 wird die Abtei von den Trappisten bewirtschaftet. Zuvor lebten hier griechische Mönche, dann, seit 1140, die Zisterzienser. Ihre asketische Strenge wird spürbar, wenn man die spätromanische Abteikirche betritt. Rechts von ihr führen Treppen hinauf zu der barocken Kuppelkirche der *Scala Coeli* („Himmelsleiter"), die ihren Namen einer Vision des hl. Ordensgründers Bernhard von Clairvaux verdankt. Bei einem Besuch des Klosters sah er, wie hier die Seelen, aus dem Fegefeuer gerettet, zum Himmel aufsteigen. Ein schmaler, dunkler, unterirdischer Raum aus römischer Zeit gilt als die Zelle, in der Paulus einst auf seine Hinrichtung wartete. Läßt man die Kuppelkirche hinter sich, kommt man an einen von Steineichen gesäumten Weg. In der Mitte haben die Mönche ein Stück der römischen Straße freigelegt, auf der einst Paulus zur Hinrichtung geführt wurde. Nur das Zwitschern der Vögel und das ferne Plätschern eines Brunnens unterbrechen die Stille, die über ihr liegt. Sie endet vor einer dritten Kirche, dem *Ort des Martyriums des Apostels Paulus,* wie ein Schild verkündet, grün wie die Hoffnung. Die Inschrift an der Fassade verrät, daß die Kirche 1599 von Kardinal Aldobrandini neu errichtet wurde. Es ist die Zeit des Übergangs von der Renaissance in den Barock. Andächtig trete ich ein, überquere ein antikes Mosaik und stehe vor drei Altären. Sie fallen nach links ab, als stünden sie auf einem Abhang. Über jedem von ihnen ist, in Bronze gegossen, das Haupt des hl. Paulus angebracht. Darunter befand sich, durch Gitter geschützt und heute längst ausgetrocknet, eine der drei Quellen, die der Legende nach entstanden, als das abgeschlagene Haupt des Apostels dreimal auf die Erde schlug. Ganz rechts, hinter einem kunstvollen Eisengitter, steht eine römische Marmorsäule. An sie, so heißt es, wurde Paulus bei seiner Enthauptung gebunden. Seine Ketten werden heute in der Sakristei der Basilika St. Paul vor den Mauern verehrt; einmal im Jahr, am Vorabend des Festes St. Peter & Paul, werden sie in feierlicher Prozession durch die Straßen des Stadtviertels an der Via Ostiense getragen. Die Binde, mit der ihm die Augen verbunden wurden, soll sich in der *St. Agnes-Kirche* an der Piazza Navona befinden.

Ich wundere mich, ob dieser Ort, die *Aquae Salviae,* tatsächlich historisch ist. Seine Tradition reicht jedenfalls sehr weit zurück. Schon 689 ließ Papst Sergius hier eine Kirche erneuern, die uralt gewesen sein muß, war sie doch schon vom Verfall bedroht. Ich weiß, daß die Mönche 1875 bei Umbauarbeiten auf Münzen des Kaisers Nero stießen. Auf dem Landgut der Salvier, dem die „salvischen Wasser" ihren Namen verdanken, soll Herodes Agrippa II. gelebt haben, bevor er in seine Heimat, nach Jerusalem, zurückkehrte. Vielleicht entsprach es dem zynischen Humor Neros, seinen jüdischen Gefangenen ausgerechnet in der einstigen Residenz seines Königs hinrichten zu lassen.

Die Paulusakten schildern seine Enthauptung so: „Darauf stellte sich Paulus hin gegen Osten gerichtet und erhob die Hände zum Himmel und betete lange; und nachdem er im Gebet auf hebräisch mit den Vätern sich unterredet hatte, neigte er den Hals, ohne noch weiterzusprechen. Als aber der Henker ihm den Kopf abschlug, spritzte Milch auf die Kleider des Soldaten. Der Soldat aber und alle, die dabeistanden, wunderten sich, als sie das sahen, und priesen Gott, der dem Paulus solche Herrlichkeit gegeben hatte. Und sie gingen hin und berichteten dem Kaiser, was geschehen war."

Ich schmunzle ein wenig über die fromme Ausschmückung, die eher von der Wundersucht der Menschen als von historischen Tatsachen zeugt. Doch trotzdem fühle ich mich dem Völkerapostel in der Kirche von Tre Fontane sehr nahe. Unwillkürlich kommen mir die Worte in den Sinn, die Paulus selbst in seinem 2. Brief an Timotheus schrieb, als ihn schon Ahnungen von seinem bevorstehenden Martyrium überkamen: „Denn ich werde nunmehr geopfert, und die Zeit meines Aufbruchs ist nahe. Ich habe den guten Kampf gekämpft, den Lauf vollendet, die Treue gehalten. Schon jetzt liegt für mich der Kranz der Gerechtigkeit bereit, den mir der Herr, der gerechte Richter, an jenem Tag geben wird, aber nicht nur mir, sondern allen, die sehnsüchtig auf sein Erscheinen warten" (2 Tim 4,6–8). Es sind Worte der Hoffnung und des Gottvertrauens selbst in Zeiten der Bedrängnis. Sie sind sein Vermächtnis, das die Jahrtausende überdauert.

Nachwort: Wie sah Paulus aus?

In nicht allzu ferner Zukunft wird das letzte Kapitel unserer Suche nach den Spuren des hl. Paulus geschrieben werden. Sie endet mit einer Begegnung der physischen Art. Geplant ist, den Mörtelpropfen des Paulussarges zu entfernen, mit dem irgendwann im Frühmittelalter die Öffnung verschlossen wurde, durch die man in der Spätantike Balsam goß und Tüchlein die heiligen Gebeine berühren ließ. Durch dieses Loch würde eine endoskopische Sonde eingeführt, mit der im Innern des Paulussarges Aufnahmen gemacht werden können. Sie ermöglichen es den Experten, sich einen Eindruck vom Zustand der Apostelreliquien zu verschaffen. Erst danach ließe sich zweifelsfrei sagen, daß der Tote, der in dem rosafarbenen Marmorsarkophag bestattet wurde, tatsächlich der Völkerapostel ist.

Zum Glück verfügen wir über genügend Daten, um ein ziemlich genaues Profil des Paulus von Tarsus zu erstellen. Er wurde mit dem Schwert enthauptet. Als er starb, war er zwischen 55 und 59 Jahre alt. Er trug den Beinamen *Paulus* (klein, schmächtig) wohl zu Recht; viel deutet darauf hin, daß er tatsächlich eher klein und schmal war, von feinem Körperbau, gesundheitlich labil und trotzdem unglaublich zäh; immerhin überlebte er eine Steinigung, diverse Auspeitschungen, vier Schiffbrüche und regelmäßige Malariaanfälle. Er war ein Intellektueller, doch er scheute nicht die Handarbeit des Zeltmachers. Auch die ewiglangen Fußmärsche werden an seinem Körper ihre Spuren hinterlassen haben. Seine Stimme war, wie er im 2. Korintherbrief andeutet, eher schwach und nicht gerade beeindruckend, vielleicht sogar recht hoch, sein Auftreten unspektakulär.

Zwar versäumt es Lukas, uns sein äußeres Erscheinungsbild zu überliefern, doch diese Lücke füllten bald die Apokryphen. So erzählen die *Paulus-Akten* aus dem 2. Jahrhundert von einem Onesiphorus, der gehört hatte, daß Paulus nach Ikonium kommen würde. Da er ihn in sein Haus einladen wollte, ging er ihm entgegen. Titus, der Apostelschüler, hatte ihm eine genaue Beschreibung mit auf den Weg gegeben, und so konnte er ihn nicht verfehlen. So heißt es wörtlich: „Er sah aber Paulus kommen, einen Mann klein von Gestalt, mit kahlem Kopf und krummen Beinen, in edler Haltung mit zusammengewachsenen Augenbrauen und ein klein wenig hervortretender Nase, voller Freundlichkeit." Die Beschreibung ist so wenig schmeichelhaft, daß sie durchaus auf echten Überlieferungen beruhen könnte.

Tatsächlich ist das Bild des hl. Paulus in der frühen christlichen Kunst ziemlich einheitlich. Schon deshalb ist es sehr gut möglich, daß wir es hier mit einer ikonographischen Tradition zu tun haben, die ihren Ursprung in einer authentischen Überlieferung hat. Immerhin behauptet Eusebius von Cäsarea in seiner um 300 verfaßten *Kirchengeschichte,* es hätte Urbilder aus frühester Zeit gegeben: „Wir haben auch die Bilder (der) Apostel Paulus und Petrus und sogar das Bild Christi selbst in Farben gemalt gesehen. War es doch zu erwarten, daß die Alten sie als ihre Retter ohne Überlegung gemäß ihrer heidnischen Gewohnheiten auf solche Weise zu ehren pflegten."

Trotzdem waren sie wohl eher selten, ging doch das Christentum aus dem Judentum hervor, das die Darstellung von Menschen verbot. So bildete sich erst im 3. Jahrhundert eine christliche Kunst. Ihre ersten Beispiele finden wir in den unterirdischen Grabanlagen der Gemeinden, den Katakomben von Rom oder Syrakus. Dabei kommen Paulus und Petrus in der Häufigkeit der Darstellung gleich nach Jesus und weit vor allen anderen Heiligen und Bibelszenen. Fast immer stehen sie gemeinsam an der Seite Christi. Während man Petrus an seinem vollen, krausen Haar und seinem kurzgeschnittenen Bart erkennt, hat Paulus in der Regel eine hohe, kahle Stirn und einen dunklen Bart, der an früheren Wirkungsstätten zweigeteilt, auf römischen Darstellungen spitzzulaufend ist. Daß sich der Mann, der stets „den Juden ein Jude geworden ... den Gesetzlosen ein Gesetzloser ... (und) den Schwachen ein Schwacher geworden (ist) ... um des Evangeliums willen" (1 Kor 9,20–23), seinem Wirkungskreis anpaßte, ist durchaus vorstellbar und deutet eher auf authentische Traditionen hin. Geradezu klassische Beispiele finden sich in der *Domitilla-Katakombe* (3. Jh.), dem *Hypogäum* in der *Via Dimo Campagn*i (4. Jh.), wunderbar in der Katakombe *Ss. Pietri e Marcellino* (3.–4. Jh.) neben dem *Helena-*

Mausoleum in Rom, in der *Paulus-Krypta* von Syrakus (4. Jh.) oder der *Paulusgrotte* von Ephesus (4.–5. Jh.). Markante Portraits beider Apostel sind auch auf römischen Sarkophagen aus dem 4. Jahrhundert und auf bemalten Gläsern der konstantinischen Zeit erhalten. Ganzkörperdarstellungen gibt es auf Reliefplaketten und als Bronzefigürchen. Gänzlich ungeklärt ist das Alter zweier Apostelikonen, die zum Schatz der Päpste gehörten und mindestens seit dem 8. Jahrhundert in der Reliquienkapelle des *Lateran-Palastes,* dem *Sancta Sanctorum,* verwahrt wurden. Eine von ihnen zeigt Petrus, die andere Paulus im Halbprofil. Das Bild weist so viele Parallelen zur Katakombenmalerei auf, daß man sich fragt, ob es ihren Künstlern nicht als Vorbild diente. Eine Reihe von Kunsthistorikern datiert die beiden Ikonen in das 4. Jahrhundert, andere halten sie für noch älteren oder auch jüngeren Datums. Sie befinden sich heute in den Vatikanischen Museen.

Die Aufgabe dieses Buches war, nach Spuren des historischen Paulus von Tarsus zu suchen. Daß er ein Mensch mit Stärken und Schwächen, mit Selbstzweifeln und Depressionen, aber von fast übermenschlicher Willenskraft und Zähigkeit war, entnehmen wir seinen Briefen. Tatsächlich besitzen wir von keiner anderen biblischen Persönlichkeit so eindrucksvolle und bewegende Selbstzeugnisse. Kombiniert mit dem, was wir über seine Umwelt und Lebenssituation, kurz: über den Paulus der Geschichte, wissen, ergibt sich ein neues, konkretes Bild des Völkerapostels. Um es abzurunden, um ihn quasi in greifbare Nähe zu rücken, wollte ich ein Experiment versuchen, das ich schon einmal gewagt habe, als ich 2003 meine archäologische Biographie des hl. Petrus *Der erste Papst* schrieb. Damals ließ ich auf der Grundlage der frühesten Darstellungen des Apostelfürsten von Experten des Landeskriminalamtes Nordrhein-Westfalen (LKA-NRW), ein Phantombild des hl. Petrus erstellen. Jetzt bot sich an, diesen Versuch zu wiederholen.

Am 21. Februar 2008 traf ich mich wieder mit Ingo von Westphal, einem Experten der Phantombildstelle des LKA-NRW, der in fast vierstündiger Arbeit an seinem Computer den Menschen wiedererstehen ließ, den die frühesten Paulusdarstellungen zu zeigen scheinen.

Ein Phantombild ist eine Art Puzzle, das aus vielen kleinen Einzelteilen zusammengesetzt wird. Sie stammen aus Hunderten Portraitfotos, die in der Datenbank des LKA gespeichert sind. Zuerst wählt man ein Gesicht, das in etwa die Grundform des Gesuchten hat, sich aber mit Hilfe der Software auch modizifizieren läßt. Dann werden je nach Alter, Haarfarbe, Frisur, Nasenlänge, Lippenform etc. bis zu 100 Alternativen angeboten. Aus ihnen wird herausgesucht, was am ehesten den Darstellungen der Ikonographie entspricht.

So entstand in vielen Etappen ein Gesicht, das durchaus der „gemeinsame Nenner" der frühen Paulusdarstellungen gewesen sein könnte. Es ist das Gesicht eines Weisen, eines Mannes von Bildung und Eloquenz, Sanftmut und innerem Feuer, gleichermaßen tiefgründig und charismatisch, streng und warmherzig; einer, der Gott geschaut hat und auszog, die Welt zu verändern. Möglich, daß der Völkerapostel so oder zumindest so ähnlich ausgesehen hat. Und trotzdem muß das Ergebnis unzulänglich bleiben. Wer dem wahren Paulus von Tarsus begegnen will, findet ihn nicht in einem Bild, an einem Ort, ja nicht einmal in dem Marmorsarg unter dem Hauptaltar der Basilika St. Paul vor den Mauern. Er läßt sich nur dort finden, wo die Liebe Gottes spürbar wird, wo wir mit ihm einswerden in Christus.

Dank

Mein Dank gilt allen, die zum Entstehen dieses Buches beigetragen haben, doch an erster Stelle

Seiner Heiligkeit Papst Benedikt XVI.

für seine ständige Inspiration und die Initiative zum Paulusjahr; in memoriam

Seiner Heiligkeit Papst Johannes Paul II.,

dessen Pilgerreise auf den Spuren des hl. Paulus im Mai 2001 auch mir den Anstoß gab und den ersten Grund lieferte, die Orte zu besuchen, an denen der Völkerapostel wirkte; sowie

Seiner Eminenz Kardinal
Andrea Cordero Lanza di Montezemolo,

Erzpriester der Päpstlichen Basilika St. Paul vor den Mauern, dem „Vater" und Gastgeber des Paulusjahres.

Weiter danke ich S. Em. Tarcisio Kardinal Bertone, S. Em. Stanislaus Kardinal Dziwisz, S. Em. Joachim Kardinal Meisner, S. E. Msgr. James Harvey, S. E. Msgr. Vittorio Lanzani, S. E. Msgr. Dr. Walter Mixa, Msgr. Dr. Georg Gänswein, Msgr. Corrado Balducci, Msgr. Dr. Lorenz Wolf, Hw. Herrn P. Prior Johannes Paul Abrahamowicz, OSB, und meinem Pfarrer Johannes Kaulmann.

Ganz besonders danke ich allen, die mich bei meinen Recherchen unterstützt haben, darunter Paul Badde und Guido Horst vom *Vatican*-Magazin, Ray Ciancio, Dr. Giorgio Filippi, Dr. Paolo Galante, Mark Gatt, Dr. Elio Guerriero, Dr. Stefan Heid, Eva-Maria Jung-Inglessis (†), Carlos und Maria del Mar Izquierdo, Dr. Renate Pillinger, Dr. Manuel Rodriguez, Dr. Benedikt Steinschulte, Carsten-Peter Thiede (†), Charlie Vella, Pier Carlo Visconti, Frank Scheulen, Ingo von Westphal und Lothar Storm vom Dezernat 44 – visuelle Fahndungshilfen – des Landeskriminalamtes Nordrhein-Westfalen (LKA-NRW), Marco von Roma Soterranea, den Mönchen des Odigitria-Klosters auf Kreta und des Markus-Klosters in Jerusalem, den Benediktinern von St. Paul vor den Mauern und der Dormitio-Abtei in Jerusalem, den Franziskanern von Rom, Antakya und Damaskus, den Schwestern des Paulus-Hauses in Jerusalem, den Trappisten der Abtei Tre Fontane, den Paulusschwestern von Reggio, dem Presseamt des Heiligen Stuhls sowie Manfred und Marion Jost und allen Rompilgern des „Fränkischen Kreises“.

Ganz persönlich danke ich meinen Reisebegleitern, Pater Louis Thevalakara und Yuliya Tkachova, die mich immer wieder neu inspirierte, aber auch meiner Mutter Renate Hesemann, meiner Familie und allen unseren Freunden, insbesondere Frau Irmgard Jürgensen, Frau Angelika Puls, Frau Nadija Wienke, Herrn Mehdi Asvadi und vielen anderen.

Mein spezieller Dank gilt meinem Verlag – meinem Lektor Dr. Peter Paul Bornhausen, der dieses Projekt von Anfang an unterstützte, meinem Verleger Dr. Dirk Hermann Voß und allen Mitarbeitern des Sankt Ulrich Verlages für ihren Einsatz bei seiner Verwirklichung.

Michael Hesemann

Bildquellen

Michael Hesemann: 8–14, 24–29, 32–34, 36–37, 39–44, 47–51, 54, 56–60, 62–63, 66, 68–70, 72–76, 78–81, 83
Archiv Michael Hesemann: 17–18, 38
Yuliya Tkachova: 2–3, 7, 30–31, 35, 61, 64–65, 67, 71, 82, 85–89
Basilica Papale di San Paolo fuori le Mura: 1, 4, 5, 84
Giovanni Lattanzi: 6, 90–91
Luis Curado (www.travel-images.com): 15, 16
www.holylandphotos.com: 19–23
Dr. Renate Pillinger, Universität Wien: 45, 46
Custodia Terra Santa: 52
Israel Antiquity Authority (IAA): 53, 55
Mark Gatt: 69
Carmelo Santonocito: 77
LKA-NRW: 92

zeittafel

Apostelgeschichte	Weltgeschichte
	40–4 v. Chr.: Herodes der Große (Judäa)
ca. 7 v. Chr.: Geburt Jesu von Nazareth in Bethlehem	27. v. Chr.–14 n. Chr.: Kaiser Augustus
	4 v. Chr.–39 n. Chr.: Herodes Antipas
	9 v. Chr.–39 n. Chr.: Aretas IV. (Nabatäa)
ca. 8/9 n. Chr.: Geburt des Saulus Paulus in Tarsus, Zilizien	
	14–37: Kaiser Tiberius
	18–37: J. Kajaphas Hohepriester der Juden
30 n. Chr.:	26–36: Pontius Pilatus Präfekt von Judä
7. April: Kreuzigung und Tod Jesu von Nazareth	
9. April: Auffindung des leeren Grabes, erste Begegnungen mit dem Auferstandenen	
18. Mai: Himmelfahrt Jesu (Apg 1,9)	
28. Mai: Pfingstereignis, erste Massenbekehrungen	
Juni: Beginn der Verfolgung durch den Sanhedrin (Apg 4)	
Dez. 33: Martyrium des Stephanus, erste blutige Christenverfolgung (Apg 7–8)	
Jan. 34: Bekehrung vor Damaskus (Apg 9)	
35: Paulus in „Arabien" (Nabatäa) (Gal 1,17–18)	
37: Flucht aus Damaskus, Besuch in Jerusalem (Apg 9,26-30)	37–41 Kaiser Gaius Caligula 37: Aretas IV. erhält Damaskus
37–40: Paulus in Zilizien (Apg 9,30; Gal 1,21)	
40: Barnabas holt Paulus nach Antiochia (Apg 11,25-26)	

41: Barnabas und Paulus überbringen Spenden in Jerusalem (Apg 11,30) 42: Martyrium Jakobus' d. Ä.; Gefangennahme des Petrus, Flucht nach Rom (Apg 12) 42: Begründung der römischen Kirche durch Petrus 44: *Markusevangelium*	41–54: Kaiser Claudius 41–44: Herodes Agrippa König von Judäa
45: Hungersnot unter Claudius (Apg 11,28), 2. Besuch von Paulus und Barnabas (Apg 12, 25) in Jerusalem	45: Hungersnot unter Claudius
46-47: 1. Missionsreise des Paulus und Barnabas nach Zypern, Perge in Pamphylien, Antiochia in Pisidien, Ikonion, Lystra und Derbe in der Provinz Galatien (Apg 13,4–14,28) 47: Rückkehr nach Antiochia über Attalia (Apg 14,25–26) 48: Apostelkonzil (Apg 15, Gal 2) 48/49: Konflikt des Paulus mit Petrus in Antiochia (Gal 2) – *Galaterbrief*	46–48: Q. Sergius Paulus Statthalter von Zypern
49/52: 2. Missionsreise; während Barnabas mit Markus nach Zypern geht, zieht Paulus in Begleitung des Silas durch Zilizien, Galatien und Mysien in die Troas (Apg 16); aufgrund einer Vision setzt er nach Griechenland über, kommt über Neapolis nach Philippi, dann über Thessalonich, Beröa und Athen (Apg 16,17) nach Korinth (Apg 18) – *1. Thessalonicherbrief*	49: Unruhen wegen „Chrestus", Ausweisung der Juden aus Rom
Sommer 51: Paulus vor Gallio angeklagt (Apg 18,12) 52: Nach 1 ½ Jahren verläßt Paulus Korinth und fährt über Kenchreä und Ephesus nach Cäsaerea und Jerusalem, um schließlich Antiochia zu erreichen (Apg 11.18–22)	51/52: Gallio Statthalter von Achaia 52–59: Antonius Felix Prokurator von Judäa

53: Paulus bricht zu seiner 3. Missionsreise über Galatien nach Ephesus auf, wo er 3 Jahre lang bleibt (Apg 19) – *1. Korintherbrief*	
54: Petrus kommt nach Korinth	54–68: Kaiser Nero
56/57: Nach dem Aufstand des Demetrius Reise über Mazedonien nach Griechenland – *2. Korintherbief* – 3 Monate bleibt er in Korinth – *Römerbrief* –, dann kehrt Paulus über Mazedonien, Troas, Assos, Milet, Tyrus, Ptolemais und Cäsarea nach Jerusalem zurück (Apg 20,21)	
57: Pfingsten in Jerusalem, Verhaftung, Überführung nach Cäsarea (Apg 22–24), dort Einkerkerung durch den Prokurator Felix	
59: Porcius Festus läßt Paulus nach Rom überführen (Apg 25–26)	59–62 Porcius Festus Prokurator von Judäa
59/60: Überfahrt nach Rom via Myra, Kaloi Limenes/Kreta, Malta, Syrakus, Rhegion, Puteoli, Foro Appio und Tres Tabernae (Apg 27–28)	
60-62: Gefangenschaft in Rom (Apg 28,20) – *Timotheusbriefe, Philipper-, Epheser-, Kolosser-, Philemonbrief*	
62: Lukas verfaßt die *Apostelgeschichte*	
62: Jakobus wird in Jerusalem getötet	
63: Die Christen verlassen Jerusalem. Petrus geht nach Rom	
63: 4. Missionsreise nach Spanien und Griechenland? – *Titusbrief?*	
	64: Brand von Rom, Christenverfolgung des Nero 66: Beginn des Jüdischen Aufstands 70: Zerstörung des Tempels

Quellen und Literatur

Abbazia delle Tre Fontane (Hrsg.): Tre Fontane, Mailand 1997
Agnello, G.: Guida del Duomo di Siracusa, Syrakus 1964
Albus, Michael: Auf den Spuren des Apostels Paulus, Gütersloh 2006
Antonini Placentini: Itinerarium, Übers. J. Gildemeister, Berlin 1889
Azzopardi, John (Hrsg.): St Paul's Grotto, Church and Museum, Rabat 1990
Ders. (Hrsg.): The Cult of St Paul in the Christian Churches and in the Maltese Tradition, Malta 2006

Bagatti, Ballarmino, OFM: The Church from the Circumcision, Jerusalem 1984
Bahat, Dan: The Atlas of Biblical Jerusalem, Jerusalem 1994
Baigent, M. & Leigh, R.: Verschlußsache Jesus, München 1991
Bar-Am, Aviva: Beyond the Walls. Churches of Jerusalem, Jerusalem 1998
Bauckham, Richard: Jesus and the Eyewitnesses, Cambridge 2006
Becker, Eve-Marie & Pilhofer, Peter (Hrsg.): Biographie und Persönlichkeit des Paulus, Tübingen 2005
Becker, Jürgen: Paulus. Der Apostel der Völker, Tübingen 1998
Berger, Klaus: Paulus, München 2005
Bernacchio, Nicoletta: L'Abbazia delle Tre Fontane, Rom 2007
Blake, Everett C. & Edmonds, Anna G.: Biblische Stätten in der Türkei, Istanbul 1997
Bockius, Roland: Schifffahrt und Schiffbau in der Antike, Stuttgart 2007
Bonano, Anthony: Malta – Phoenician, Punic and Roman, Malta 2005
Bradford, Ernle: Die Reisen des Paulus, München 1974
Brandmüller, Walter (Hrsg.): Qumran und die Evangelien, Aachen 1994
Bruce, F. F.: Außerbiblische Zeugnisse über Jesus und das frühe Christentum, Gießen 1991
Ders.: Basiswissen Neues Testament, Wuppertal 1997
Bruin, Paul & Gigel, Philipp: Welteroberer Paulus, Zürich 1968
Buchowiecki, Walther: Handbuch der Kirchen Roms, Bd. 1–3, Wien 1967–74

Caporilli, Memmo: San Paolo Basilica Patriarchale, Rom 2000
Cassar, Carmel: A Concise History of Malta, Msida 2002
Charlesworth, J. H.: Jesus and Archaeology, Grand Rapids/MN 2006
Cimok, Fatih: Antioch on the Orontes, Istanbul 1990
Ders.: Der heilige Paulus in Anatolien und Zypern, Istanbul 2000
Ciurcina, Paolo: Siracusa. Eine historische Stadt, Mailand, o.J.
Conrad, Walter: Christliche Stätten in der Türkei, Stuttgart 1999
Cornuke, Robert: The Lost Shipwreck of Paul, Bend/OR 2003
Crimi, Gianfranco: The Mamertine Prison, Rom 2004

Decaux, Alain: Aborto di Dio, Cinisello Balsamo 2004
Delicostopoulos, Athan J.: Des heiligen Paulus Reisen nach Griechenland und Zypern, Athen 1995
Docci, Marina: San Paolo fuori le mura, Rom 2006
Donati, Angela (Hrsg.): Pietro e Paolo. La storia, il culto, la memoria nei primi secoli, Mailand 2000

Economides, Irene: Apostolic Pilgrimages in Greece, Athen 2002
Edmonds, Anna G.: Turkey's Religious Sites, Istanbul 1997
Egeria, Itinerarium, Übers. G. Röwekamp, Freiburg 1995
Einhorn, Lena: Das Rätsel von Damaskus, München 2007
Eisenman, Robert: Jakobus, der Bruder von Jesus, München 1998
Elliger, Winfried: Mit Paulus unterwegs in Griechenland, Stuttgart 2007
Eusebius von Caesarea, Kirchengeschichte, Übers. Ph. Haeuser, München 1981
Ders.: Über das Leben des glückseligen Kaisers Konstantin, Übers. P. Dräger, Oberhaid 2007

Faber, Gustav: Auf den Spuren des Paulus, Freiburg 1992
Fabris, Rinaldo: Paolo. L'apostolo delle genti, Mailand 1997
Falasca, Stefania & Ricciardi, Giovanni: O Roma felix, Rom 1999
Fasola, U.: Pietro e Paolo a Roma, Rom 1980
Ferrua, Antonio, S.J.: Basilika und Katakombe San Sebastiano, Vatikanstadt 1982
Filippi, Giorgio: Die Ergebnisse der neuen Ausgrabungen am Grab des Apostels Paulus, in: Mitteilungen des Deutschen Archäologischen Institutes, Römische Abteilung, Bd. 112, 2005/6, S. 277–293
Finegan, Jack: The Archeology of the New Testament, Princeton/NJ 1992
Franz, Gordon: The Sinking of the Lost Shipwreck of Paul, www.Idolphin.org/maltashipwreck.html
Fuchs, Rüdiger: Unerwartete Unterschiede, Wuppertal 2003

Gatt, Mark: Lead Anchor Stock Discocvered, in: Sunday Times of Malta, 3.12.2006
Ders.: St. Paul's Lost Shipwreck, in: ebd., 24.12.2006
Galitis, Georgios Ant.: Paulus o Apostolos ton Ellinon, Liza Ebert 2000
Gehring, Roger W.: Hausgemeinde und Mission, Gießen 2000
Gioia, Francesco: Paolo di Tarso, Vatikanstadt 2003
Ders.: Der Apostel Paulus, Vatikanstadt 2004
Gnilka, Joachim: Paulus von Tarsus. Apostel und Zeuge, Freiburg 1996
Gundry, Robert H.: A Survey of the New Testament, Grand Rapids/MI 2003

Hadjifoti, Litsa I.: Saint Paul – His Life and Work, Athen 2004
Hahne, Peter: Schluß mit lustig, Lahr 2004
Halfmann, H.: Die Senatoren aus den kleinasiatischen Provinzen, in: Atti

del Colloquio Internazionale AIEGL su Epigrafia e Ordine Senatorio (EOS) 2, Rom 1982, S. 101 f.
Hamblin, William & Seely, David: Salomos Tempel, Stuttgart 2007
Heid, Stefan: Zölibat in der frühen Kirche, Paderborn 1997
Hengel, Martin: Paulus und Jakobus, Tübingen 2002
Hesemann, Michael: Die Jesus-Tafel, Freiburg 1999
Ders.: Die stummen Zeugen von Golgota, München 2000
Ders.: Die Entdeckung des Heiligen Grals, München 2003
Ders.: Der erste Papst, München 2003
Ders.: Hitlers Religion, München 2004
Ders.: Johannes Paul der Große, München 2005
Ders.: Stigmata. Sie trugen die Wundmale Christi, Güllesheim 2006
Ders.: Die Dunkelmänner, Augsburg 2007
Horn, Friedrich W. (Hrsg.): Das Ende des Paulus. Historische, theologische und literarische Aspekte, Berlin 2001

Imhof, Paul & Bertel, Martin: Paulus auf Reisen, Augsburg 1995

Jakobs, Peter: Türkei. Antike, Christentum, Islam, Frankfurt 2000
Johnsin, Sherman: Paul the Apostle & His Cities, Wilmington/DE 1981
Josephus, Flavius: Jüdische Altertümer, Übers. H.Clementz, Wiesbaden 1985
Ders.: Geschichte des Jüdischen Krieges, Übers. H. Clementz, Wiesbaden 1993
Ders.: Kleinere Schriften, Übers. H. Clementz, Wiesbaden 1993

Kirschbaum, Engelbert S.J.: Die Gräber der Apostelfürsten, Frankfurt 1957
Klauck, Hans-Josef, Apokryphe Apostelakten, Stuttgart 2005
Koester, Helmut: Paul & His World, Minneapolis/MN 2007
Koukoli-Chrysanthaki, Chaido & Bakritzis, Charalambos: Philippi, Athen 1999
Kroll, Gerhard: Auf den Spuren Jesu, Leipzig 1988

Lapide, Pinchas: Paulus zwischen Damaskus und Qumran, Gütersloh 1993
Laruffa, Domenico: Incontro con Reggio Calabria, Reggio Calabria 2004
Lohse, Eduard: Paulus. Eine Biographie, München 2003
Lüdemann, Gerd: Paulus, der Gründer des Christentums, Lüneburg 2001

Manduca, John: City of Mdina and Rabat, San Gwann 2003
Mavromataki, Maria: Paulus – Der Apostel der Völker. Reisen in Griechenland, Athen 2003
Mazar, Eilat: The Complete Guide to the Temple Mount Excavations, Jerusalem 2002
Mazzeo, Michele: Pietro. Roccia della Chiesa, Mailand 2004
Meinardus, Otto F.A.: St. Paul's Last Journey, New Rochelle/NY 1979

Ders.: Die Reisen des Apostel Paulus, Kiel 1988
Ders.: Paulus in Griechenland, Athen 1990
Meisner, Joachim Card. (Hrsg.): Saint Pudenziana's Basilica, Rom o.J.
Mendonca, Dominic: Shipwreck and Providence, München 2004
McRay, Hohn: Archaeology & the New Testament, Grand Rapids/MI 1991
Millard, Alan: Die Zeit der ersten Christen, Gießen 1990
Murphy-O'Connor, Jerome: St. Paul's Corinth, Wilmington/DE 1983
Ders.: The Holy Land, Oxford 1992
Ders.: Paul – A Critical Life, Oxford 1996
Ders.: Paul. His Story, Oxford 2004

Negev, Avraham & Gibson, Shimon: Archaeological Encyclopedia of the Holy Land, New York 2001

Papahatziis, Nicos: Das antike Korinth, Athen 2006
Päpstliche Verwaltung der Patriarchalbasilika Sankt Paul (Hrsg.): Die Basilika Sankt Paul vor den Mauern, Vatikanstadt 2003
Philostratos: Apollonios, Übers. V. Mumprecht, München 1983
Pichi, Umberto: Cisterna non è di Latina, Cisterna 1999
Pillinger, Renate: „Vielschichtige" Neuigkeiten in der so genannten Paulusgrotte von Ephesos, in: Mitteilungen zur Christlichen Archäologie, Nr. 11, Wien 2005, S. 56–62
Pixner, Bargil: Wege des Messias und Stätten der Urkirche, Gießen 1994
Prokopios, Metropolit von Philippi-Kavala: Der Apostel Paulus und Philippi, Kavala 1997
Psilakis, Nikos: Klöster und Byzantinische Kirchen auf Kreta, Iraklion 1994

Randin, Robert Farrugia: St Paul. His Life, the Shipwreck Tradition and Culture in Malta and Elsewhere, Malta 2000
Richman, Chaim: The Holy Temple in Jerusalem, Jerusalem 1997
Riesner, Rainer: Die Frühzeit des Apostels Paulus, Tübingen 1994
Robichon, Jacques: Nero, Gernsbach 1986
Rousseau, John & Arav, Rami: Jesus & His World, Minneapolis/MN 1995
Ruffin, Bernard: The Twelve, Huntington/IN 1997

Sammut, Felix: Saint Paul in Malta, Rabat 2005
Schaaf, Ulrich: Münzen der römischen Kaiserzeit mit Schiffsdarstellungen, Mainz 2003
Schedina, Th. & Wagner, F.: Dalmatien. Vis, Lastovo und Mljet, Hamburg 2006
Schindler, Alfred (Hrsg.): Apokryphen zum Alten und Neuen Testament, Zürich 1993
Schnabel, Eckhard J.: Urchristliche Mission, Wuppertal 2002
Schnelle, Udo: Paulus. Leben und Denken, Berlin 2003

Schulz, Hans-Joachim: Die apostolische Herkunft der Evangelien, Freiburg 1998
Sgarlata, Mariarita: S. Giovanni a Siracusa, Vatikanstadt 2003
Shanks, Hershel (Hrsg.): Archaeology in the World of Herod, Jesus and Paul, Washington D.C., 1990
Smith, James: The Voyage and Shipwreck of St. Paul, London 1848
Stourton, Edward: In the Footsteps of Saint Paul, London 2004
Strabo: Geographica, Übers. A. Forbiger, Wiesbaden 2007
Stützer, Herbert Alexander: Die Kunst der römischen Katakomben, Köln 1983
Sueton, Cäsarenleben, Übers. M. Heinemann, Stuttgart 1986

Tabor, James D.: Die Jesus-Dynastie, München 2006
Tacitus: Sämtliche Werke, Übers. W. Bötticher, Essen o.J.
Themelis, Petros G.: Alt-Korinth, Athen o.J.
Thiede, Carsten Peter: Heritage of the First Christians, Oxford 1992
Ders.: Ein Fisch für den römischen Kaiser, München 1998
Ders. & d'Ancona, Matthew: Der Jesus-Papyrus, München 1996
Ders.: Der Petrus Report, Augsburg 2002
Ders.: Paulus. Schwert des Glaubens, Märtyrer Christi, Augsburg 2004
Thornton, Claus J.: Der Zeuge des Zeugen. Lukas als Historiker der Paulusreisen, Tübingen 1991
Thümmel, Hans Georg: Die Memorien für Petrus und Paulus in Rom, Berlin 1999
Tomkins, Stephen: Paulus und seine Welt, Freiburg 2007
Trebilco, Paul : The Early Christians in Ephesus from Paul to Ignatius, Tübingen 2004
Tresmontant, Claude: Paulus, Hamburg 1959

Vandenberg, Philipp: Nero, München 1981
Vasilakis, Antonis: Gortyn, Iraklion 2000
Voza, Cettina: A Guide to Syracuse, Syrakus 2004

Waal, Anton de: Rompilger, Freiburg 1925
Ders.: Roma Sacra, Bonn 1933
Warnecke, Heinz: Paulus im Sturm, Nürnberg 2000
Weidinger, Erich (Hrsg.): Apokryphe Bibel, Augsburg 1991
White, Bill: A Special Place, Jerusalem 1989
White, Jefferson: Evidence & Paul's Journeys, Hilliard/OH 2001
Wilkinson, John: Jerusalem Pilgrims Before the Crusades, Warminster/Wilts 1977
Wischmeyer, Oda (Hrsg.): Paulus. Leben – Umwelt – Werk – Briefe, Tübingen 2006
Wise; Abegg; Cook (Hrsg.): Die Schriftrollen von Qumran, Augsburg 1997